中国经济文库
应用经济学精品系列

青海省“昆仑英才·高端创新创业人才”项目成果
青海大学应用经济学学科建设项目成果

中国区域特色经济协调发展研究

以青海省为例

丁生喜 李双元 赵 玲 张 涵◎著

STUDY ON THE COORDINATED DEVELOPMENT OF REGIONAL CHARACTERISTIC ECONOMY IN CHINA

A CASE STUDY OF QINGHAI PROVINCE

中国经济出版社
CHINA ECONOMIC PUBLISHING HOUSE
·北 京·

图书在版编目（CIP）数据

中国区域特色经济协调发展研究：以青海省为例／丁生喜等著．--北京：中国经济出版社，2023.5
ISBN 978-7-5136-7163-7

Ⅰ．①中… Ⅱ．①丁… Ⅲ．①区域经济发展-协调发展-研究-青海 Ⅳ．①F127.44

中国版本图书馆 CIP 数据核字（2022）第 220252 号

组稿编辑　葛　晶
责任编辑　焦晓云
责任印制　马小宾
封面设计　任燕飞

出版发行　中国经济出版社
印 刷 者　北京富泰印刷有限责任公司
经 销 者　各地新华书店
开　　本　710mm×1000mm　1/16
印　　张　14.5
字　　数　228 千字
版　　次　2023 年 5 月第 1 版
印　　次　2023 年 5 月第 1 次
定　　价　88.00 元
广告经营许可证　京西工商广字第 8179 号

中国经济出版社　**网址** www.economyph.com　**社址** 北京市东城区安定门外大街 58 号　**邮编** 100011
本版图书如存在印装质量问题，请与本社销售中心联系调换（联系电话：010-57512564）

前　言

PREFACE

区域经济学是在区位理论的基础上，运用微观、中观、宏观经济理论以及多学科综合分析的方法，并吸收了许多其他学科的研究成果发展起来的新兴学科。

马克思主义区域经济思想包括生产力均衡布局和协调发展的思想、城乡融合发展的思想、区际分工与协作的思想等（安虎森，2018）。中国特色区域经济理论是在运用马克思主义区域经济思想指导我国区域经济实践过程中逐渐发展起来的，初步形成于20世纪80年代。改革开放以来，随着我国区域经济的快速发展，相关区域经济问题的理论研究和实践探索逐渐增多，极大地推动了区域经济学学科的发展，区域经济研究也在我国经济发展和区域协调发展中发挥着越来越重要的作用（踪家峰，2008；安树伟，2008）。国内知名区域经济学专家团队编写的马克思主义理论研究和建设工程重点教材《区域经济学》，系统梳理了马克思主义区域经济思想和中国特色区域经济理论的发展历程，以及我国区域经济发展各阶段的特征和区域经济学理论进展。这部教材为本书的撰写提供了坚实的理论基础。

改革开放以前，我国区域经济学处于萌芽状态。中华人民共和国成立以后，以毛泽东同志为核心的中央领导集体，为改变我国生产力布局不平衡的弊端进行了积极的探索，逐渐形成了具有中国特色的生产力均衡布局理论。该理论既是我国经济发展的总体指导原则，也是实现我国区域经济均衡发展的重要理论基础，同时为广大内陆地区的基础设施建设和工业发展奠定了基础，有助于改变沿海地区和内陆地区发展差距过大的局面。

从改革开放初期到20世纪80年代末是我国区域经济学初步形成阶段。中国区域经济发展的指导思想由前一时期的平衡发展转向不平衡发展，学术界提出了区域经济非均衡发展理论，区域经济发展战略由向内地倾斜转向优先发展东部沿海地区，并提倡以东部地区的发展带动中西部地区的发展。

从20世纪90年代到党的十八大召开之前是区域经济学理论和实践蓬勃发展的阶段。随着改革开放的进一步深入，为了解决区域发展差距扩大问题，学术界提出了区域经济非均衡协调发展理论。我国布局了西部大开发、振兴东北等老工业基地、中部崛起等区域发展战略，研究重点转移到区域经济协调与协同发展。

党的十八大以来是实施新时期区域协调发展的战略阶段。在新时代，我国社会主要矛盾已经转变为人民日益增长的美好生活需要和不平衡不充分的发展之间的矛盾。为解决区域发展不平衡问题，党的十九大提出新时期实施区域协调发展战略。

进入21世纪以后，以人民为中心的区域平衡发展、充分发展理论框架逐步形成，中国特色区域经济学快速发展，生态文明思想植入区域经济发展各领域，“绿水青山就是金山银山”理念深入人心。区域经济学在我国的发展历史虽然较短，但中国特色区域经济研究已经成为具有很大发展潜力的经济学研究领域之一。

我国幅员辽阔，各区域资源禀赋不同，区域经济发展差异极大，如何运用马克思主义区域经济思想和中国特色区域经济理论来指导我国区域经济发展实践，并从不同区域的发展实践中归纳新的经验，对于中国区域经济学理论的丰富和完善具有重要意义。

本书是青海大学丁生喜教授及“区域经济学”创新团队成员基于近几年“区域经济学”课程教学情况，结合“马工程”教材《区域经济学》相关区域经济理论与青海区域经济发展实际完成的科研成果。全书共六章内容，即生产要素与区域经济发展、区域产业发展、区域城镇化与统筹城乡发展、县域经济与乡村振兴发展、区域绿色发展和区域经济协调发展。

本书突出理论与实践相结合，资料翔实，可作为高等院校应用经济学与地理学科本科生和研究生的教学参考资料和案例教材，也可作为区域产业开发规划、区域经济管理等方面决策者和研究人员的参考书。

马克思主义区域经济思想和中国特色区域经济理论体系完整，理论内容丰富，各地实践成果丰硕。本书仅就其中的生产要素、新型工业化、新型城镇化与统筹城乡理论、绿色发展以及区域协调发展理论，结合青海省的实际情况进行实证分析。在此，衷心感谢“马工程”《区域经济学》教材及相关人员提供的理论支持，相关理论及研究成果引用均在文中标注。

由于作者水平有限，理论把握与实践分析难免有疏漏，敬请广大读者批评指正。

丁生喜

2022 年 11 月 10 日

目 录

CONTENTS

第一章　生产要素与区域经济发展

区域经济中的生产要素可以分为不可流动性要素、可流动性要素和基础性要素。不可流动性要素主要是指自然资源，可流动性要素包括资本要素和科技要素，基础性要素包括制度要素、市场要素以及交通运输要素等。只有充分发挥各类生产要素的作用，才能促使区域经济健康持续发展。

第一节　我国劳动力转移对农村经济发展的影响

我国是农业大国，农村劳动力转移是城镇化发展、乡村振兴的重要环节。如何确保在农业人口非农转移的过程中，不断提升农村经济发展水平，是我国“三农”问题的核心，也是时代给我们提出的重要课题。

一、马克思关于劳动力转移的理论

（一）劳动力由农业向现代工业、服务业转移具有必然性

马克思主要从社会分工和生产社会化角度阐述了劳动力转移的社会原因。他认为，随着社会的发展，大城市聚集了大量的手工业和服务业，这些行业需要大量的劳动力资源。这些行业能提供相对较高的工资，且城市相对完善的基础设施能满足人们的众多需求，吸引农村劳动力到城市工作。随着转移的劳动力越来越多，城市经济得到更快的发展，基础设施也更加完善，从而形成良性循环，吸引更多的人到城市，有效促进了农村劳动力向城市的转移。

马克思还认为，社会的二元经济结构只是一个过渡，随着生产力的不断发展，大量农村劳动力会不断向城市转移，农村与城市的界限会越来越模糊，最后形成城乡一体化（时景，2012）。

（二）政府在农村劳动力转移中作用显著

马克思认为，政府在积极推动农村劳动力转移方面发挥着积极作用。“绝大多数发展中国家在其工业化的初期会面临以社会化生产为主的城市经济与以小生产为主的农村经济并行的情况：城市工业部门生产效率高，发展迅速，以社会化生产为主，需要大量的劳动力资源，而农村部门存在大量的剩余劳动力资源。二者的不匹配造成了城市经济与农村经济并行的现状，而农村劳动力的转移则是工业化发展的重要特征。因此，政府应该废除妨碍劳动力转移的制度，推进鼓励农村劳动力转移的政策的实施，为劳动力转移创造有利的条件。”在处于转型关键时期的中国，政府在农村劳动力转移过程中发挥着决定性作用（刁治，2012）。

二、我国农村经济发展现状

随着我国经济的发展和城镇化的推进，我国农业人口呈递减趋势，并且劳动力逐渐由第一产业向第二、第三产业转移。

1999—2019 年我国三次产业经济发展情况和从业人数见表 1-1 和表1-2。

表 1-1　1999—2019 年我国三次产业产值　　单位：亿元

年份	国内生产总值	第一产业	第二产业	第三产业
1999	90564.4	14549.0	41079.9	34935.5
2000	100280.1	14717.4	45663.7	39899.1
2001	110863.1	15502.5	49659.4	45701.2
2002	121717.4	16190.2	54104.1	51423.1
2003	137422.0	16970.2	62695.8	57756.0
2004	161840.2	20904.3	7428.0	66650.9
2005	187318.9	21806.7	88082.2	77430.0
2006	219438.5	23317.0	104359.2	91762.2

续表

年份	国内生产总值	第一产业	第二产业	第三产业
2007	270092.3	27674.1	126630.5	115787.7
2008	319244.6	32464.1	149952.9	136827.5
2009	348517.7	33583.8	160168.8	154765.1
2010	412119.3	38430.8	191626.5	182061.9
2011	487940.2	44781.5	227035.1	216123.6
2012	538580.0	49084.6	244639.1	244856.2
2013	592963.2	53028.1	261951.6	277983.5
2014	643563.1	55626.3	277282.8	310654.0
2015	688858.2	57774.6	281338.9	349744.7
2016	746395.1	60139.2	295427.8	390828.1
2017	832035.9	62099.5	331580.5	438355.9
2018	919281.1	64745.2	364835.2	489700.8
2019	990865.1	70466.7	386165.3	534233.1

资料来源：《中国统计年鉴》（2020）。

从表1-1可以看出，我国三次产业的产值规模都在不断增加，其中第二产业的产值在2012年被第三产业超越。总体来看，第三产业的产值增长幅度最大，第一产业的产值增长相对较慢。

表1-2　1999—2019年我国三次产业年末从业人数　　单位：万人

年份	就业人数	第一产业	第二产业	第三产业
1999	71394	35768	16421	19205
2000	72085	36043	16219	19823
2001	72797	36399	16234	20165
2002	73280	36640	15682	20958
2003	73736	36204	15927	21605
2004	74264	34830	16709	22725
2005	74647	33442	17766	23439
2006	74978	31941	18894	24143

续表

年份	就业人数	第一产业	第二产业	第三产业
2007	75321	30731	20186	24404
2008	75564	29923	20553	25087
2009	75828	28890	21080	25857
2010	76105	27931	21842	26332
2011	76420	26594	22544	27282
2012	76704	25773	23241	27690
2013	76977	24171	23170	29636
2014	77243	22790	23099	31364
2015	77451	21919	22693	32839
2016	77603	21496	22350	33757
2017	77640	20944	21824	34872
2018	77586	20258	21390	35938
2019	77471	19445	21305	36721

资料来源：《中国统计年鉴》(2020)。

从表 1-2 可以看出，1999—2019 年，第一产业就业人数不断减少，第二、第三产业就业人数缓慢增加。但是，从 2013 年开始，第二产业就业人数逐年减少，第三产业就业人数始终处于增长状态。可见，我国的就业结构发生了变化。

总体来看，随着经济的不断发展，我国的就业结构和产业结构都有所变化，农业已不是国民经济的主导产业，占据主导和支配地位的是第二、第三产业，第一产业的从业人数逐年下降，劳动力不断向第二、第三产业转移。引起劳动力转移的主要原因是工业化和技术进步引起的产业结构变化。

三、劳动力转移对农村经济发展影响实证分析

（一）农村劳动力转移对农业总产值的影响

我们以第一产业产值（见表 1-1）为因变量，反映我国第一产业经济增长的实际情况，以农村中农业劳动力比重（见表 1-3）为自变量，反映我国农村劳动力从农业向非农产业转移的水平。

表 1-3　1999—2019 年我国农民人均纯收入与农业劳动力统计

年份	农民人均纯收入（元）	农村中农业劳动力比重（%）
1999	2210. 3	73. 0
2000	2253. 4	73. 7
2001	2366. 4	74. 8
2002	2475. 6	76. 1
2003	2622. 2	76. 2
2004	2936. 4	74. 2
2005	3254. 9	72. 3
2006	3587. 0	70. 4
2007	4140. 4	69. 3
2008	4760. 6	68. 9
2009	5153. 2	68. 0
2010	5919. 0	67. 4
2011	6977. 3	65. 7
2012	7916. 6	65. 1
2013	8895. 9	62. 4
2014	9892. 0	60. 1
2015	10772. 0	59. 2
2016	12363. 4	59. 4
2017	13432. 4	53. 8
2018	14617. 0	45. 9
2019	16020. 7	40. 1

资料来源：2000—2020 年《中国统计年鉴》《中国农村统计年鉴》。

建立农村劳动力转移对经济增长的一元线性回归模型：$y_1=a_1+b_1x_1+c_1$。其中，y_1 代表第一产业生产总值，x_1 代表农村中农业劳动力比重，a_1、b_1 为待估计的参数（常数和 x_1 对 y_1 的边际贡献率），c_1 为随机干扰项。

通过 SPSS 统计软件对模型进行估计，从表 1-4 至表 1-6 的回归结果可以看出，方程调整后 $R^2=0.951$，整个方程拟合度良好，F 统计量显著，$p<0.005$，各项指标统计值均显著，说明回归方程的结果是有效的。由此得到回归方程：$y_1=241536.335-3020.838x_1$。

表 1-4　模型摘要[a]

模型	R	R^2	调整后 R^2	标准估算的错误	德宾-沃森
1	0.977[b]	0.954	0.951	3887.6032	0.708

注：a. 因变量：第一产业生产总值（亿元）。

b. 预测变量：常量，农村中农业劳动力比重（%）。

表 1-5　ANOVA[a]

模型		平方和	自由度	均方	F	显著性
1	回归	5043927942.182	1	5043927942.182	333.738	0.000
	残差	241815336.294	16	15113458.518		
	总计	5285743278.476	17			

注：a. 因变量：第一产业生产总值（亿元）。

表 1-6　系数[a]

模型		未标准化系数		标准化系数	t	显著性
		B	标准错误	(Beta)		
1	常量	241536.335	11393.321		21.200	0.000
	农村中农业劳动力比重（%）	-3020.838	165.358	-0.977	-18.268	0.000

注：a. 因变量：第一产业生产总值（亿元）。

从回归方程可以看出，农村中农业劳动力比重每降低 1 个百分点，即农村劳动力转移就业水平提高 1 个百分点，转移增加农业的生产总值为 3020.838 亿元。这说明农村存在剩余劳动力，剩余劳动力的转移使农村平均劳动生产率上升了，从而带动农业生产总值的上升。可见，农村劳动力转移对农业经济增长具有重要意义。

（二）劳动力转移对农民收入的影响

建立农村劳动力转移对农民收入增长一元线性回归模型：$y_2=a_2+b_2x_2+c_2$。其中，y_2 代表农民人均纯收入，反映我国农民收入情况；x_2 代表农业劳动力占农村劳动力比重；a_2、b_2 为待估计的参数（常数和 x_2 对 y_2 的边际贡献率)；c_2 为随机干扰项。

通过 SPSS 统计软件对模型进行估计，从表 1-7 至表 1-9 的回归结果可以看出，方程调整后 $R^2=0.938$，整个方程拟合度良好，F 统计量显著，$p<0.005$，各项指标统计值均显著，说明回归方程的结果是有效的。由此得到回归方程 $y_2=43540.194-554.301x_2$，由回归方程可以看出，农村中农业劳动力比重每降低 1 个百分点，即农村劳动力转移就业水平提高 1 个百分点，能够增加农民人均纯收入 554.301 元。这充分说明农村劳动力转移对农民纯收入的提高具有积极作用。随着我国经济的发展，产业结构调整驱动就业结构转化，第二、第三产业劳动力需求不断增加，农村劳动力转移成为一种持续现象。模型结果证实了农村劳动力的持续转移对农民纯收入的增加具有积极作用，促进了农民生活水平的提高。

表 1-7　模型摘要[a]

模型	R	R^2	调整后 R^2	标准估算的错误	德宾-沃森
1	0.971[b]	0.942	0.938	809.2351	0.693

注：a. 因变量：农民人均纯收入（亿元）。

b. 预测变量：常量，农村中农业劳动力比重（%）。

表 1-8　ANOVA[a]

模型		平方和	自由度	均方	F	显著性
1	回归	169826410.966	1	169826410.966	259.332	0.000
	残差	10477784.374	16	654861.523		
	总计	180304195.340	17			

注：a. 因变量：农民人均纯收入（亿元）。

表 1-9　系数[a]

模型		未标准化系数		标准化系数（Beta）	t	显著性
		B	标准错误			
1	常量	43540.194	2371.609		18.359	0.000
	农村中农业劳动力比重（%）	-554.301	34.421	-0.971	-16.104	0.000

注：a. 因变量：农民人均纯收入（亿元）。

四、结论

由前文实证分析可以得出以下三个结论：

第一，对农村中农业劳动力比重、第一产业产值和农民纯收入的回归分析结果表明，我国农村劳动力的转移能够有效促进农民收入的增加和农业总产值的提高，并且这种促进作用具有持续性。

第二，劳动力转移使工资性收入增加，大大提高了农民的生活水平。劳动力转移对农业产值有正向作用。劳动力转移在促进农业经济增长、增加农民收入、调整产业结构以及推进城镇化等方面发挥着重要作用。

第三，随着农村劳动力的流动，农民收入会增加，从而有助于缩小城乡收入差距。可见，适时适量地转移农村剩余劳动力对农村经济发展具有积极的促进作用。

第二节　西部大开发以来的农村经济政策变迁

自 2000 年实施西部大开发战略以来，国家对西部农业的发展给予了高度重视，并且实施了一系列政策措施，支持西部农村经济的发展。对这一时期的主要农业政策进行梳理，从时间的角度分析西部农村经济政策的变迁，对指导农村经济发展具有重要意义。

一、区域经济政策

区域经济政策是指一国为了解决区域各种经济社会问题和促进区域经济均衡有效发展而采取的各种政策手段。

区域经济政策与宏观经济政策有区别：宏观经济政策一般以一国之内全部经济活动或某一特定领域经济活动作为直接的调控对象，在国内各区域普遍适用，而区域经济政策是政府根据区域差异制定的促使资源在空间优化配置、控制区域间差距扩大、协调区际之间关系的一系列政策的总和，仅适用于特定时期特定区域。区域经济政策的基本目标包括稳定发展经济、高效配置资源、公平分配收入等。国家针对西部地区农村经济发展制定了一系列政策，取得了显著成效。

二、我国农村经济政策发展变迁

（一）“十五”期间的农村经济政策

1. 加强农业和农村基础设施建设

农村基础设施是指从事农业生产过程中必需的物质条件和社会条件，是在农业生产的各个环节所使用的劳动材料、劳动对象等生产力要素的总和。按其内容，农村基础设施可分为物质基础设施和社会基础设施两大类型。农村基础设施一般具有公共产品特性、外部性、自然垄断性和投资资金聚集性等特征。因此，农村基础设施投资与经营管理有着不同于私人物品的特殊性。农村基础设施的供给水平会显著影响农村经济发展水平。

《“十五”西部开发总体规划》把农村基础设施建设概括为加强农田水利基本建设、良种繁育、建设农产品市场体系和农业市场信息体系建设等，并提出把退耕还林与建设高标准农田结合起来，加强中低产田改造，停止开荒垦殖。

2. 发展特色农业

西部特色农业的发展是西部大开发的重要组成部分，国家有关部门给予了高度重视。《“十五”西部开发总体规划》中提出：继续抓好新疆棉花基地建设，稳定产量，提高品质。稳步发展广西、云南的甘蔗基地，内蒙古、新疆的甜菜基地，云南、贵州的烟叶基地。积极建设西南地区热带、亚热带水果基地，西北地区苹果、葡萄等优质水果基地，云南等地的花卉基地。建设西部地区中药材及民族药材的种植基地。利用广阔的草场，改革饲养方式，逐步建设畜牧业生产基地。加强畜禽良种繁育体系和疫病防治体系建设，提高畜禽产品质量。继续实施牧区示范工程，加快发展集约型的草原畜牧业，积极发展农区畜牧业。

2003 年 1 月 2 日，农业部发布的《关于加快西部地区特色农业发展的意见》进一步将特色农业的发展概括为以下七点：①加强特色农产品良种开发和新技术推广；②建设特色农产品标准化生产基地；③建立特色农产品原产地保护制度；④培育西部农产品加工龙头企业；⑤加强西部生态环境建设；⑥增加对特色农业发展的投入；⑦切实加强对特色农业发展的宏观指导。该意见中还提出，中央农业投资要向西部地区倾斜。要创造良好的投资环境，吸引外资和鼓励民间资本、民营企业投资西部特色农业。

此外，农业部发布的《优势农产品区域布局规划（2003—2007年）》还提出了优先发展的11种优势农产品及其优势区域布局。

3. 农业产业化经营

2000—2005年，西部农村经济以发展农副产品加工业为重点，积极兴办各类农副产品加工、储藏、保鲜、运销企业，延长农副产品加工产业链，促进农村产业结构优化升级。把推进农业产业化经营与发展乡镇企业结合起来，重点扶持一批立足当地优势、市场开拓能力强、科技含量高的龙头企业，带动农户发展商品生产，促进农副产品销售和转化增值，提高农业经济效益和农民收入。把推进农业产业化经营与加快小城镇建设结合起来，引导农副产品加工业合理布局和形成规模，更多地转移农村剩余劳动力，提高集聚经济效益。

党的十六大以来，中央高度重视农业产业化发展，制定出台了一系列配套文件，加大扶持力度，优化发展环境。以龙头企业为主的产业化经营组织快速发展，已成为我国新型农业经营主体的重要组成部分。

4. 农村扶贫开发

21世纪初，全国扶贫工作进入新阶段，基本解决温饱问题，但是西部落后农村地区还存在较多的困难群众，需进一步加大对西部地区农村扶贫开发的支持力度，重点解决少数民族地区、边疆地区和山区贫困农牧民的温饱问题。把生态建设同农村经济发展、农业结构调整、农村能源建设和农民脱贫致富结合起来，动员和吸收更多的农民参加生态、水利、交通等基础设施建设，努力增加农民的收入。加强贫困地区农村职业技术教育和培训。对一些不具备生存条件的地方，有步骤地实行易地安置、生态移民和扶贫开发。

（二）“十一五”期间的农村经济政策

1. 人才引进

2006年，国家实施对全国落后地区的“三支一扶”政策，大力引进人才。西部地区属于后发地区，贫困地区较多，特别是农村地区。“三支一扶”即支农、支教、支医和扶贫，西部地区是主要支持区。此外，大学生志愿服务西部计划，也是专门为西部引进人才而实施的重大战略，为西部农村经济及社会发展做出了卓越的贡献。

2. 保护耕地，解决粮食安全问题

区域性商品粮建设工程的主要内容是重点支持四川成都平原、陕西关中地区、宁夏和内蒙古河套地区、甘肃河西走廊地区，以及云南、贵州、西藏、新疆等有条件的地区，建设商品粮基地，解决区域性粮食供给问题，确保西部地区粮食基本自给。坚守 18 亿亩耕地不动摇，保证粮食产量安全，重点规划在退耕还林地区改造和建设基本口粮田 1500 万亩。

3. 新农村建设，促进农民增收

西部地区新农村建设要遵循“科学规划、分类指导、因地制宜、稳步推进”的原则，重点加快发展现代农业，改善农村生产生活条件，增加农民收入。要加强基本农田保护，加快中低产农田改造和基本口粮田建设，积极调整农业结构，提高农业科技创新与应用能力。要加强包括饮用水、用电、燃料、道路、邮政网络，以及垃圾、污水处理等在内的基础设施建设。

我国出台了一系列鼓励乡村企业发展的政策，同时鼓励农民贷款创业，购买生产资料进行再生产，加快脱贫致富的步伐；此外，大力发展乡镇企业，开展农民生产生活技能培训，鼓励农民创业增收。

（三）“十二五”期间的农村经济政策

1. 促进农业现代化建设

“十二五”期间（2011—2015 年），围绕深入实施中央提出的西部大开发战略，我国出台了一系列政策性文件，以提高西部地区农业综合生产能力，继续推进标准农田和特色农业发展、草原建设保护、农村废弃物资源利用、基层农业公益服务能力提升等重大项目建设，转变发展方式，加大资源环境的开发与保护力度，改善生产条件，着力提高农业综合生产能力，加快推进西部现代农业建设。依据西部地区独特的资源禀赋，推进产业结构调整，建立符合西部实际的现代农业产业体系。

2. 细化和完善西部特色农业的区域布局

基于“十二五”规划中农业生产“七区二十三带”的总体布局，进一步细化西部地区特色农业的区域布局规划。比如，内蒙古地区及长城沿线应坚持以畜牧业为重点，强化农牧结合，重点发展特种优质谷物和以甜菜为主的经济作物生产。西南地区在综合治理和改善生态环境的基础上，大力推进烟叶、甘蔗、中药材、花卉等特色农产品的生产基地建设。黄土高原地区应加大退耕还林还草力度，积极发展经济林果业，推动果品加工业的发展。甘新地区发展集约化的绿洲农业与牧区畜牧业，扶持发展在国内外享有盛誉的番茄、葡萄、香梨、啤酒花、枸杞等特色农产品。青藏地区以保护草地天然生态系统为主，加强人工草场建设，提高畜产品品质，在河谷地区发展油菜等特色种植业。

3. 拓宽农民增收渠道，努力增加农民收入

“十二五”规划提出，要拓宽农民增收渠道。我们应按照要求，加大引导和扶持力度，提高农民职业技能和创收能力，千方百计拓宽农民增收渠道，促进农民收入持续较快增长。提高农村居民收入水平，是全面建设小康社会的重要要求，是社会主义新农村建设的重要内容。西部地区始终坚持把促进农民增收作为农业和农村工作的重要任务，采取了一系列政策措施，取得了积极成效。

（四）“十三五”期间的农村经济政策

1. 调整优化结构，转变农业发展方式，提高效益

2015 年上半年，国务院和农业部分别出台了《加快转变农业发展方式的意见》和《关于进一步调整优化农业结构的指导意见》，将“转方式、调结构”作为“十三五”时期农业工作的重要主题，提出应推动粮经饲统筹、农林牧渔结合、种养加一体、一二三产业融合发展，走产出高效、产品安全、资源节约、环境友好的农业现代化道路。要加快农村产业升级和产业融合，促进农村经济发展。

2. 大力实施民生工程，精准脱贫

应对就业困难人员实施就业援助计划，支持农民合作社和其他经营主体通过土地托管、牲畜托养和吸收农民土地经营权入股等方式带动农民增

收。加强乡村教师队伍建设，建立覆盖城乡居民的基本医疗卫生制度。逐步解决资源分配不均以及区域结构不合理带来的一系列问题。同时，实行精准脱贫政策，使农村经济发生质的变化，让农民安居乐业。

3. 加快农村改革，破解体制机制障碍

“十三五”期间，我国采取了一系列促进农村经济发展的举措，如：制定了土地流转新规范，放宽了土地承包年限；促进了农村生产要素流动，优化了农村生产要素配置，有效促进农村经济活力释放。

三、我国西部农村经济政策效果分析

（一）农村经济政策变化趋势

实施西部大开发战略以来，农村经济政策不断变化，总体趋势是：打好基础、促进发展、巩固提升、寻求新突破。

西部大开发战略实施初期，西部地区经济发展比较落后，特别是农村经济发展落后。为此，该阶段国家和地方制定发展政策主要侧重于打好农村经济发展的基础。比如，加快基础设施建设、修筑水利设施以及修建农村公路等。同时，也加大财政投入力度，制定了一系列解决农村人口温饱问题的措施与政策，着力提高农村人口的基本生活水平。西部大开发战略实施以来，西部主要地区农村经济得到长足发展，农村经济政策开始偏向促进农村经济发展。比如，采取加大西部农村人才引进等措施，依靠人才，利用后发优势，加快农村经济发展步伐，同时实行新农村政策及促进农民收入增加等系列发展政策，促进西部农村经济发展。

通过西部大开发战略的持续实施，西部农村经济发展成果斐然，农村各产业飞速发展，特别是非农产业，取得了阶段性的突破。大力促进农业产业化，是实现农业现代化的根本途径。工业反哺农业，城市支持农村，一个重要的结合点就是农业产业化。农业产业化发展注重技术突破，应加强技术在农业产业中的应用，用技术要素促进增收，提高综合生产能力。为了适应新的发展需要，国家适时地提出了农业现代化建设的政策措施，以加快乡村振兴步伐。

（二）西部农村区域经济政策必要性分析

从表 1-10 中可以看出，2015—2019 年东西部地区农民人均纯收入差距有缩小的趋势。2015 年东部地区农民人均纯收入是西部地区农民人均纯收入的 1. 57 倍，到 2019 年，则降为 1. 53 倍，体现了农村经济政策在促进西部地区农民收入提升方面的作用。但是，东西部地区农民人均纯收入绝对差距仍在拉大。2015 年东西部地区农民人均纯收入绝对差额为 5204 元，而 2019 年则增至 6953. 3 元，并且差距呈逐年递增态势。为了缩小东西部地区农民收入差距，促进西部地区农村实现现代化发展，未来仍然需要国家层面相关政策的支持。

表 1-10　东西部地区农民人均纯收入差距

年份	农民人均纯收入（元）		东西部地区农民人均纯收入逐年增长率（%）		东西部地区农民人均纯收入绝对差额（元）	东西部地区农民人均纯收入相对比率（倍）
	东部	西部	东部	西部		
2015	14297. 4	9093. 4	9. 19	9. 12	5204. 0	1. 57
2016	15498. 3	9918. 4	9. 22	9. 16	5579. 9	1. 56
2017	16822. 1	10828. 6	9. 21	9. 15	5993. 5	1. 55
2018	18285. 7	11831. 4	9. 19	9. 15	6454. 3	1. 54
2019	19988. 6	13035. 3	9. 14	9. 07	6953. 3	1. 53

资料来源：根据《中国统计年鉴》（2020）整理计算。

总体来看，西部地区农村产业发展仍然滞后，农民收入渠道比较单一。因此，持续制定相关政策、支持农村一二三产业融合发展、拓宽农民收入渠道、增加农民收入极其必要。

四、结论

由前文分析可以得出以下三个结论：

第一，实施西部大开发战略以来，中央制定的一系列农村经济政策有效促进了西部农村经济发展。

第二，西部地区发展的不同阶段，制定各有侧重的农村经济政策不仅是必要的，而且是适当的。

第三，“十三五”时期，西部大开发战略已经实施了十几年，我国经济发展也进入了新常态，所以转变西部农村经济发展战略显得尤为重要。西部地区农村经济发展已经到了关键时期，要处理好增量和增速的关系。

要牢固树立并贯彻落实创新、协调、绿色、开放、共享发展理念，紧紧围绕做强农业、富裕农民、繁荣农村，以农业供给侧结构性改革为主线，持续夯实现代农业基础，转变农业发展方式，推进农村产业融合，构建现代农业产业体系、生产体系和经营体系，推动城乡协调发展，建设美丽宜居乡村，加强山水林田湖保护和修复，提高生态安全保障能力，实现农业农村现代化与工业化、信息化、城镇化同步推进，为全面建成小康社会奠定坚实基础。我国提出农业现代化、农业可持续发展、农民增收、美丽宜居乡村建设、生态系统保护等一系列政策措施，就是为了使西部农村经济发展在新时代迎来新突破。

第三节　青海省信息化与区域经济发展分析

根据青海省的实际，本节从信息化与区域经济发展的基本理论入手，构建了信息化与区域经济发展水平测评指标体系，并采用灰色关联法，重点对青海省信息化和区域经济发展之间的关系进行了分析和测算。

一、信息化与区域经济发展的理论基础

信息化是在计算机科学技术、通信工程技术和生物工程技术等先进技术基础上产生的，代表着当今社会最先进的生产力。信息化是促进经济发展的重要依托，对一个区域的经济发展具有巨大的推动作用。信息化能促进区域内经济的全面进步，推动区域经济结构的优化升级，加快区域内知识积累的速度，为经济发展营造创新空间。

（一）信息化的概念

信息化的概念起源于20世纪60年代的日本，当时对“信息化”这一概念主要从产业角度出发进行阐述和界定，即“信息化是指在整个社会的经济结构中，信息产业获得长足发展并逐步取得支配地位的一种社会变革的历史过程”。关于信息化概念的表述，中国学术界和政府相关部门做过较长时间的研究与讨论。在1997年4月召开的全国信息化工作会议上，中国首次对信息化和国家信息化的含义做出了界定：“信息化

就是培育、发展以智能化工具为代表的新的生产力并使之造福于社会的历史过程。国家信息化就是在国家统一规划和组织下，在农业、工业、科学技术、国防及社会生活各个方面应用现代信息技术，深入开发、广泛利用信息资源，加速实现国家现代化进程。”（张宇、卢荻，2012）信息化具有知识化、全球化、数字化和网络化的特征（葛中全、唐小我、李仕明，2001）。

（二）信息化与区域经济发展的关系

信息化程度对区域经济发展具有巨大影响，同时，区域的经济发展水平也在很大程度上影响着该区域的信息化建设。首先，信息化的产生和发展从根本上取决于整个区域的经济发展水平。区域经济不断发展，政府就会加大对信息化的支持和投入力度，如大力发展基础设施建设、为信息化产业提供更多的优惠政策、利用信息技术改造传统产业等。其次，区域的经济特点和类型直接决定着信息化发展的特点和类型。区域的信息化建设要结合本地区的经济特征、产业结构、发展瓶颈来进行。

综上所述，信息化与区域经济之间存在着极其密切的关系，前者促进后者的发展，后者又对前者的发展具有反作用。本书通过灰色关联分析，研究二者之间的关联程度。

二、青海省信息化与区域经济发展现状

（一）青海省信息化发展现状

西部大开发战略实施以来，青海省信息化发展速度较快。1999—2019年，百人电话机数从9.0部增至131.4部，百户电视机数和百户计算机数分别从91.4台和0.1台增至106.3台和47.4台，百户互联网用户数从0.04户增至175.40户。与信息化发展息息相关的一些指标也有了显著变化。人均邮电业务总量和人均R&D经费支出分别从132.7元和12.80元增至10612.0元和242.75元，第三产业就业人口比重从31.1%增至47.7%，万人在校大学生人数和万人科技人员数分别从14人和25人增至145人和39人，科研机构数从102所增至132所，见表1-11（仅列出关键年份数据）。

表 1-11　青海省主要信息化发展指标统计

年份	百人电话机数（部）	百户电视机数（台）	百户计算机数（台）	百户互联网用户数（户）	人均邮电业务总量（元）	万人科技人员数（人）	科研机构数（所）	第三产业就业人口比重（%）	万人在校大学生人数（人）	人均R&D经费支出（元）
1999	9. 0	91. 4	0. 1	0. 04	132. 70	25	102	31. 1	14	12. 80
2000	11. 0	93. 6	1. 0	0. 09	95. 20	24	102	31. 6	26	23. 64
2005	46. 0	103. 0	11. 0	12. 72	578. 70	19	143	33. 1	63	54. 40
2010	89. 9	105. 4	20. 0	35. 31	2167. 50	21	105	36. 0	107	196. 80
2015	106. 0	105. 0	39. 0	83. 07	1798. 00	34	104	41. 2	121	196. 79
2019	131. 4	106. 3	47. 4	175. 40	10612. 00	39	132	47. 7	145	242. 75

资料来源：根据《青海统计年鉴》（2020）相关数据整理测算。

（二）青海省经济发展现状

西部大开发战略实施以来，青海省经济发展速度较快。1999—2019年，青海省地区生产总值从239. 38亿元增至2965. 95亿元，全社会固定资产投资额、社会消费品零售总额和财政预算内收入分别从128. 13亿元、91. 80亿元和23. 04亿元增至4390. 71亿元、880. 75亿元和456. 85亿元，第三产业增长率呈波动性变化，见表1-12（仅列出关键年份数据）。

表 1-12　青海省主要经济发展指标统计

年份	生产总值（亿元）	全社会固定资产投资额（亿元）	社会消费品零售总额（亿元）	财政预算内收入（万元）	第三产业增长率（%）
1999	239. 38	128. 13	91. 80	23. 04	8. 3
2000	263. 68	154. 83	100. 26	26. 09	14. 0
2005	499. 42	367. 15	161. 59	63. 39	10. 2
2010	1144. 18	1068. 73	351. 03	204. 97	12. 1
2015	2011. 02	3266. 64	690. 98	381. 14	8. 6
2019	2965. 95	4390. 71	880. 75	456. 85	5. 4

资料来源：根据《青海统计年鉴》（2020）相关数据整理测算。

三、青海省信息化与区域经济发展关系实证分析

（一）评价指标体系的建立

相关理论已经证实，信息化与区域经济发展之间具有相互促进的关系，为了更好地理解它们之间的关系，本书建立了青海省信息化与区域经济发展指标体系，并对它们之间的关联度进行了分析。

1. 信息化水平评价指标体系的建立

2001 年 7 月下旬，信息产业部在国家信息化的指标会议上正式公布了详细的国家信息化指标构成方案，该方案建立了电子商务、企业信息化、政府信息化、信息资源等模块，具体由 20 个指标构成，为定量分析我国的区域经济发展与农村信息化水平提供了很好的支持。2006 年，国家统计局国际统计信息中心为了对信息化应用水平进行评价，在以往研究的基础上，设计了第二套信息化水平评价总指数，其中包含 6 个一级指标和 23 个二级指标（《中国信息化水平评价研究》课题组，2006）。本节根据青海省信息化发展的实际情况，对一些可用的指标进行整合，在坚持客观性、可操作性原则基础上剔除了一些指标，同时引入若干新指标，最终形成文本的评价指标体系。该评价指标体系由 3 个一级指标和 10 个二级指标（见表 1-13）组成，提高了结果的准确性和信服度。

表 1-13　青海省信息化水平评价指标体系

一级指标	二级指标	单位	变量标识
信息化基础设施	百人电话机数	部	X_1
	百户电视机数	台	X_2
	百户计算机数	台	X_3
	百户互联网用户数	户	X_4
信息化发展现状	人均邮电业务总量	元	X_5
	万人科技人员数	人	X_6
	科研机构数	个	X_7
信息化发展潜力	第三产业就业人口比重	%	X_8
	万人在校大学生人数	人	X_9
	人均 R&D 经费支出	元	X_{10}

2. 区域经济发展指标体系的建立

区域经济是指以客观存在的地域单元为基础，按照劳动地域分工原则建立起来的具有区域特色的地域性国民经济。只有客观衡量经济发展进程的统计数据，才能准确并全面地反映一个地区的区域经济发展水平，然而衡量一个省（市）的经济发展状况，不仅要参考某一项产业的产值，还应从社会生产的各个方面去考察，看各项生产的综合情况。本节通过 5 个指标构建青海省区域经济发展水平评价指标体系（见表 1-14）。前 4 个总量指标反映青海省总的规模经济实力，最后 1 个指标反映青海省经济发展速度，也可以作为反映青海省产业结构变化的指标。

表 1-14 青海省区域经济发展水平评价指标体系

指标	单位	变量标识
生产总值	亿元	Y_1
社会固定资产投资额	亿元	Y_2
社会消费品零售总额	亿元	Y_3
财政预算内收入	亿元	Y_4
第三产业增长率	%	Y_5

（二）青海省信息化与区域经济发展的灰色关联度分析

1. 分析原理与方法

灰色关联度分析，就是对研究对象和待识别对象及其影响因素的因子值分别进行量化，并将各因素之间发展趋势的相似或相异程度，即“灰色关联度”，作为衡量因素间关联程度的一种分析方法。与一般的回归分析相比，灰色关联度分析对数据的要求较低，但在具体的实践中对事物发展的预测率较高，因而在自然科学和社会科学中应用得越来越广泛，可用于因素分析、方案决策、优势分析等方面（王艳秋、白林，2017）。

灰色系统理论以“小样本、贫信息”不确定性系统为研究对象，认为任何灰色关联序列都能通过某种样本信息的生成弱化其随机性，显现其规律性。青海省早期统计数据有缺失，而且现有的数据灰度较大，部分数据还会出现比较大的波动，没有典型的分布规律，因此本章主要采用灰色关联度分析方法。

2. 信息化各指标与青海省区域经济发展的灰色关联动态分析

自1999年提出西部大开发战略以来，青海省信息化与区域经济的发展并不是一帆风顺的，而是经历了一个曲折的发展过程。本章将这个过程分为四个阶段，分析信息化与区域经济发展之间的关系，并试图找出其变化规律。

首先，以1999—2005年青海省10项信息化水平指标作为比较序列，即$X_i=\{X_i(t),\ t=1,\ 2,\ \cdots,\ 17\}\ (i=1,\ 2,\ \cdots,\ 10)$，以5项经济发展水平指标作为参考序列$Y_i=\{Y_i(t),\ t=1,\ 2,\ \cdots,\ 17\}\ (i=1,\ 2,\ \cdots,\ 5)$，建立灰色关联序列，根据上文灰色关联度的计算方法，结合Excel软件可以得出相应的灰色关联矩阵，见表1-15。

表1-15　1999—2005年青海省信息化与区域经济发展关系的灰色关联矩阵

	X_1	X_2	X_3	X_4	X_5	X_6	X_7	X_8	X_9	X_{10}
Y_1	0.9753	0.9922	0.6164	0.6135	0.9779	0.9874	0.9928	0.9903	0.9754	0.9745
Y_2	0.9818	0.9853	0.6171	0.6142	0.9822	0.9806	0.9859	0.9835	0.9819	0.9810
Y_3	0.9722	0.9956	0.6166	0.6137	0.9751	0.9908	0.9963	0.9938	0.9723	0.9714
Y_4	0.9788	0.9884	0.6164	0.6135	0.9805	0.9836	0.9890	0.9866	0.9789	0.9780
Y_5	0.9690	0.9968	0.6183	0.6154	0.9708	0.9920	0.9957	0.9950	0.9714	0.9706
关联度	4.8770	4.9582	3.0848	3.0702	4.8865	4.9342	4.9598	4.9491	4.8799	4.8757

此阶段青海省信息化对区域经济发展影响的灰色关联度由大到小排序如下：

$$X_7、X_2、X_8、X_6、X_5、X_9、X_1、X_{10}、X_3、X_4$$

由此可知，1999—2005年，青海省科研机构数对区域经济发展的影响最为显著，其次是百户电视机数和第三产业就业人口比重，最后是万人科技人员数、人均邮电业务总量、万人在校大学生人数、百人电话机数、人均R&D经费支出、百户计算机数和百户互联网用户数。

同理，对2006—2010年青海省信息化与区域经济发展的关系做灰色关联度分析，结果见表1-16。

表 1-16　2006—2010 年青海省信息化与区域经济发展关系的灰色关联矩阵

	X_1	X_2	X_3	X_4	X_5	X_6	X_7	X_8	X_9	X_{10}
Y_1	0.7638	0.6288	0.6868	0.9079	0.7147	0.6377	0.6231	0.6445	0.8088	0.6735
Y_2	0.7869	0.6796	0.7310	0.8684	0.7828	0.6884	0.6816	0.6938	0.7913	0.8088
Y_3	0.8285	0.6663	0.7355	0.9129	0.6688	0.6771	0.6626	0.6847	0.8513	0.7040
Y_4	0.7119	0.6215	0.6634	0.7980	0.8512	0.6286	0.6190	0.6331	0.7419	0.7478
Y_5	0.8291	0.9450	0.9080	0.7478	0.6367	0.9247	0.8893	0.9417	0.7886	0.7166
关联度	3.9203	3.5412	3.7248	4.2351	3.6543	3.5565	3.4756	3.5978	3.9820	3.6508

此阶段青海省信息化对区域经济发展影响的灰色关联度由大到小排序如下：

$$X_4、X_9、X_1、X_3、X_5、X_{10}、X_8、X_6、X_2、X_7$$

由此可知，2006—2010 年青海省区域经济发展影响因素排在前三位的分别是百户互联网用户数、万人在校大学生人数和百人电话机数，其次是百户计算机数、人均邮电业务总量、人均 R&D 经费支出，最后是第三产业就业人口比重、万人科技人员数、百户电视机数和科研机构数。

由上述方法可得出 2011—2015 年青海省信息化与区域经济发展关系的灰色关联矩阵，结果见表 1-17。

表 1-17　2011—2015 年青海省信息化与区域经济发展关系的灰色关联矩阵

	X_1	X_2	X_3	X_4	X_5	X_6	X_7	X_8	X_9	X_{10}
Y_1	0.7343	0.6337	0.9282	0.8690	0.7413	0.6391	0.7144	0.7074	0.7139	0.6695
Y_2	0.6213	0.5859	0.6641	0.7120	0.7760	0.5874	0.6128	0.6118	0.6128	0.5990
Y_3	0.6874	0.6094	0.8160	0.8608	0.7976	0.6140	0.6704	0.6644	0.6670	0.6386
Y_4	0.6957	0.6151	0.8585	0.8252	0.7381	0.6169	0.6802	0.6790	0.6874	0.6408
Y_5	0.8715	0.9019	0.7336	0.7251	0.6965	0.8954	0.8889	0.8530	0.8382	0.9009
关联度	3.6102	3.3459	4.0003	3.9921	3.7495	3.3529	3.5668	3.5156	3.5192	3.4488

此阶段青海省信息化对区域经济发展关系影响的灰色关联度由大到小排序如下：

$$X_3、X_4、X_5、X_1、X_7、X_9、X_8、X_{10}、X_6、X_2$$

由此可知，2011—2015 年对青海省区域经济影响最大的三个因素是百户计算机数、百户互联网用户数和人均邮电业务总量，其次是百人电话机数、科研机构数、万人在校大学生人数，最后是第三产业就业人口比重、人均 R&D 经费支出、万人科技人员数和百户电视机数。

由上述方法可得出 2016—2019 年青海省信息化与区域经济发展关系的灰色关联矩阵，见表 1-18。

表 1-18　2016—2019 年青海省信息化与区域经济发展关系的灰色关联矩阵

	X_1	X_2	X_3	X_4	X_5	X_6	X_7	X_8	X_9	X_{10}
Y_1	0. 6876	0. 6976	0. 7832	0. 7165	0. 8103	0. 9221	0. 9013	0. 8541	0. 8655	0. 9345
Y_2	0. 6575	0. 5973	0. 6567	0. 6708	0. 7811	0. 8797	0. 79937	0. 7493	0. 7454	0. 7856
Y_3	0. 6188	0. 7806	0. 7865	0. 7445	0. 7687	0. 8001	0. 7969	0. 7996	0. 7989	0. 8444
Y_4	0. 7074	0. 6005	0. 6789	0. 7361	0. 7974	0. 9012	0. 8895	0. 8012	0. 7067	0. 9086
Y_5	0. 7077	0. 6889	0. 7799	0. 7908	0. 7098	0. 7708	0. 7612	0. 9091	0. 8121	0. 8899
关联度	3. 3790	3. 3649	3. 6852	3. 6587	3. 8673	4. 2739	4. 14827	4. 1133	3. 9286	4. 363

此阶段青海省信息化对区域经济发展关系影响的灰色关联度由大到小排序如下：

$$X_{10}、X_6、X_7、X_8、X_9、X_5、X_3、X_4、X_1、X_2$$

由此可知，2016—2019 年对青海省区域经济影响最大的三个因素是人均 R&D 经费支出、万人科技人员数、科研机构数，其次是第三产业就业人口比重、万人在校大学生人数和人均邮电业务总量，最后是百户计算机数、百户互联网用户数、百人电话机数和百户电视机数。

为了进一步对比青海省信息化各指标在四个阶段对区域经济发展影响的变化情况，将以上四个阶段计算的灰色关联序列中排名前五位的影响因素进行对比，见表 1-19。

表 1-19　四个阶段青海省信息化与区域经济发展关系的关联度比较

阶段	影响因素				
	1	2	3	4	5
1999—2005 年	X_7	X_2	X_8	X_6	X_5
2006—2010 年	X_4	X_9	X_1	X_3	X_5

续表

阶段	影响因素				
	1	2	3	4	5
2011—2015 年	X_3	X_4	X_5	X_1	X_7
2016—2019 年	X_{10}	X_6	X_7	X_8	X_9

四、结论与对策

从前文分析可以看出，在不同区域经济发展阶段，各信息化指标对青海省区域经济发展的影响各不相同。在第一阶段，对区域经济发展影响较为显著的三个指标（百户电视机数、第三产业就业人口比重和万人科技人员数）在第二、第三阶段已经退出前五位。百户计算机数和百户互联网用户数则从第一阶段的不甚显著到第二阶段的进入前五，在第三阶段排在第一位和第二位。第四阶段排在前三位的是人均 R&D 经费支出、万人科技人员数、科研机构数。以上影响要素的变化表明，近年来随着互联网的逐渐发展，互联网经济效应对青海省区域经济发展的作用越来越明显。此外，第三产业就业人口比重和万人在校大学生人数两项指标在第四阶段是重要的影响因素，说明其在信息化发展中的重要作用不容忽视，同时也是对青海省区域经济发展产生重要影响的因素。

信息化可以支撑数字经济发展，促进产业结构转型升级。促进信息化建设，应从以下四个方面着手：

第一，加强信息化基础设施建设。基础设施建设是信息化发展的前提和基础，当下正处于青海省信息化发展的黄金期，要加强信息网络基础设施建设，尤其是为一些偏远农村用户开通网络服务，普及信息化知识和技能，从而促使社会各阶层群体都能享受到国家的教育资源、科技资源、文化资源、医疗卫生资源和政府提供的各种公共服务（颜珍，2014）。

第二，提高科技投入，完善信息化人才培养。人才是经济发展的关键，而信息技术主要就是靠人去研究、开发、掌握和应用。从前文分析中可以看出，现阶段人均 R&D 经费支出、万人科技人员数、科研机构数和万人在校大学生人数与青海省的区域经济发展有着很高的关联度。因此，青海省要重视信息化领域的科研投入，省内各高校应加强信息技术应用方面的教育，提高社会的信息化应用水平。此外，还应完善培养机制，创造良好的发展环境和创业环境，吸引国内外信息化高技术人才的流入，以进一步缩小信息化的地区差异。

第三，推进信息化产业发展。第三产业就业人口比重与青海省区域经济发展关系密切，对经济发展也有着很明显的促进作用。信息产业发展同样是青海省信息化建设的关键，应对青海省已有的开展信息化相关业务的企业给予技术支持和政策鼓励，完善财政、税收及相关产业政策，把信息化产业作为产业发展的一个重要战略目标，鼓励、支持和引导信息化产业的发展。另外，要鼓励一些非信息化企业更多地了解信息化并争取向信息化方向转型。针对信息化相关的创业公司，可以提供一些政策性扶持，使之能更快发展、更多地提供就业岗位，促进第三产业就业人口比重提升，更好地推动青海省区域经济的发展。

第四，充分发挥政府在信息化建设中的指导协调职能。良好的发展环境能有效促进信息化建设。青海省是一个比较特殊的多民族地区，要重视政府在信息化建设方面的重要作用。在信息化建设过程中，政府应根据青海省的特殊情况制定合理的法规、政策，不断完善信息化基础设施建设，为信息化的推动和普及提供功能强大的平台。在做好规划和服务的前提下，政府应尊重青海省经济发展的客观规律，充分发挥政府的资源配置功能。此外，还可以改革投资方式，积极引入市场机制，吸引外来资金或民间资本投资信息化项目建设，充分发挥市场机制在信息化建设中的作用。

第四节　青海省农村区域经济发展影响因素分析

一、理论基础

（一）生产要素禀赋理论

生产要素禀赋是指区域内各种生产要素的相对丰裕程度。生产要素禀赋理论认为，每个国家或地区生产要素禀赋各不相同，与其他地区相比，那些具有禀赋优势的生产要素价格较低，利用这些要素来进行生产，商品成本相对较低，利润较高；相反，禀赋较差的生产要素由于稀缺，价格较高，利用这些要素进行生产，商品成本也相对较高。

根据生产要素禀赋理论，在各国生产同一产品的技术水平相同的情况下，两国生产同一产品的价格差别主要取决于产品的成本差别，而成本差别主要取决于生产过程中所使用生产要素的价格。青海省应充分发挥地区要素禀赋的优势，大力发展特色产业，形成特色经济，使西部农村经济迈上新台阶。

（二）动态比较优势理论

动态比较优势理论认为，应根据区域要素禀赋优势的变化及时调整产业结构和贸易模式。

实施西部大开发战略以前，对西部地区而言，大量具有比较优势的生产要素流向发达地区，无法形成有效投入以实现跨越式发展；对发达地区而言，产业附加值较低，亟待优化发展方式推动可持续发展。基于动态比较优势理论制定扶持政策，充分发挥西部地区的生产优势，是西部地区改变现状、实现经济可持续发展的有效途径。

二、青海省农村经济发展现状

青海省农村经济发展，既有我国农村经济发展的一般性，又有其特殊性。改革开放以来，青海省农村经济获得了较快的发展。1985—2019 年，青海省农村居民家庭人均纯收入由 342. 9 元提高到 11499. 0 元，农林牧渔业总产值由 12. 25 万元提高到 306. 00 亿元。青海省农村经济增长和农民收入的增加主要是由于投入、技术、环境等诸多因素的发展，就青海省内部而言，农村经济发展也呈现出明显的不平衡性。

（一）农业资源状况

1. 资源的种类和丰富程度

青海的资源种类较多，且蕴藏丰富，其中水能资源、光能资源、风能资源、化石能源、矿产资源、土地资源、牧业资源、生物资源、林业资源十分丰富。

青海省土地总面积 71. 75 万平方公里（0. 7175 亿公顷），仅次于新疆、西藏、内蒙古三个自治区，居全国第四；全省耕地面积 58. 97 万公顷，占全省土地面积的 0.82%；可利用牧草地面积 4033.33 万公顷，占 56.2%；林地面积 266.67 万公顷，占 3.72%；园地面积 0.74 万公顷，占 0.01%；未利用地 2766.67 万公顷，占 38.6%。全省宜农待垦土地 60 多万公顷，主要分布在东部农业区和海南台地、柴达木盆地等地区。青海耕地分布极不平衡，西宁和海东耕地面积分别为 14.46 万公顷和 22.09 万公顷，合计占全省耕地面积的 61.98%（见表 1-20）。

表 1-20　2013—2018 年青海省各地区耕地面积　　单位：公顷

年份	全省	西宁市	海东市	海北州	黄南州	海南州	果洛州	玉树州	海西州
2013	589293.2	147572.2	223536.3	56530.7	19966.1	83623.6	1286.1	13429.5	43348.7
2014	585707.9	145486.9	222390.2	56313.1	19847.4	83463.6	1282.5	13386.6	43537.6
2015	588419.0	145284.0	222138.2	56347.3	19859.5	83617.7	1278.1	13369.3	46524.9
2016	589427.7	144852.9	221623.7	56712.5	19890.0	84123.5	1276.0	13237.4	47711.7
2017	590142.4	144708.5	221172.7	56788.4	19850.8	84458.7	1272.0	13226.5	48664.8
2018	589736.5	144638.4	220895.7	56775.2	19861.6	84418.8	1271.2	13220.3	48655.3

资料来源：《青海统计年鉴》(2019)。

从土地资源利用现状及类型结构看，青海省属于畜牧业用地多、农业耕地少、林地比重低的地区。除此以外，50%以上为难以开发利用的石山、雪山、冰川、沙漠、戈壁、盐沼及自然条件恶劣的高海拔地区，主要分布于西部自然环境严酷的柴达木盆地和青南高原。

2. 气候、地貌

青海省地形差异显著。东北部由阿尔金山、祁连山数列平行山脉和谷地组成，平均海拔 4000 米以上，蕴藏着丰富的冰雪资源。位于达坂山和拉脊山之间的湟水谷地，海拔在 2300 米左右，地表为深厚的黄土层，是青海省主要的农业区。西北部的柴达木盆地，是一个被阿尔金山、祁连山和昆仑山环绕的巨大盆地，海拔 2600～3000 米，东西长 800 公里，南北宽 200～300 公里，面积约 20 万平方公里，盆地南部多为湖泊、沼泽，并以盐湖为主。南部是以昆仑山为主体并占全省面积 50%以上的青南高原，平均海拔 4500 米以上。全省地势自西向东倾斜，最高点（昆仑山的布喀达坂峰 6860 米）和最低点（民和下川口村约 1650 米）海拔相差约 5210 米。青海省地形以山地为主，兼有平地和丘陵。

青海属于高原大陆性气候，具有气温低、昼夜温差大、降雨少而集中、日照长、太阳辐射强等特点。冬季严寒而漫长，夏季凉爽而短促。各地区气候有明显差异。青海地处中纬度地带，太阳辐射强度大，光照时间长，年总辐射量仅次于西藏，居全国第二。青海省气象灾害较多，主要为干旱、冰雹、霜冻、雪灾和大风。

（二）农业生产投入

1. 农业资本

青海省社会固定资产投资逐年稳步增加，农业资金投入也呈现增加趋势，但 2012 年、2017 年、2019 年有所下降。虽然农业资金投入呈增加趋势，但是在社会固定资产投资中的占比呈现下降趋势。青海省农业资金投入情况见表 1-21。

表 1-21　青海省农业资金投入情况

年份	社会固定资产投资（亿元）	农业资金投入（亿元）	占比（%）
2000	154.61	9.22	5.97
2005	367.15	31.39	8.55
2010	1068.73	77.62	7.26
2011	1434.31	90.82	6.33
2012	1920.03	82.89	4.32
2013	2403.90	109.28	4.55
2014	2908.71	139.46	4.79
2015	3266.64	157.92	4.83
2016	3533.19	159.56	4.52
2017	3897.14	137.57	3.53
2018	4181.63	154.77	3.7
2019	4390.71	149.19	3.3

资料来源：根据《青海统计年鉴》（2020）整理计算。

从表 1-22 可以看出，青海省农业机械投入量呈增加趋势，主要农业机械与设备和农用排灌设施共同稳步增加，且节水灌溉机械发展迅速，

2019 年机械拥有量是 2001 年的 35 倍多。

表 1-22　青海省农业机械拥有量

年份	主要农业机械与设备				农用排灌设施		
	大中型拖拉机（台）	小型拖拉机（台）	联合收割机（台）	农用运输车（辆）	机电井（眼）	农用水泵（台）	节水灌溉机械（套）
1999	2548	158867	650	5722	—	—	—
2000	2409	167830	670	8906	38	2167	—
2001	2469	178638	676	13433	78	2362	238
2005	2745	221664	657	27762	295	3548	1972
2010	4747	276168	1113	31661	490	5173	9281
2015	12779	255994	2298	35857	828	4929	7708
2019	13165	251467	3175	31665	1331	5140	8382

资料来源：《青海统计年鉴》（2020）。

注："—" 表示数据缺失。

2. 农业劳动力

青海省乡村从业人员呈波动递增趋势，且乡村男性从业人员数大于女性。农林牧渔业从业人员的人数呈现递减趋势，但仍是乡村从业的主力军（见表 1-23）。

表 1-23　1999—2019 年青海省乡村从业人员基本情况　　单位：万人

年份	乡村从业人员			农林牧渔业从业人员	年份	乡村从业人员			农林牧渔业从业人员
	总人数	男性	女性			总人数	男性	女性	
1999	173.3	88.6	84.7	144.0	2010	198.3	106.7	91.6	121.0
2000	172.0	88.7	83.3	142.3	2011	203.0	107.6	95.4	118.1
2001	174.0	89.7	84.3	141.6	2012	203.2	108.1	95.1	114.9
2002	177.3	91.7	85.6	136.5	2013	202.8	108.0	94.8	115.2
2003	180.6	94.6	86.0	134.8	2014	206.8	109.9	96.9	115.7
2004	184.5	97.5	87.0	131.9	2015	208.1	110.6	97.5	116.4

续表

年份	乡村从业人员			农林牧渔业从业人员	年份	乡村从业人员			农林牧渔业从业人员
	总人数	男性	女性			总人数	男性	女性	
2005	186.0	98.2	87.8	128.7	2016	208.0	110.7	97.3	115.5
2006	185.4	98.8	86.6	124.0	2017	210.4	111.8	98.6	116.7
2007	189.4	101.0	88.4	119.8	2018	209.7	112.2	97.5	114.2
2008	193.7	103.6	90.1	120.6	2019	211.9	113.3	98.6	115.6
2009	197.3	105.3	92.0	121.5					

资料来源：《青海统计年鉴》(2020)。

从表1-24可以看出，随着青海省乡村从业人员总量波动递增，乡（镇）各类专业技术人员和农林牧渔业专业技术人员数量也呈现波动增加趋势，但总体变化不明显。农林牧渔业专业技术人员占乡（镇）各类专业技术人员比重呈现波动递减趋势，农林牧渔业专业技术人员占乡村从业人员比重也呈波动递减趋势。

表1-24　2010—2019年青海省乡村行业专业技术人员情况

年份	乡（镇）各类专业技术人员（万人）	农林牧渔业专业技术人员（万人）	农林牧渔业专业技术人员占乡村从业人员比重（%）	农林牧渔业专业技术人员占乡（镇）各类专业技术人员比重（%）
2010	2.5517	1.0956	0.55	42.94
2011	2.1594	1.0212	0.50	47.29
2012	2.7757	1.0242	0.50	36.90
2013	2.7999	1.0703	0.53	38.23
2014	2.7075	1.0103	0.49	37.31
2015	2.7225	1.0591	0.51	38.90
2016	2.4159	1.0140	0.49	41.97
2017	2.6840	1.0284	0.49	38.32
2018	2.6462	1.0325	0.49	39.02
2019	2.5624	1.0384	0.49	40.52

资料来源：根据《青海统计年鉴》(2020)整理计算。

（三）农村居民生活

从表 1-25 可以看出，青海省农村常住居民人均可支配收入呈逐年增长趋势。可支配收入来源主要为工资性收入、第一产业经营净收入和转移净收入，第二产业经营净收入和财产净收入不高，与同期青海省城镇常住居民人均可支配收入存在显著差距，也低于全国农村常住居民平均收入水平。

表 1-25　2015—2019 年青海省农村常住居民人均可支配收入情况　单位：元

年份	农村常住居民人均可支配收入	工资性收入	经营净收入			财产净收入	转移净收入	城镇常住居民人均可支配收入	全国农村常住居民人均可支配收入
			第一产业	第二产业	第三产业				
2015	7933.0	2235.0	2133.0	74.0	851.0	325.0	2315.0	24542.0	11421.7
2016	8664.0	2464.0	2193.0	53.0	951.0	325.0	2678.0	26757.0	12363.0
2017	9462.0	2704.0	2511.0	196.0	1057.0	326.0	2668.0	29169.0	13432.0
2018	10393.0	3047.0	2955.0	38.0	911.0	463.0	2978.0	31515.0	14617.0
2019	11499.0	3617.0	3303.0	16.0	978.0	410.0	3175.0	33830.0	16021.0

资料来源：《青海统计年鉴》(2020)。

从表 1-26 可以看出，青海省农村常住居民消费支出逐年递增，但消费支出主要用于衣食住行（以食品支出为主），用于教育文化娱乐等方面的消费支出较少。

表 1-26　农村常住居民人均支出情况　单位：元

年份	消费支出	食品烟酒	衣着	居住	生活用品及服务	交通通信	教育文化娱乐	医疗保健	其他
1999	1133	699	98	124	46	35	50	57	24
2001	1347	705	101	184	54	88	92	86	37
2003	1572	771	114	205	61	146	132	116	27
2005	2194	941	177	329	194	208	110	172	63
2007	2475	1098	192	360	122	292	135	229	47
2009	3244	1234	225	785	133	341	174	291	61
2011	4537	1716	348	1091	272	451	265	308	86
2013	6060	1872	449	1449	315	266	677	915	117
2015	8568	2564	627	1462	445	1278	807	1191	194

续表

年份	消费支出	食品烟酒	衣着	居住	生活用品及服务	交通通信	教育文化娱乐	医疗保健	其他
2017	9902	2945	670	1739	488	1629	897	1270	264
2019	11343	3373	783	1965	541	1886	1033	1486	276

资料来源：《青海统计年鉴》（2020）。

（四）农业产出结构

从生产总值构成角度来看，青海省第一、第二产业比重呈下降趋势，而第三产业比重呈上升趋势。从产业贡献率构成角度看，第一产业贡献率很低，但在逐步提升。2000 年，三次产业占 GDP 比重之比为 15.2∶41.3∶43.5，产业贡献率则为-7.2∶56.4∶50.8，到 2019 年，前者转变为 10.2∶39.1∶50.7，后者转变为 7.12∶38.69∶54.19。

从表 1-27 可以看出，青海省农林牧渔业总产值呈现递增趋势，且以牧业和农业经营为主，林业次之，渔业最少。

表 1-27　青海省农林牧渔业总产值　　单位：万元

年份	农林牧渔业总产值	农业	林业	牧业	渔业
2000	569850	249055	15056	304939	800
2005	899534	364408	17521	516985	620
2010	1974241	920725	37745	1014535	1236
2015	3135817	1449985	74330	1583747	27755
2019	4472260	1812512	112535	2508063	39150

资料来源：《青海统计年鉴》（2020）。

从表 1-28 可以看出，青海省农作物总播种面积呈波动上升趋势，且以粮食作物和经济作物为主。其中，粮食作物中的小麦、杂粮，经济作物中的油料作物播种面积占比较高。

表 1-28　青海省农作物总播种面积　　单位：千公顷

年份	小计	油料	蔬菜	其他
2000	230. 96	191. 58	15. 78	23. 60
2005	231. 16	161. 86	25. 83	43. 47
2010	252. 79	178. 05	36. 46	32. 28

续表

年份	小计	油料	蔬菜	其他
2015	278.00	150.52	41.09	86.39
2019	273.34	142.25	44.39	86.70

资料来源：《青海统计年鉴》（2020）。

三、青海省农村经济发展影响因素

青海省农村区域经济发展影响因素很多，科学评价农村区域经济发展水平，找到影响因素，对于认清发展形势与条件，采取针对性的措施推动农村区域经济发展具有重要意义。

根据农村区域经济特点，可以从资源条件、生产投入、科技动力、发展环境、产业结构五个层面对青海省农村区域经济发展主要影响因素进行分析（见表 1-29）。

表 1-29　青海省农村区域经济发展主要影响因素

一级指标	二级指标	三级指标
农村区域经济发展	资源条件	自然资源的种类和丰富程度
		气候与地貌
		生态环境
	生产投入	农业资本
		劳动力
	科技动力	农业人才
		信息化建设
		先进科学技术的应用
	发展环境	政策环境
		生活环境
	产业结构	一二三产业结构的调整
		农、林、牧、渔业之间的结构调整
		农、林、牧、渔业内部结构的调整

（一）资源条件

资源条件主要指自然资源的状况。联合国环境规划署将自然资源定义为：在一定的时间、地点条件下，能够产生经济价值，以提高人类当前和未来福利的自然环境因素与条件。自然资源在经济学中指土地的广义概念，不仅包括土地，还包括河山、森林能源、矿藏、原料等一切自然资源。通常意义上所讲的自然资源是指农业生产中产生效用的自然因素和自然力，如土地、水、森林、草原、渔业、野生动植物等。自然资源的种类和丰富程度是影响区域经济增长的重要因素。

自然资源与环境关系密切。环境是影响人类生存和发展的各种天然因素和经过人工改造的自然因素的总和，包括土地、水、森林、草原、空气等。环境制约着我国农业和农村经济的发展。一定的自然环境如降雨、温度、土壤等和特定的生态环境如植物与植物、动物与动物或动物与植物之间自然形成的相互依存的生物链关系，就是农业环境。农业生产依赖农业环境。首先，不利的气候、地貌条件会严重限制农业的发展。其次，生态环境退化会对农业生产造成不利影响，特别是水土流失、荒漠化和草场退化等，会严重影响农业生产。

要素禀赋中的自然资源是先天给定的，在生产中大规模增加自然资源比较困难，而农业环境对农业生产的影响巨大，其改善是一个长期的系统工程。本书考虑了青海地区自然资源的种类和丰富程度、生态环境以及特殊的农业资源优势对农村区域经济增长的影响（武振楠，2017）。

（二）生产投入

生产投入离不开资本和劳动力的投入。资本的投入是一个较为广泛的概念，是其他生产力要素投入的基础。在农业研究中，农业资本不仅包括投入农业的资金，还包括农业固定资产和一些低值易耗品等资本存量，主要指农业生产和农业基础设施建设的资金投入。农业的技术投入、劳动投入都可以用资本的形式表现出来。

劳动力包括劳动力的数量和质量。劳动力投入的增加，可以提高区域经济的产出水平。在一定的技术条件下，投入经济活动的劳动力越多，能够推动的生产资料越多，所生产的产品也就越多，经济增长速度就会越快。另外，劳动力本身素质的提高，将有助于提高劳动生产率，也会促使一个区域产出的增加。

（三）科技动力

科学的发展和技术的进步对社会经济发展的作用越来越大。科学技术的发展进步对经济增长的贡献远远超过资本和劳动力投入量增加的贡献，成为经济增长的主要动力和源泉。可以选取农业人才、信息化建设和先进科学技术的应用三个指标，研究科技动力对青海农村区域经济增长的贡献程度。

在信息化建设方面，为提升科技服务农牧业水平，青海省自 2013 年 12 月启动了国家农村信息化示范省建设试点工作，制定了《青海省农村信息化示范省建设实施方案》，并于 2014 年 10 月 31 日通过科技部、中组部、中央网信办组织的专家论证。2014 年 12 月底，青海省被正式批准为国家农村信息化示范省。

青海国家农村信息化示范省建设以“互联网+”为基础，以信息化为手段，成功搭建起了以主动推送服务为主的集语音、短信、视频、网络于一体的多功能青海省农村信息化综合服务平台，在平台上还搭建了“青海特色农畜产品质量安全溯源与电子商务平台”，把安全溯源和电子商务紧密结合在一起，得到了企业和群众的认可。

在先进科学技术的应用方面，2019 年青海省有 548 项应用技术成果，其中第一产业 149 项，占应用技术成果总数的 27. 19%，为农村经济发展提供了有力支撑。

（四）发展环境

发展环境主要是指推动区域经济增长的外部环境。本书选取政策环境和生活环境作为研究指标。

政策环境是农村区域经济发展最重要的外部环境。党的十九大报告提出，实施乡村振兴战略。中央农村工作会议强调，实施乡村振兴战略，必须大力推进体制机制创新，强化乡村振兴制度性供给。中央经济工作会议明确了实施乡村振兴“三步走”时间表：到 2020 年，乡村振兴取得重要进展，制度框架和政策体系基本形成；到 2035 年，乡村振兴取得决定性进展，农业农村现代化基本实现；到 2050 年，乡村全面振兴，农业强、农村美、农民富全面实现。中国共产党青海省第十三届委员会第四次全体会议审议通过《中共青海省委青海省人民政府关于坚持生态保护优先推动高质量发展创造高品质生活的若干意见》，省委做出“一优两高”的战略部署，提出要打好特色农牧业发展这张牌，指明了新时代青海农业高质量发展的方向。

生活环境是农村经济发展的内部环境。首先，要考虑农村居民收入支出水平与结构，这是农村经济发展的重要体现，也是稳农、富民的具体体现。其次，要考虑农村基础设施建设情况，包括水电、教育、医疗等基础设施和公共服务的发展水平，这些影响到农村一二三产业的融合发展，影响到农村的吸引力。

（五）产业结构

产业结构是指农业、工业和服务业在一国经济结构中所占的比重。根据经济学的原理，农业结构调整可以定义为，农业生产活动中土地、资本、劳动及其他生产要素的供给与使用的重新配置。农业结构的调整必然引起产业结构的变动，即要素的变化与重新配置会引起产业结构的变化。因此，农村产业结构调整可以认为是自然资源、投入、科技、制度以及其他生产要素的供给和使用的重新分配。

一般而言，生产力投入要素会从低效率的部门向高效率的部门重新配置，产业结构不断升级，从而促进经济增长。产业结构升级的基础是技术进步，所以说技术变迁是经济增长的关键因素。农村产业结构的调整包括三个层面的内容：一是农村一二三产业结构的调整，二是农、林、牧、渔业之间的结构调整，三是农、林、牧、渔业内部结构的调整。

四、结论与对策

（一）结论

青海省农村区域经济发展既有优势也有劣势。具体来说，体现在以下六个方面：

第一，在农业资源方面，青海省土地面积广阔，但耕地面积仅占全省土地面积的 0.82%，耕地不足且分布极不平衡；牧草资源丰富，牲畜品种繁多，牧业发展具有独特优势；地形差异显著，地势自西向东倾斜，海拔高且落差大，地貌以山地为主，平地和丘陵较少。另外，气象灾害较多，气候差异明显；水土流失严重，草场大面积退化，生态环境比较脆弱。

第二，在农业生产投资方面，青海省农业机械拥有量逐年增加，节水灌溉机械发展迅速，说明农业基础设施不断完善；社会固定资产投资逐年稳步增加，农业资金投入也呈现增加趋势，但农业资金投入占社会固定资产投资的比重呈现递减趋势。

第三，农村从业人员仍以从事农、林、牧、渔业为主，农业劳动者数量较多；农村农业劳动者中拥有相关专业技术的人很少，农业劳动者普遍素质偏低。

第四，在科技动力方面，农村各类专业技术人员和与农业相关的专业技术人才虽都在增加，但与农业相关的专业技术人员占农村各类专业技术人员的比重却在下降。要广泛应用先进的科学技术成果，支持第一产业高质量发展。

第五，在发展环境方面，农业政策环境良好，特别是党的十九大以后乡村振兴战略的实施，促进了青海省农村区域的发展。但青海农村居民的人均可支配收入低于全国水平，远低于青海城镇居民人均可支配收入，说明青海农村经济发展还比较落后，且城乡差距较大。另外，从青海农村居民的支出主要用于衣食住行、食品支出比重较大、恩格尔系数较高也可以看出，青海农村区域经济发展水平较低，人们消费和吸引投资的能力有限。

第六，在产业结构方面，第一产业产值比重和产业贡献率下降明显，但第一产业的发展有助于促进第二、第三产业的发展，并提供外部效应和维持提供公共产品的能力。第一产业不能被替代，但产业结构将逐渐优化。第一产业还是以牧业和农业为主，农牧业的发展是青海农村区域经济发展的重点。

（二）对策

要提高青海省农村区域经济发展水平，应从以下两方面着手：

第一，应充分利用丰富的矿产资源和牧业资源来推动青海农村区域经济发展；继续加大农业资金投入，完善农业基础设施，提高农业劳动者素质，促进农业发展；加强相关专业技术人员教育培训，推动农业农村信息化发展，广泛应用先进科学技术成果，以科技发展带动农业技术进步，以科学技术促进农村发展；提供良好的发展环境，完善市场体系，促进农民消费水平提高和消费多元化发展，吸引外商投资；促进产业结构优化升级，推动农村三产融合发展，转变农业发展方式，发展民族地区特色农牧业。但是，在开发的过程中要注重保护，以促进青海农村经济的可持续发展。

第二，应坚持科教兴农方针，质量与效益并重。农业和农村经济发展的新阶段，是我国农业由资源、劳动力密集型向资本、科技密集型转变的过程，由粗放式经营向集约式经营转变的过程，由单纯追求数量向数量质量并重转变的过程，归根结底，是用现代科技装备改造传统农业，从而实现传统农业向现代农业跨越的过程。我们应坚持科教兴农的方针，把农业和农村经济转移到以质量和效益为中心的轨道上来，这是我国农业和农村经济持续快速发展的根本保证，也是增加农民收入的关键。经济增长方式的转变、农村产业结构调整和农村经济增长、农村产业技术水平和以之为基础的经济效率提高、农村人力资本和农民就业率提高以及农村生态环境改善等诸多问题已经成为学术界研究的热点。

值得注意的是，这些问题都涉及投入与产出的关系，以及如何有效利用农村生产力要素达到农村经济增长的目的，只是对每个问题研究的视角不同，可以结合具体情况进行有针对性的深入研究。

第二章 区域产业发展

世界各国经济发展的历史经验表明，产业结构的演进具有一定的规律性，即由低水平均衡向高水平均衡不断演化，向产业结构的高度化和合理化发展。

第一节　我国三次产业的发展规律

产业结构演变的一般规律告诉我们：随着经济的发展，第一产业无论是产值份额还是就业份额均会大幅下降，而第二、第三产业的份额则会显著上升；当工业化达到一定程度以后，第二产业不可能继续大量吸收劳动力，只有第三产业对劳动力具有较强的吸附能力，体现较强的就业弹性；产业结构与就业结构都会从第一产业占绝对比重向第二产业转变，并最终形成第三产业占绝对支撑地位的增长格局。

一、理论基础

（一）产业结构演变理论

1. 配第–克拉克定理

早在17世纪，英国经济学家威廉·配第就在其著作《政治算术》中指出：制造业比农业，进而商业比制造业能够得到更多的收入。这种不同产业之间相对收入上的差异，会促使劳动力向能够获得更高收入的部门移动。

1940年，克拉克在《经济进步的条件》一书中，通过对40多个国家和地区不同时期三次产业劳动投入和产出资料的整理和比较，揭示了人均国民收入水平和结构变动的内在联系，总结出劳动力在三次产业中的结构变化与人均国民收入的提高存在一定的联系，得出了产业结构演进的规律性结论：随着经济的发展，即随着人均国民收入水平的提高，劳动力首先由第一产业向第二产业转移，当人均国民收入水平进一步提高时，劳动力会向第三产业转移。

2. 库兹涅茨法则

美国经济学家库兹涅茨（Simom Kuznets）从国民收入和劳动力在三次产业间的分布情况入手，在对大量经济数据进行分析之后，提出三次产业在国民收入结构中的演进规律。

第一，制造业能够创造出比农业更多的附加值，随着国民经济的发展，农业部门的产值比重和劳动力比重都将不断下降。

第二，当经济发展进入工业化时期，工业部门的产值比重以及劳动力比重都会提高，并且产值比重提高的速度会快于劳动力比重提高的速度。但进入后工业化时期，工业产值比重和劳动力比重会出现不同程度的下降。

第三，在整个经济发展过程中，服务业部门的产值比重以及劳动力比重将处于持续上升状态，并且在工业化中前期，劳动力比重的上升速度将快于产值比重的上升速度。

此外，库兹涅茨还深入研究了各产业内部有关产业对产业结构变动的影响，并指出，第二产业比重的上升主要来源于制造业，而在制造业的内部，加工工业和化学、石油等行业的产值比重显著上升，而纺织、服装、木材和皮革行业的产值比重则显著下降。

（二）产业结构优化

产业结构优化是一个动态调整的过程。从其优化方向看，它总是遵循着一定的规律。从其优化过程看，可分为四个阶段，不同阶段三次产业在经济中所占份额由大到小的次序见表 2-1。当全社会的 GDP 贡献以第三产业为主，且第三产业贡献在全社会就业贡献中占绝对主导地位时，三次产业发展就进入了服务经济社会阶段。

表 2-1　不同产业结构优化阶段三次产业的次序

产业结构优化阶段	各产业在总体经济中所占份额的排列次序
初期	第一产业、第二产业、第三产业
中期	第二产业、第一产业、第三产业
中后期	第二产业、第三产业、第一产业
后期	第三产业、第二产业、第一产业

（三）产业结构偏离度

偏离度是指实际数据与目标数据相差的绝对值占目标数据的比重。产业结构偏离度是指各产业增加值的比重与相应劳动力比重的差异程度。某产业在三次产业产值中所占比例与其相对应的就业人数比例越接近，该产业的产业结构偏离度越小。

产业结构偏离度=(某产业产值比重/该产业就业比重)-1　(2-1)

从式（2-1）可以看出，产业结构偏离度绝对值越小，产业结构比重与就业结构比重越接近，此产业结构越均衡。当结果趋近于零时，产业结构达到平衡状态；当结果大于零时，该产业的产值结构比重大于就业结构比重，也就是说，该产业的劳动产出比较高或就业人口较少，就业人口需求较大，存在劳动力转入的可能；当产业结构偏离度小于零时，该产业的产值结构比重小于就业结构比重，也就是说，该产业就业人口劳动产出比较低，劳动人口过剩，存在劳动力转出的可能。

产业结构偏离度的一般规律是产业从初期发展到成熟阶段，结构偏离度数值先降低再升高。

二、我国三次产业发展现状

（一）我国三次产业的构成情况

1999—2019 年，我国三次产业的增加值均不断提高。1999 年第一产业产值占比为 16.1%，于 2019 年降至 7.1%；第二产业产值占比变化不大，始终未超过 50%，并呈现下降趋势，2019 年占比为 39%；第三产业产值占比呈现逐年上升趋势，于 2019 年达到 53.9%（见表 2-2）。我国产业结构的优化升级，意味着中国经济正在由以工业为主导向以服务业为主导转变。虽然我国第二产业的比重仍然较高，第三产业的发展略有不足，但是我国的产业结构大体符合经济发展的一般规律。

表 2-2　我国 GDP 的构成情况　　单位：%

年份	第一产业所占比重	第二产业所占比重	第三产业所占比重
1999	16.1	45.4	38.6
2000	14.7	45.5	39.8
2005	11.6	47.0	41.3
2010	9.5	46.4	44.1
2015	8.8	40.9	50.2
2019	7.1	39.0	53.9

资料来源：《中国统计年鉴》(2020)。

注：本表按当年价格计算。

（二）我国三次产业的贡献率

1999—2019 年，第一产业的贡献率有所波动，但始终未超过 10%，近几年更是稳定在 5%以下；第二产业的贡献率总体呈下降趋势，波动较大，最高不超过 60%，在 2010—2019 年下降速度加快，到 2019 年低至 36.8%；第三产业的贡献率总体而言呈上升趋势，波动较大，从 2010 年起，增长速度较之前明显加快，到 2019 年达到 59.4%。从表 2-3 可以看出，第一产业对 GDP 的贡献最小，现阶段我国 GDP 增长主要靠第二、第三产业拉动，且第三产业对 GDP 的贡献日益突出，第二产业对 GDP 的贡献有所下降。

表 2-3　我国三次产业的贡献率　　单位：%

年份	第一产业	第二产业	第三产业
1999	5.6	56.9	37.4
2000	4.1	59.6	36.2
2005	5.2	50.5	44.3
2010	3.6	57.4	39.0
2015	4.4	39.7	55.9
2019	3.8	36.8	59.4

资料来源：《中国统计年鉴》(2020)。

注：本表按不变价格计算；贡献率指三次产业增加值增量与 GDP 增量之比。

（三）我国三次产业就业人员构成

1999—2019年，我国就业人员总数不断增加。从就业人员构成（见表2-4）来看，第一产业就业人员占比持续下降，第二产业就业人员占比总体上升随后下降，第三产业就业人员占比持续上升，大体符合配第-克拉克定理，体现了劳动力的转移趋势，以及劳动力配置日趋合理的就业结构优化过程。

表2-4 我国三次产业就业人员构成

单位：%

年份	第一产业就业人员所占比重	第二产业就业人员所占比重	第三产业就业人员所占比重
1999	50.1	23.0	26.9
2000	50.0	22.5	27.5
2005	44.8	23.8	31.4
2010	36.7	28.7	34.6
2015	28.3	29.3	42.4
2019	25.1	27.5	47.4

资料来源：《中国统计年鉴》（2020）。

三、我国产业结构演变的实证分析

（一）我国产业结构偏离度

运用产业结构偏离度公式，可计算出我国三次产业的结构偏离度（见表2-5、图2-1）。

表2-5 我国三次产业的结构偏离度

年份	第一产业	第二产业	第三产业
1999	-0.68	0.97	0.43
2000	-0.71	1.02	0.45
2005	-0.74	0.97	0.32
2010	-0.74	0.62	0.27
2015	-0.69	0.40	0.18
2019	-0.71	0.42	0.14

资料来源：根据《中国统计年鉴》（2020）整理计算。

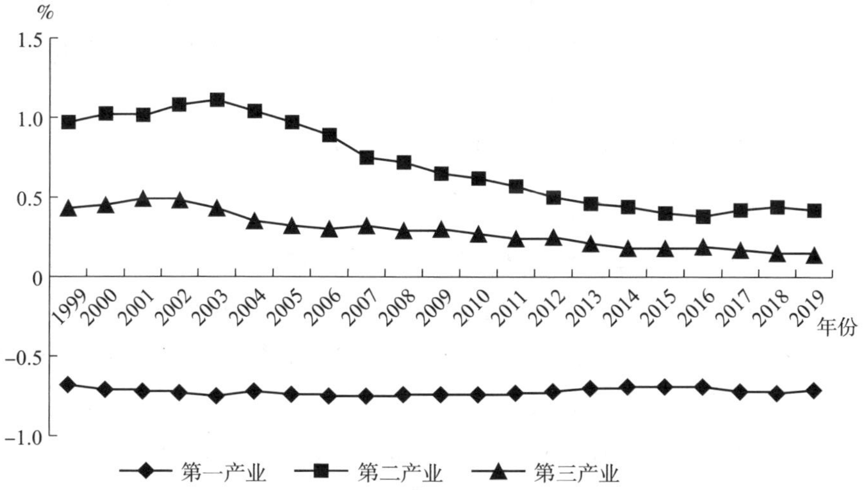

图 2-1　1999—2019 年我国的产业结构偏离度

资料来源：根据《中国统计年鉴》（2020）整理计算。

第一，我国第二、第三产业偏离度下降趋势明显。2019 年，我国三次产业结构偏离度分别为-0.71、0.42、0.14。产业总偏离度的下降主要来自第二产业和第三产业产业偏离度的降低。产业总偏离度的下降表明我国就业结构和产业结构正向合理化方向发展。

第二，三次产业的结构偏离度大小不同。从产业偏离度的平均值来看，第一产业为-0.72，第二产业为 0.71，第三产业为 0.29。在三次产业中，第一产业的偏离度绝对值最大，其次是第二产业，第三产业的偏离度绝对值最小。这说明第三产业就业结构与产业结构最为合理。

第三，三次产业的结构偏离度正负不一。在三次产业中，只有第一产业的结构偏离度为负数，这说明第一产业的产值比重小于就业结构比重。这也符合我国的国情，我国是一个农业大国，农民人数众多。第二、第三产业的结构偏离度一直为正数，这说明我国的第二、第三产业产值比重大于就业结构比重。

第四，我国三次产业的发展阶段不同。从我国三次产业的结构偏离度可以看出，我国第一产业已经度过发展初期，偏离度已经度过最低点且逐年上升，而第二、第三产业仍然处于发展初期，结构偏离度正在逐步下降。

第五，第三产业的结构偏离度逐步趋于合理。这也说明，在我国第三产业占三次产业产值比重逐年增加的情况下，其就业人口也在逐年增加，第三产业已经逐渐成为吸纳就业的主力军。

（二）我国第三产业产值比重与 GDP 增速对比

2000 年，第三产业增加值占比为 39.8%，2010 年上升到 44.1%，2019 年进一步上升至 51.6%。相应地，GDP 增速由 2000 年的 8.43%高速增长至 2010 年的 10.45%，然后缓慢降至 2019 年的 7.84%，呈现中高速增长态势（见表 2-6）。我国进入服务经济社会后，服务业劳动生产率显著低于第二产业劳动生产率，经济发展速度放缓，这是我国从 2012 年第三产业增加值占国内生产总值比重达到 45.3%之后，经济增长速度明显降低的一个重要原因。我国 GDP 增长速度随着第三产业增加值占比的显著提高而下降。这种速度的降低不是偶然发生的，也不是一时的现象，而是一种新常态。

表 2-6　我国第三产业产值比重与 GDP 增速对比　　单位：%

年份	第三产业产值比重	GDP 增速
2000	39.8	8.43
2002	42.2	9.08
2004	41.2	10.09
2006	41.8	12.68
2008	42.8	9.63
2010	44.1	10.45
2012	45.3	7.65
2014	47.8	7.4
2016	47.4	6.7
2018	46.3	7.71
2019	51.6	7.84

资料来源：《中国统计年鉴》（2020）。

（三）我国各产业产值与就业人员变化

发达国家产业结构演进的历史经验表明，产业结构中三次产业的劳动力就业结构升级速度要快于其产值结构升级的速度，但我国的情况截然相反，劳动力就业结构升级要滞后于产值结构升级。1999 年，我国劳动力就业结构为“一、三、二”，产值结构为“二、三、一”；2013 年，我国的劳动力就业结构为“三、一、二”，产值结构为“三、二、一”（见图 2-2）。

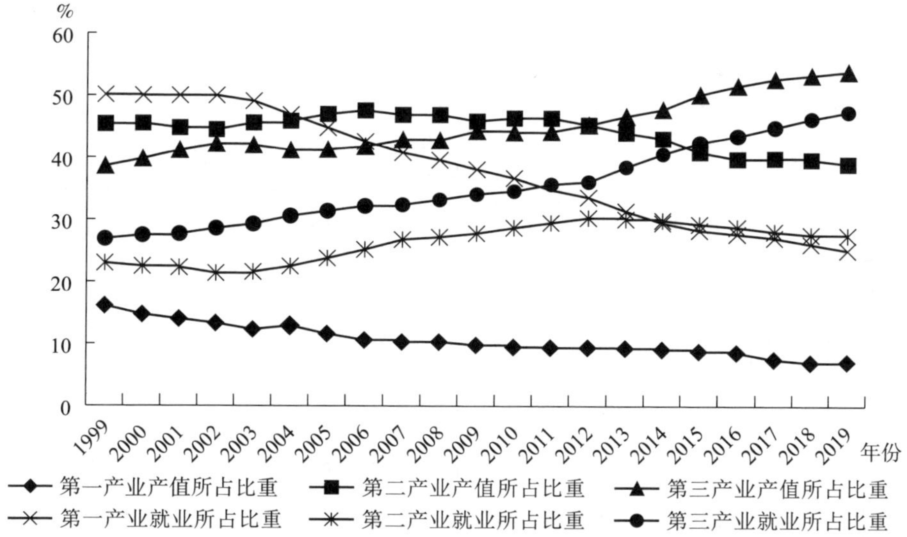

图 2-2　1999—2019 年我国各产业产值与就业人员变化

资料来源：《中国统计年鉴》（2020）。

（四）我国产业结构与世界主要发达国家对比

表 2-7 显示，2019 年，美、英、德、日四国的产业结构均呈现“三、二、一”格局，第三产业产值比重都在 70%以上，美、英、德三国更是达到甚至超过 80%，而第一产业产值比重最小，均为 1%；2019 年，美、英、德、日四国的就业结构也呈现“三、二、一”格局，第三产业就业比重最大，均在 70%以上，即承载了社会的大部分就业，而第一产业的就业比重最小，均低于 8%。

相比之下，2019 年我国无论是产业结构还是就业结构，都与这些国家有较大差异，主要体现在第一、第三产业的产值比重和就业比重上。一方面，我国第一产业产值比重和就业比重分别为 7%、29%，说明我国第一产业与发达国家相比极不发达，并存在大量剩余劳动力；另一方面，我国第三产业产值比重和就业比重分别为 54%、47%，与发达国家相比，明显落后，并且对劳动力的承载能力较弱。

表 2-7　2019 年我国与世界主要发达国家产业结构和就业结构比较　单位：%

国家	产值比重			就业比重		
	第一产业	第二产业	第三产业	第一产业	第二产业	第三产业
中国	7	39	54	29	24	47
美国	1	19	80	3	18	79
英国	1	18	81	2	17	81
德国	1	17	82	3	25	72
日本	1	29	70	7	20	73

资料来源：2019 年中国三次产业就业比重来源于《中国统计年鉴》（2020），其余数据均来源于世界银行。

四、结论

我国三次产业的产值结构从 1999 年的 16. 1%、45. 4%、38. 6%转变为 2019 年的 7. 1%、39. 0%、53. 9%，而劳动力就业结构从 1999 年的 50. 1%、23. 0%、26. 9%转变为 2019 年的 25. 1%、27. 5%、47. 4%。可以看出，无论是 1999 年还是 2019 年，三次产业的产值结构与劳动力就业结构的差异都非常大，表现为第一产业的劳动力比重大，但产值比重不大。

根据劳动力的转移规律，剩余劳动力会不断地从第一产业向第二、第三产业转移，其增加值也会随着劳动力的变动而改变。但是，我国长期以来推行重化工业优先发展战略，而将庞大的农村人口隔离在工业化进程之外。此外，还有人口增长过快而城镇化进程滞后和传统体制等因素的限制，劳动力从第一产业转移出去比较困难。因此，在我国产业结构转变的过程中，三次产业的产值结构和劳动力结构存在严重的不对称性，劳动力就业结构的升级也滞后于产值结构的升级。我国三次产业的就业增速比产值增速低，也在一定程度上造成了劳动力就业结构的调整出现滞后。

党的十六大报告中提出走新型工业化道路的战略思路，就是要充分运用最新科学技术、依靠科技进步实现工业化，在工业化进程中不断提高经济效益和竞争力，并充分发挥我国人力资源优势，走可持续发展道路。

第二节　青海省主导产业分析

区位熵分析法可以通过计算确认区域优势产业，从而对未来主导产业的规划有一定的借鉴和指导意义。本节采用区位熵分析法对青海省三次产业的区位熵进行计算，对优势产业进行分析。

一、主导产业的含义与特征

根据各个产业在区域产业系统中的地位、作用和功能，将区域全部产业划分为主导产业、关联产业、基础产业和潜导产业四类。主导产业是指以优势商品和服务产品为基础，具有较大规模、较强供给力、市场竞争力和发展后劲的优势产业或支柱产业。

主导产业具有明显的相对优势，产出规模大，产品调出规模也大，在全国或高层次区域同类产业中是主要的生产供应基地，能承担起全国或高层次地域分工的某一重大任务。主导产业是区域经济系统的主体和核心，在区域产业结构中，不仅产值比重大，而且关联效应强，能带动区域经济的发展，并推动区域产业结构向高层次演进。

主导产业具有以下特征：①引入了创新成果，获得了新技术；②具有大大超出国民经济总增长率的持续的部门高增长率；③拥有巨大的市场潜力和光明的发展前景；④具有显著的关联带动和扩散效应，对其他产业的发展具有极大的引导和带动作用。主导产业并不是孤立存在的，它与其他产业之间存在着相互促进、相互影响、相互依赖、相互制约的关系（罗斯托，1963）。

二、青海省三次产业发展现状

根据产业结构的演变规律，随着区域经济的发展，第一产业比重会逐渐下降，第二产业比重会随着工业化进程的加快呈现快速上升、缓慢上升、维持不变和逐渐下降的趋势，第三产业比重则呈不断上升趋势。从表 2-8可以看出，青海省地区生产总值从 2007 年的 797.35 亿元增长到 2019 年的2965.95 亿元，第一产业比重从 2007 年的 10.46%下降到 2019 年的 7. 10%，第二产业比重从 2007 年的 52. 55%下降到 2019 年的 39. 10%，第三产业比重从 2007 年的 36. 99%上升到 2019 年的 53. 90%。

表 2-8　青海省地区生产总值

年份	地区生产总值（亿元）	第一产业比重（%）	第二产业比重（%）	第三产业比重（%）	第三产业中金融行业比重（%）	第三产业中房地产业比重（%）
2007	797. 35	10. 46	52. 55	36. 99	3. 34	2. 13
2010	1350. 43	9. 99	55. 14	34. 87	4. 04	1. 88
2015	2417. 05	8. 64	49. 95	41. 41	9. 14	2. 22
2019	2965. 95	7. 10	39. 10	53. 90	8. 87	4. 30

资料来源：《青海统计年鉴》(2020)。

分行业来看，在青海第三产业中，金融业、批发零售业、交通运输和仓储业、住宿餐饮业的增长速度都高于地区生产总值的增长速度，其中金融业的增长速度最快。2007—2014 年，青海金融业产值占地区生产总值的比重低于全国水平，2014 年以后高于全国水平。2007—2019 年，青海金融业增长速度总体高于地区生产总值增长速度，行业产值占地区生产总值的比重从 3. 34%上升到 8. 87%，成为推动青海第三产业增长的主要行业。

青海房地产业占地区生产总值比重低于全国水平。2007—2010 年，青海房地产业的增长速度低于地区生产总值的增长速度，行业产值占比从 2. 13%下降到 1. 88%。2015 年，青海房地产业增长速度高于地区生产总值增长速度，行业产值占比上升到 2. 22%，到了 2019 年，青海房地产业行业产值占比上升到 4. 30%。

三、青海省主导产业选择实证分析

（一）区位熵

区位熵（Location Quotient，LQ）方法最早由哈盖特（P. Haggett）提出，该方法以比较优势理论为基础，用来衡量某个区域内某一产业的规模和专业化程度。它是一个区域某个产业部门的产值在该区域总产值中所占的比重与全国该部门产值在全国总产值中所占比重的比率。

区位熵计算公式为

$$Q=\frac{j_1}{j_2}\div\frac{b_1}{b_2} \tag{2-2}$$

其中，j_1 和 j_2 分别代表研究区域及其较高层次区域同一产业部门的就业人数（或产值），b_1 和 b_2 分别代表研究区域及高层次区域就业总人数（或总产值），Q 代表研究区域某一产业部门的区位熵。$Q>1$，则研究区域在某产业部门的集中程度大于其较高层次区域总体水平，是研究区域的专业化部门和产品输出部门。Q 值越大，则研究区域在该产业部门的集中程度越高。反之，$Q<1$，则该产业部门不是研究区域的专业化部门。通常认为，当 $Q>2$ 时，该产业是研究区域的主导产业。

（二）计算结果

运用区位熵计算公式，可计算出青海省各产业相对于全国同行业的产值区位熵（见表 2-9）。

表 2-9　青海省各主要产业区位熵计算结果

产业		区位熵
第一产业	种植业	1. 39
	林业	0. 98
	畜牧业	3. 14
	渔业	0. 15
第二产业	采矿业	2. 86
	制造业	0. 88
	建筑业	1. 90
	制造业中的有色金属业	3. 12
第三产业	交通运输、仓储与邮政业	0. 91
	住宿与餐饮业	0. 83
	教育	0. 71
	旅游业	3. 4
	卫生服务	0. 48

资料来源：根据《中国统计年鉴》（2020）和《青海统计年鉴》（2020）数据整理计算。

第一产业区位熵分析。青海是中国重要的畜牧业生产基地，全国五大牧区之一。青海天然草场辽阔，具有面积大、类型多、草质好的特点，适宜放牧。从表 2-9 可以看出，青海畜牧业区位熵为 3.14，属于优势产业。但是，由于种植结构不合理，特色产业发展慢，规模化生产少，科技投入不足，生产管理方式粗放，农业和林业的发展潜力并没有完全释放。此外，青海是我国三大河流（长江、黄河、澜沧江）的发源地，水资源十分丰富，但青海省的渔业产值所占比重远低于全国水平，未能很好地发挥水资源优势。

第二产业区位熵分析。从表 2-9 可以看出，青海第二产业中区位熵大于 1 的产业有采矿业、建筑业和制造业中的有色金属业。制造业总体优势低于全国，但是从行业来看，有色金属业区位熵为 3.12，说明优势明显。具体来说，青海省的主导产业为采矿业和原材料制造业，均属于资源型工业，说明青海省的工业主要依靠原材料工业的发展，产业链短，技术水平不高，加工能力不足。

第三产业区位熵分析。从表 2-9 可以看出，在第三产业中，除了旅游业具有比较优势外，不管是传统服务业中的住宿与餐饮业，还是现代服务业中的交通运输、仓储与邮政业，教育与卫生服务业，其区位熵均小于 1，缺乏比较优势。

四、结论与发展思路

由上述区位熵计算结果可以得出如下结论：青海省第一产业中畜牧业有比较优势，第二产业中有色金属业、建筑业和采矿业优势比较明显，第三产业中只有旅游业具有比较优势。可见，青海省主导产业以传统产业为主，发展优势不明显。

为了优化青海省产业结构，提升青海省主导产业发展水平，本节提出以下四个发展思路：

第一，大力发展现代高效农业。首先，要打破水资源和水环境对农业产业发展的约束，就必须大力建设现代农业产业示范区，打造利用现代农业科技的优质农产品基地和特色畜牧业基地，以较少的资源提高农业产出能力。其次，面对农民老龄化、农村空心化的趋势，要更好地应对不断升高的农业生产成本压力，就要大力推进农业集约化生产，实行专业化、规模化、集约化生产，扩大农业生产规模。

第二，优化产业结构，加大农业科技开发力度。合理的产业结构是经济协调持续发展的基础。农业结构调整的实质是各种农业资源在不同农业部门的重新配置。青海省农业产业结构调整应从以下两方面着手：一是准确定位农业结构调整主体，选择科学的调整方式，坚持以市场需求为导向、以农业生产经营的微观主体为调整主体的原则。二是因地制宜，选择合理可行的农业结构调整方向。种植业和养殖业是青海省农业的主体部分，相关农业科研与推广机构应充分发挥自身科研优势，积极进行种植业技术创新，推进养殖业结构调整。

第三，加大传统产业升级力度，大力培育新兴产业。青海省产业以有色金属、盐湖化工等传统资源型产业为主，虽然这些产业相对规模较大，但竞争力较弱，要加大对这些传统产业的技术创新和改造力度。此外，要加大对战略性新兴产业的培育力度，打造战略性新兴产业集聚区，大力发展高端装备制造、生物医药、新能源、电子信息等战略性新兴产业，培育一批具有社会影响力和较强创新能力的骨干企业，从而形成新的产业竞争优势和经济增长点。

第四，促进现代服务业的发展，推动青海省向后工业化时期迈进。青海省现代服务业发展程度不高，这是制约其经济协调发展和综合竞争力提高的重要因素。西宁市要充分利用地理优势和省会优势，努力打造西北地区重要的物流中心、商贸中心。青海湖、茶卡盐湖等景区要借助丰富的旅游资源，大力发展运动休闲、旅游度假、文化娱乐、医疗康复等生活性服务业。

区位熵中各数值取自产值，其中包括转移价值的重复计算。为了更准确地考察某个产业发展的动态变化、潜力趋势，并反映产业的发展速度和发展规模，可以该产业的增加值作为考察对象，计算三次产业以及各产业内部各部门的区位熵；也可以该产业就业人口作为考察对象，计算三次产业及产业内部各部门的就业区位熵。但是，区位熵分析方法仅能分析现状，无法预测发展趋势，在确认区域特殊优势产业时有一定的局限性，而且仅采用单一指标对主导产业进行评价得到的结论比较片面，因而应结合主导产业选择基准理论，结合多指标进行全面评价。

第三节　青海省工业化水平测度

工业是经济发展的重要命脉，工业化是区域经济发展的重要阶段，工业化水平决定区域经济发展的阶段和水平。

一、工业化与新型工业化理论

（一）工业化与新型工业化的定义与内涵

工业化的含义可以分为三个层次：一是侧重现代工业自身发展，特别是把能源工业、原材料工业和装备制造业等列为发展重点。二是侧重国民经济各部门协调发展，包括通过工业化提高其他产业部门的技术水平，推动经济结构调整，从而促进剩余农业人口向非农领域转移。三是侧重社会结构变革。工业化过程不仅代表技术变革、生产力进步，也表现为现代工业文明背景下经济制度、社会结构及民主法制等意识形态的进步。

随着社会经济的发展，不同时期不同区域工业化的特征又有所不同。在对传统工业化认识的基础上，党的十六大提出走新型工业化道路。

新型工业化道路是以信息化带动工业化，以工业化促进信息化，科技含量高、经济效益好、资源消耗低、环境污染少、人力资源优势得到充分发挥的道路。新型工业化道路，就是在新的历史条件下，体现时代特点、符合我国国情的工业化道路。

工业化是发展中国家经济发展的必由之路，新型工业化道路是我国在全面总结传统工业化道路的历史经验和教训，深刻洞察经济发展趋势基础上做出的一项重大理论和实践创新。西方发达国家传统工业化、我国原工业化和新型工业化的主要特征见表 2-10。

表 2-10　三种类型工业化的主要特征

工业化类型	主要特征
西方发达国家传统工业化	市场自发为主；资本利益优先；存在严重失业现象；先污染后治理；伴随生产过剩的经济危机

续表

工业化类型	主要特征
我国原工业化	政府计划推动；二元结构；重工业优先发展；粗放型增长方式为主；过分追求高速度；排斥城镇化
新型工业化	政府导向、市场推动型；与信息化融合；与城镇化互动；集约型增长为主；发挥比较优势和后发优势；机械化与就业协调；力求产业结构优化；对外开放；经济效益好；实现可持续发展

（二）新时代的新型工业化

党的十九大报告指出，要“推动新型工业化、信息化、城镇化、农业现代化同步发展”。在“中国特色社会主义进入了新时代”“我国经济已由高速增长阶段转向高质量发展阶段，正处在转变发展方式、优化经济结构、转换增长动力的攻关期”的时代背景下，党的十九大报告再次强调新型工业化，既是对过去所提新型工业化的继承，又赋予其新的内涵：第一，新时代的新型工业化是抢抓新一轮科技革命和产业变革机遇的工业化。第二，新时代的新型工业化是着力振兴实体经济的工业化。第三，新时代的新型工业化是以新发展理念为指导、着力解决发展不平衡不充分问题的工业化（赵昌文，2017）。

（三）工业化发展水平与发展阶段

根据工业化相关评价理论和体系，衡量一个国家或地区的工业化发展水平，主要选取经济发展水平、产业结构、就业结构和空间结构四个方面的指标来进行分析和判断。

对工业化发展水平的测度，最广泛应用的方法是霍利斯·钱纳里和西蒙·库兹涅茨的工业化水平评价体系。该体系把工业化进程划分为三个阶段以及相应的五个发展时期。第一阶段是前工业化阶段，以农业为经济发展的主导产业；第二阶段是工业化的实现和高速调整增长阶段，以工业为经济发展的主导产业，该阶段又可划分为工业化初期、工业化中期和工业化后期三个发展时期；第三阶段是工业化后期的经济稳定增长阶段，即后工业化阶段，以第三产业为主导产业。工业化发展水平划分标准见表2-11。

表 2-11　工业化发展水平划分标准

发展阶段		人均 GDP（美元）	三次产业结构	第一产业就业人员占比	人口城镇化率	工业化率
前工业化阶段		720～1440	A>B	60%以上	30%以下	<20%
工业化的实现和高速调整增长阶段	工业化初期	1440～2880	A>20%，且 A<B	45%～60%	30%～50%	20%～40%
	工业化中期	2880～5760	A<20%，且 B>C	30%～45%	50%～60%	40%～60%
	工业化后期	5760～10810	A<10%，且 B>C	10%～30%	60%～75%	>60%
后工业化阶段		10810 以上	A<10%，且 B<C	10%以下	75%以上	

注：根据霍利斯·钱纳里和西蒙·库兹涅茨的工业化水平评价体系，以及陈佳贵 2004 年美元标准的关于经济发展结构转变过程中的时期划分标准整理。A、B、C 分别表示第一产业、第二产业、第三产业产值在该地区生产总值中的比重。

二、青海省经济发展现状

党的十六大报告中提出走新型工业化道路，青海省属于典型资源型区域，走新型工业化道路具有重要意义。通过查询《青海统计年鉴》(2020)，将 1999—2019 年青海省人均 GDP（美元）、三次产业增加值结构、三次产业就业结构、人口城镇化率和工业化率这五个指标的数据做了计算汇总，见表 2-12。

表 2-12　青海省工业化发展水平主要指标

年份	人均 GDP（美元，当年价）	三次产业增加值结构（%）			三次产业就业结构（%）			人口城镇化率（%）	工业化率（%）
		第一产业	第二产业	第三产业	第一产业	第二产业	第三产业		
1999	568.3	17.6	29.8	52.6	54.5	14.4	31.1	34.59	28.67
2000	616.7	15.2	41.3	43.5	55.8	12.6	31.6	34.76	29.89
2001	701.3	14.9	41.7	43.4	59.6	13.3	27.1	36.32	29.00
2002	785.9	13.9	42.4	43.7	56.4	13.6	30.0	37.68	28.62
2003	870.6	12.4	44.1	43.5	54.1	15.8	30.1	38.18	30.03
2004	1003.6	13.0	45.4	41.6	51.2	16.5	32.3	38.53	32.93

续表

年份	人均 GDP（美元，当年价）	三次产业增加值结构（%）			三次产业就业结构（%）			人口城镇化率（%）	工业化率（%）
		第一产业	第二产业	第三产业	第一产业	第二产业	第三产业		
2005	1123.3	12.0	48.7	39.3	49.5	17.4	33.1	39.25	37.54
2006	1342.5	10.4	51.2	38.4	47.3	19.2	33.5	39.26	40.88
2007	1723.7	10.5	52.5	37.0	44.3	20.6	35.1	40.07	43.21
2008	2334.3	10.4	54.7	34.9	44.5	21.3	34.2	40.86	46.00
2009	2474.4	9.9	53.2	36.9	43.0	21.9	35.1	41.90	43.50
2010	3017.8	10.0	55.1	34.9	41.4	22.6	36.0	44.72	45.44
2011	3723.1	9.3	58.4	32.3	39.4	23.9	36.7	46.22	48.59
2012	4288.1	9.3	57.7	33.0	37.0	24.0	39.0	47.44	47.31
2013	4761.9	9.6	54.3	36.1	37.1	23.2	39.7	48.51	43.01
2014	5322.3	9.4	53.6	37.0	36.6	22.9	40.5	49.78	41.43
2015	5377.5	8.6	50.0	41.4	35.8	23.0	41.2	50.30	36.98
2016	5643.9	8.6	48.6	42.8	35.5	22.9	41.6	51.63	35.05
2017	6384.3	7.5	39.9	52.7	27.1	28.1	44.9	53.07	37.36
2018	6901.4	7.0	39.7	53.3	26.1	27.6	46.3	54.47	39.65
2019	7098.7	7.1	39.0	53.9	25.1	27.5	47.4	55.52	42.55

资料来源：根据《青海统计年鉴》（2020）整理计算。

三、青海省工业化发展阶段分析

（一）人均 GDP

人均 GDP 直接反映生产率水平的高低。在计算青海人均 GDP 时，先将人均 GDP 按照当年汇率折算成美元，再结合表 2-11 中的划分标准分析 1999—2019 年的数据。2002—2006 年，青海省人均 GDP 从 785.9 美元增长到 1342.5 美元，处于前工业化阶段；2007—2009 年，青海省人均 GDP 从 1723.7 美元增长到 2474.4 美元，处于工业化初期；2010—2015 年，青海省人均 GDP 从 3017.8 美元增长到 5377.5 美元，属于工业化中期；2016—2019 年，青海省人均 GDP 从 5643.9 美元增长到 7098.7 美元，处于工业化后期。

（二）三次产业增加值在 GDP 中的比重

结合表 2-11 的划分标准，分析表 2-12 可知：从 1999 年起，青海省第一产业在 GDP 中的比重就小于 20%，2003—2010 年，第一产业在 GDP 中的比重小于 20%，第二产业在 GDP 中的比重大于第三产业在 GDP 中的比重，处于工业化中期；2011—2016 年，青海省第一产业在 GDP 中的比重小于 10%，第二产业在 GDP 中的比重仍然大于第三产业在 GDP 中的比重，处于工业化后期。

（三）第一产业就业人员结构

青海省 1999—2019 年第一产业就业人员结构见表 2-12：1999—2001 年，青海省第一产业从业人员比重趋于上升，最高为 2001 年的 59.6%，从 2002 年开始，第一产业就业人员比重呈逐年下降趋势（2008 年、2013 年略有上升），2019 年降至 25.1%。结合表 2-11 中的第一产业就业人员占比的划分标准，可以判断 2019 年青海省处于工业化后期。

（四）人口城镇化率

青海的人口城镇化率一直比较低，从 1999 年到 2014 年，一直保持在 30%~50%，处于工业化初期，到 2015 年增至 50.3%，结合表 2-11 中的人口城镇化率划分标准，可以判断青海省自 2015 年起进入工业化中期。

（五）工业化率

青海省的工业化率从 1999 年到 2012 年呈现增长趋势，结合表 2-11中的工业化率水平划分标准，1999—2005 年青海省处于工业化初期，2006—2014 年青海省处在工业化中期，2015—2018 年青海省的工业化率均在 40% 以下，说明青海省工业化进程有所减缓。

四、结论与对策

依据钱纳里和库兹涅茨的工业化水平评价体系的划分标准，选取五个主要评价指标，基于 1999—2019 年青海省工业化水平相关统计数据进行分析。从人均 GDP 水平来看，青海省处于工业化后期；从三次产业 GDP 结构来看，青海省处于工业化后期；从第一产业就业人员占比来看，青海省处于工业化后期；从人口城镇化率和工业化率来看，青海省处于工业化中期。但是，三次产业就业人员占比反映出劳动力正逐渐向第三产业转移。因此，从整体来看，我们可以认为青海省处于工业化中后期，要提升青海省工业化水平，可从以下三个方面着手：

第一，大力发展第一产业。第一产业由于其特殊的生产方式，发展速度和规模受自然条件制约，第二、第三产业的发展必然使大量农村剩余劳动力向城市转移。受海拔、气候等因素的影响，青海省农业发展落后，农业产业化程度低，“三农”问题突出。应推进农业基础设施建设并提高农业现代化水平，以工业反哺农业，合理配置土地、资金、技术、劳动力等生产要素，优化农产品结构，多元化经营，大力发展农副产品深加工业，实现农业规模经济，确保农村经济发展、农民收入增加，从而促进第一产业和第二、第三产业的结合，为其他产业提供原材料和劳动力方面的支持。

第二，第二产业转型升级。青海省是典型的资源开采加工型省份，第二产业一直以来是“高投入、高消耗、高污染、低效益”的粗放式发展，其转型升级已经迫在眉睫。工业化进程的普遍规律是依次经历“轻加工业发展阶段—重化工业发展阶段—高加工度化发展阶段—技术集约化阶段”，通过转变发展方式，由低附加值向高附加值转变，由高能耗高污染向低能耗低污染转变，由粗放型向集约型转变，加快实现由传统工业化向新型工业化转变，推动工业结构的整体优化升级。只有推广新的技术、先进的工艺，降低产品的能耗及生产成本，提高生产效益和产品质量，才能实现第二产业的转型升级。

第三，提高第三产业比重。提高第三产业在三次产业中的比重，使第三产业成为区域经济的主导产业，是青海省向后工业化阶段转型和产业结构调整的战略重点。第三产业是三次产业中对经济增长贡献最大的产业。加快发展第三产业，形成较为完备的服务业体系，不仅能满足人民群众的物质文化生活需要，为城乡剩余劳动力提供就业渠道，还能为第一、第二产业提供服务和支持，提高经济发展效率。鼓励和引导第三产业的发展，是优化当前产业结构的关键环节。

当然，通过前文分析我们也知道，不能单独用某一个指标来衡量区域工业化水平，要得到符合客观实际的评价结果，应结合多指标进行综合评价。

第四节　青海省工业经济转型发展

西部大开发战略实施以来，青海省工业经济蓬勃发展，工业化进程明显加快。但是，自全国经济发展进入新常态以来，青海省的工业经济效益也出现了一定程度的波动，且发展方式粗放、产业结构不合理等问题依然突出。因此，加快产业转型升级既是青海省工业结构调整的重要内容，也是青海省实现工业经济变革和保持中高速增长的重要举措。

一、工业结构高度化

在产业结构演进和区域经济发展过程中，工业化的发展起到至关重要的作用。工业的发展和工业化进程也有其内在规律。所谓工业结构的高度化规律，是指工业化过程表现为工业结构的重工业化、高加工度化和技术集约化的总体趋向（丁生喜 等，2018）。

重工业化是指工业结构的演进由以轻工业为中心的工业结构向以重工业为中心的工业结构发展的现象。

高加工度化是指无论是轻工业还是重工业，都会由以原材料工业为中心的结构向以加工、组装工业为中心的结构发展。工业结构高加工度化表明工业的增长对原材料的依赖程度到一定时期会出现相对下降的趋势，对能源、资源的依赖程度也会相应降低。根据这一规律，资源型和资源加工型区域都应该及早进行产业结构升级规划，选择培育适应发展趋势的潜在主导产业，以适应产业发展规律和经济发展要求。

技术集约化即在制造业结构深加工化的过程中，进一步表现出高技术化的趋势。技术集约化不仅表现为所有制造业部门都采用越来越高的技术、越来越先进的工艺并实现自动化，而且表现为大批以技术密集为特征的高技术产业得以兴起和发展，并逐步成为工业的主体。在技术集约化过程中，科学技术将日益成为工业发展中最重要的资源。

工业化过程是一个由劳动密集型向资金密集型再向技术密集型转化的过程，这就是工业化过程中生产要素密集度转化规律。

在工业化初期，轻工业在工业结构中处于主导地位，在工业的生产要素结构中，劳动力处于最突出的地位，是一种劳动力密集型工业结构。随着工业结构的重工业化，重工业中原材料工业的地位将不断上升，钢铁、石油、石化、有色冶金、煤炭等原材料部门都需要大量资金用于购买庞大的生产设备，以实现规模发展。因此，在工业化的这一阶段，生产要素结构中的资金处于最突出的地位，是一种资金密集型工业结构。而后，随着工业结构的高加工度化，加工组装业将逐步取代原材料工业，成为增长最快的产业，在这一阶段，工业生产要素结构中技术处于最突出的地位，是一种技术密集型工业结构。

二、青海省工业发展现状

本节从各年工业增加值、规模以上工业企业主营业务收入、工业投资以及利税总额四个方面对青海省工业发展总体情况进行分析，并与西北其他省区做横向对比。由于统计资料不全，本部分数据截至 2017 年，虽然不能反映最新情况，但通过回顾 2006—2017 年的发展情况，可以了解青海省工业发展的大致趋势，也能发现其中存在的一些问题。

（一）青海省工业各年发展情况对比分析

通过查阅《青海统计年鉴》（2018）可知，2017 年青海省规模以上工业企业有 569 家，较 2006 年增长了 30.8%；按登记类型分，内资企业有 545 家，港澳台商投资企业有 12 家，外商投资企业有 12 家。2006—2017 年青海省工业发展总体情况见表 2-13。

表 2-13　2006—2017 年青海省工业发展总体情况　　单位：亿元

年份	工业增加值	规模以上工业企业主营业务收入	工业投资	利税总额
2006	265. 12	657. 08	198. 90	162. 40
2007	344. 52	785. 91	242. 18	199. 37
2008	468. 60	1044. 94	288. 49	252. 08
2009	470. 33	1092. 31	368. 02	181. 38
2010	613. 65	1525. 08	444. 93	302. 75
2011	811. 73	1765. 34	632. 07	349. 72
2012	895. 89	1924. 21	826. 06	300. 30

续表

年份	工业增加值	规模以上工业企业主营业务收入	工业投资	利税总额
2013	912.68	2133.93	1076.42	294.73
2014	954.27	2338.67	1204.57	250.29
2015	893.87	2217.32	1305.45	174.72
2016	901.68	2244.47	1193.44	174.23
2017	777.56	2080.59	1204.79	217.96

资料来源：《青海统计年鉴》(2018)。

从表2-13中可以看出，2006年以来青海省工业发展各项指标值均呈增长趋势：工业增加值从2006年的265.12亿元增长到2017年的777.56亿元，平均增长率为10.28%；规模以上工业企业主营业务收入从2006年的657.08亿元增长到2017年的2080.59亿元，平均增长率为11.05%；工业投资由2006年的198.90亿元增长到2017年的1204.79亿元，增长了5倍；利税总额由2006年的162.40亿元增长到2017年的217.96亿元，增长了34.21%。总体来说，该阶段青海省工业发展情况良好，呈现上升态势。

（二）青海省工业发展情况与西北其他省区对比

这里结合2017年西北五省区相关工业指标数据（见表2-14），分析青海省工业发展情况及青海省工业在西北地区所处地位。

表2-14　2017年西北五省工业总体发展情况对比　　单位：亿元

省区	工业增加值	规模以上工业企业主营业务收入	工业投资	利润总额
青海	777.56	2080.59	1204.79	101.11
陕西	8691.79	23081.68	5688.40	2274.43
甘肃	1763.44	8434.49	999.40	244.54
宁夏	1096.30	4067.16	1357.30	146.04
新疆	3254.18	9730.75	3195.10	722.57

资料来源：《青海统计年鉴》(2018)、《中国统计年鉴》(2018)。

从表2-14可以看出，2017年西北五省区中工业总体发展规模较大的是陕西和新疆。陕西省工业增加值为8691.79亿元，新疆维吾尔自治区工业增加值为3254.18亿元，分别为青海省的11.2倍和4.2倍；陕西省规模以上工业企业主营业务收入为23081.68亿元，新疆维吾尔自治区规模以上工业企业主营业务收入为9730.75亿元，分别为青海省的11.1倍和4.7倍；陕西省工业投资为5688.40亿元，比青海省多4483.61亿元，新疆为3195.10亿元，比青海省多1990.31亿元；陕西省和新疆维吾尔自治区的利润总额分别为2274.43亿元和722.57亿元，在西北五省区中分别居于第一位和第二位。

为了更好地反映西北五省区工业总体发展情况，根据表2-14绘制图2-3。从图2-3可以看出，青海省除了工业投资，其他三项指标均居五省区的末位，前四位分别是陕西、新疆、甘肃和宁夏；青海省工业投资额仅比甘肃省高出205亿元，处于第四位。由此可以看出，青海省工业发展依旧处于劣势。

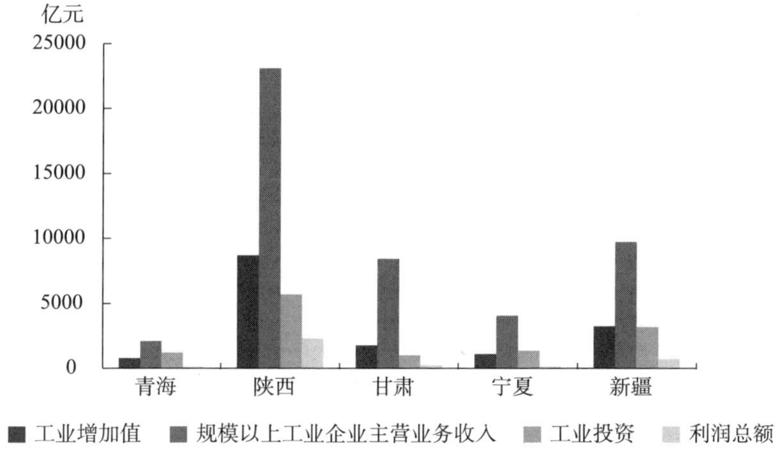

图2-3 2017年西北五省区工业总体发展情况对比

三、青海省工业结构变动实证分析

（一）轻重工业产值比重分析

霍夫曼系数即消费品工业产值与资本品工业产值的比重，反映工业化的进程。2006—2017年青海省轻重工业产值及霍夫曼系数见表2-15。

表 2-15　2006—2017 年青海省轻重工业产值及霍夫曼系数

年份	总计（亿元）	轻工业		重工业		霍夫曼系数
		产值（亿元）	比重（%）	产值（亿元）	比重（%）	
2006	640.66	36.65	5.72	604.01	94.28	0.0607
2007	822.72	48.32	5.87	774.40	94.13	0.0624
2008	1103.09	66.66	6.04	1036.43	93.96	0.0643
2009	1080.35	87.56	8.10	992.79	91.90	0.0882
2010	1481.99	117.67	7.94	1364.32	92.06	0.0862
2011	1893.54	144.64	7.64	1748.90	92.36	0.0827
2012	2199.81	200.02	9.09	1999.79	90.91	0.1000
2013	2537.10	271.31	10.69	2265.79	89.31	0.1197
2014	2655.86	364.52	13.73	2291.34	86.27	0.1591
2015	2518.12	447.93	17.79	2070.19	82.21	0.2164
2016	2835.56	526.20	18.56	2309.36	81.44	0.2279
2017	2494.29	355.29	14.24	2139.00	85.76	0.1661

资料来源：根据《青海统计年鉴》（2018）整理计算。

从表 2-15 中可以看出，2006—2017 年青海省轻工业和重工业产值总体均呈上升趋势，2006 年轻工业产值为 36.65 亿元，2017 年为 355.29 亿元，平均增长率为 23%；2006 年重工业产值为 604.01 亿元，2017 年为 2139.00 亿元，平均增长率为 12%。从轻重工业结构来看，轻工业比重在不断上升，重工业比重在不断下降，说明青海省进行了工业结构调整。有学者指出，霍夫曼定理仅适用于工业化初期，因此从霍夫曼系数小于 1 我们只能判断出青海省基于自然资源优势以发展资源密集型工业为主，但是轻工业发展不足。

（二）工业结构高加工度化分析

我国有 41 个工业大类，剔除金属制品、机械和设备修理业，电力、热力的生产和供应业，燃气生产和供应业，水的生产和供应业，废弃资源综合利用业 5 个行业类别，对其余 36 个行业部门进行分类，见表 2-16。

表 2-16　原材料工业与加工工业划分

<table>
<tr><th>分类</th><th>行业类型</th><th colspan="2">行业名称</th></tr>
<tr><td rowspan="2">原材料工业</td><td>采矿业</td><td colspan="2">煤炭开采和洗选业、石油和天然气开采业、黑色金属矿采选业、有色金属矿采选业、非金属矿采选业、开采辅助活动、其他采矿业</td></tr>
<tr><td>原材料制造业</td><td colspan="2">石油加工、炼焦和核燃料加工业，化学原料和化学制品制造业，黑色金属冶炼及压延加工业，有色金属冶炼及压延加工业</td></tr>
<tr><td rowspan="3">加工工业</td><td rowspan="2">轻加工业</td><td>以农产品为原料的轻加工业</td><td>农副产品加工业，食品制造业，酒、饮料和精制茶制造业，烟草制造业，纺织业，纺织服装、服饰业，皮革、毛皮、羽毛及其制品和制鞋业，木材加工和木、竹、藤、棕、草制品业，家具制造业，造纸及纸制品业</td></tr>
<tr><td>以非农产品为原料的轻加工业</td><td>印刷业，文教、工美、体育和娱乐用品制造业，医药制造业，化学纤维制造业</td></tr>
<tr><td>重加工业</td><td colspan="2">橡胶制品业，塑料制品业，非金属矿物制品业，金属制品业，通用设备制造业，专用设备制造业，交通运输设备制造业，电气机械及器材制造业，计算机、通信和其他电子设备制造业，仪器仪表制造业，其他制造业</td></tr>
</table>

高加工度化系数描述的是工业结构中原材料工业和加工工业的构成关系。一般来说，高加工度化系数越高，工业结构的加工程度就越高，工业整体的高度化越强。

工业高加工度化系数＝加工工业总产值/原材料工业总产值　(2-3)

制造业高加工度化系数＝加工工业总产值/原材料制造业总产值　(2-4)

选取2006—2017年青海省规模以上工业企业的统计数据，计算青海省相应年份的高加工度化系数，计算结果见表2-17。

表 2-17　2006—2017 年青海省工业结构高加工度化系数测量

年份	原材料制造业产值（亿元）	原材料工业产值（亿元）	加工工业产值（亿元）	工业高加工度化系数	制造业高加工度化系数
2006	262.53	475.08	72.59	0.1528	0.2765
2007	356.60	613.67	100.55	0.1639	0.2820
2008	511.89	837.42	140.50	0.1678	0.2745
2009	494.51	747.35	182.00	0.2435	0.3680
2010	621.54	1017.53	230.55	0.2266	0.3709
2011	945.51	1394.11	258.78	0.1856	0.2737

续表

年份	原材料制造业产值（亿元）	原材料工业产值（亿元）	加工工业产值（亿元）	工业高加工度化系数	制造业高加工度化系数
2012	1041.00	1549.94	341.52	0.2203	0.3281
2013	1156.59	1726.42	466.17	0.2700	0.4031
2014	1186.15	1627.69	604.11	0.3711	0.5093
2015	1177.25	1468.51	700.96	0.4773	0.5954
2016	1313.61	1574.10	829.50	0.5270	0.6315
2017	1206.30	1450.77	568.11	0.3916	0.4710

资料来源：根据《青海统计年鉴》（2018）整理计算。

从表 2-17 可以看出，2006—2017 年青海省工业高加工度化系数和制造业高加工度化系数不断增大，表明其工业和制造业的高加工度化趋势明显，青海省工业结构呈现高级化特征。工业高加工度化系数从 2006 年到 2017 年上升了 0.2388，制造业高加工度化系数从 2006 年到 2017 年上升了 0.1945。从总体上看，青海省原材料工业产值仍远远大于加工工业产值，究其原因，青海省是资源大省，拥有丰富的矿产资源，采矿业是青海省发达的工业之一，采矿业的发展降低了青海省工业从以原材料为重心向以加工、组装工业为重心转型的速度。

（三）工业技术集约化发展分析

技术集约化即在制造业结构深加工化的过程中，进一步表现出高技术化的趋势。为分析青海省工业技术集约化发展情况，查阅 2018 年《青海统计年鉴》，整理出青海省高技术产业基本情况（见表 2-18）。青海省高技术产业包括医药制造业，计算机、通信和其他电子设备制造业，仪器仪表制造业。

表 2-18　2006—2017 年青海省高技术产业基本情况　　单位：万元

年份	高技术产业产值	高技术产业主营业务收入
2006	102429	84438
2007	141433	126075
2008	148362	120073
2009	192175	149512

续表

年份	高技术产业产值	高技术产业主营业务收入
2010	233040	212930
2011	306536	215687
2012	445838	371402
2013	584153	455010
2014	721594	467613
2015	832329	420375
2016	776084	391265
2017	600230	253608

资料来源：《青海统计年鉴》(2018)。

从表2-18中可以看出，青海省高技术产业产值总体呈上升趋势，2006年高技术产业产值为102429万元，2017年增加到600230万元，平均增长率为17.44%；青海省高技术产业主营业务收入先增加后减少，2006年高技术产业主营业务收入为84438万元，2017年为253608万元，平均增长率为10.51%。

从表2-19中可以看出，2008—2017年青海省规模以上工业企业研发情况的相关指标总体均呈上升趋势。具体来看，2008年R&D人员全时当量为784人年，2017年达到1799人年，增长了1.29倍；R&D经费从2008年的25126万元增长到2017年的83276万元，平均增长率为12.24%；专利申请数也在大幅增加，2017年比2008年增长了8倍；发明专利数从28个增加到271个，平均增长率达到28.69%。

表2-19　2008—2017年青海省规模以上工业企业研发情况

年份	R&D人员全时当量（人年）	R&D经费（万元）	专利申请数（个）	发明专利数（个）
2008	784	25126	81	28
2009	1592	39821	79	23
2010	1842	60210	103	27
2011	1833	81965	168	37
2012	2020	84197	215	72
2013	2039	89540	334	132

续表

年份	R&D 人员全时当量（人年）	R&D 经费（万元）	专利申请数（个）	发明专利数（个）
2014	2068	92528	384	111
2015	1285	65029	305	144
2016	1750	77940	612	285
2017	1799	83276	729	271

资料来源：《青海统计年鉴》（2018）。

（四）青海省工业发展效率分析

1. 总投资利润率与总投资利税率

投资利润率是指项目的年息税前利润与总投资的比率。投资利税率是年利税总额与总投资的比率。青海省工业总投资利润率和总投资利税率见表 2-20。从表 2-20 可以看出，青海省的工业投资利润率和投资利税率都呈现下降的趋势。

表 2-20　青海省工业总投资利润率和总投资利税率

年份	工业投资（亿元）	利润总额（亿元）	利税总额（亿元）	总投资利润率（%）	总投资利税率（%）
2006	198. 90	113. 23	162. 40	56. 93	81. 65
2010	444. 93	182. 02	302. 75	40. 91	68. 04
2011	632. 07	222. 85	349. 72	35. 26	55. 33
2012	826. 06	168. 89	300. 30	20. 45	36. 35
2013	1076. 42	148. 81	294. 73	13. 82	27. 38
2014	1204. 57	106. 19	250. 29	8. 82	20. 78
2015	1305. 45	67. 85	174. 74	5. 20	13. 39
2016	1193. 44	80. 02	174. 23	6. 70	14. 60
2017	1204. 79	101. 11	217. 96	8. 39	18. 09

资料来源：根据《青海统计年鉴》（2018）整理测算。

2. 万元工业产值能耗

万元工业产值能耗是一定时期企业单位能源消费量与工业总产值的比例，是反映企业能源经济效益高低的综合指标。2006—2017 年青海省万元工业产值能耗见表 2-21。

表 2-21 2006—2017 年青海省万元工业产值能耗

年份	能源消费总量（吨标准煤）	原煤消费量（吨）	电力消费量（千瓦时）
2006	2. 2264	0. 4798	3494. 21
2007	1. 9454	0. 4014	3194. 28
2008	1. 5500	0. 2621	2509. 59
2009	1. 6500	1. 1910	2855. 46
2010	1. 3149	0. 1717	2786. 46
2011	1. 3059	0. 1581	2659. 89
2012	1. 2614	0. 2017	2436. 21
2013	1. 1885	0. 1821	2385. 87
2014	1. 2071	0. 1896	2439. 51
2015	1. 3096	0. 2480	2308. 35
2016	1. 1375	0. 2237	1953. 72
2017	1. 2839	0. 1676	2381. 84

资料来源：根据《中国统计年鉴》（2018）、《青海统计年鉴》整理测算。

从表 2-21 中可以看出，万元工业产值能耗呈下降趋势，由 2006 年每万元工业产值能源消费总量 2. 2264 吨标准煤降到 2017 年每万元工业产值能源消费总量 1. 2839 吨标准煤，减少了 42. 33%；万元工业产值原煤消费量和万元工业产值电力消费量均呈下降态势。以上数据表明，青海省工业发展逐渐向绿色发展转变，工业发展的节能工作进展顺利。

3. 全员劳动生产率

全员劳动生产率是指根据产品的价值量指标计算的平均每一个从业人员在单位时间内的产品生产量，是考核企业经济活动的重要指标，是企业生产技术水平、经营管理水平、职工技术熟练程度和劳动积极性的综合表现。全员劳动生产率的计算公式为

全员劳动生产率=工业增加值/全部从业人员平均人数

考虑到数据的可获得性，计算规模以上工业企业全员劳动生产率（见表 2-22）。

表 2-22　2006—2017 年青海省规模以上工业企业全员劳动生产率变动

年份	工业增加值（亿元）	全部单位就业人员数（万人）	全员劳动生产率（元/人）
2006	265. 12	10. 13	261717. 7
2007	344. 52	10. 65	323493. 0
2008	468. 60	11. 16	419892. 5
2009	470. 33	18. 09	259994. 5
2010	613. 65	19. 33	317459. 9
2011	811. 73	22. 60	359172. 6
2012	895. 89	23. 55	380420. 4
2013	912. 68	26. 34	346499. 6
2014	954. 27	25. 78	370159. 0
2015	893. 87	25. 54	349988. 3
2016	901. 68	25. 36	355552. 1
2017	777. 56	24. 72	314546. 9

资料来源：根据《青海统计年鉴》（2018）整理计算。

注：由于数据获取限制，以全部单位就业人员数代替全部从业人员平均人数。

总体来看，2006—2017 年青海省规模以上工业企业全员劳动生产率呈波动式上升，在 2008 年达到顶峰，全员劳动生产率为 419892. 5 元/人，这是由于 2008 年青海省工业增加值大幅上涨，比 2007 年增长 36. 02%，而就业人数增加幅度相对较小，仅增长 4. 79%。受供给侧结构性改革的影响，2017 年的全员劳动生产率比 2016 年下降了 11. 53%，但相对于 2006 年，全员劳动生产率依然是提升状态，上涨了 20. 19%。

四、结论与对策

（一）结论

第一，青海省工业经济规模总体不断扩大，但横向对比规模依然很小。2006 年以来，青海省工业发展各项指标值均呈现增长态势。但是，由于供给侧结构性改革的实施和市场变化，2017 年以来工业增加值逐年下降。在西北五省区横向对比中，无论工业增加值、规模以上工业主营业务收入还是工业投资规模，青海省在西北五省区中均不具备优势，这直接影响了其工业发展效率和竞争力。

第二，工业经济结构不断优化，虽发展质量显著提升，但并不协调。具体体现在以下四个方面：

（1）从轻、重工业结构来看，轻工业比重不断增加，重工业比重不断减少，说明青海省重工业偏重的工业结构逐步改善。重工业主要提供资本品，轻工业可以提供更多的消费品。但是，青海省重工业仍然占用了大量工业投资，不利于开拓市场、优化工业结构。

（2）从工业结构高度化水平来看，青海省工业高加工度化系数和制造业高加工度化系数显著提高，反映出青海省工业结构正在向高级化方向发展。但是，青海省是资源大省，倚重丰富的矿产资源，发展采矿业和一般资源加工业，因而原材料工业产值仍远远高于加工工业产值，降低了青海省以加工、组装工业为重心发展的速度。

（3）在工业技术集约化发展方面，青海省规模以上工业企业研发能力总体呈上升趋势。R&D 人员、R&D 经费数量和产出专利成果都呈现上升趋势。应大力发展省级企业技术中心，支持企业创新发展。但是，青海省高技术产业产值和主营业务收入在 2016 年和 2017 年均下滑明显。

（4）在工业循环经济发展方面，青海创建国家循环经济发展先行区，通过改造提升传统产业，大力发展战略性新兴产业，基本形成了锂电、盐湖资源综合利用、特色生物资源开发等 12 条循环经济产业链。青海省的工业污染排放总量仍在增加，但是工业增加值规模扩大，排放率在下降，说明工业循环经济发展和污染治理效果正在显现。

第三，青海省工业发展效率出现下滑态势。青海省工业总投资利润率和利税率出现下降然后企稳回升，下降的主要原因是工业投资增加的幅度超过企业利润总额和利税总额增加的幅度，而随着投资结构调整和企业技术进步，青海省工业经济效率不断提升。万元工业产值能耗呈下降趋势，说明青海省工业发展逐渐向绿色发展转变，工业技术水平提升和节能技术应用效果显著。2010 年以来，工业比较劳动生产率缓慢下降，说明工业产值比重和就业比重逐渐趋于同步，工业结构调整带动就业的效果得以显现。但是，比较劳动生产率下降过快，说明工业整体发展效率下降。规模以上工业企业全员劳动生产率也在 2008 年达到高峰后呈现震荡下滑态势，必须引起高度重视。

（二）对策

青海省工业的质量和效率与工业发展的动力、产业结构和产品结构、政策及发展环境、市场有关。要提高青海省工业的质量和效率，应从以下五个方面着手：

第一，改变工业发展动力机制，强化创新驱动，优化资本和资源驱动。根据工业发展的动力因素，可以将工业分为资源驱动型、劳动力驱动型、资本驱动型和创新驱动型。从前文的分析和主要工业行业调查结果可知，青海省以资源驱动和资本驱动为主导，创新驱动不足。因此，需要强化创新驱动，培育内生优势。落实《青海省贯彻〈国家创新驱动发展战略纲要〉实施方案》，加大财政科技投入力度，健全创新激励机制。发挥省内高校及科研院所人才培养机制的作用，结合企业人才培养基础，大力培养研发人才及复合型人才，筑牢青海省工业发展的创新基础。鼓励企业增加研发投入，使企业家成为创新的主体。对于在资金方面有困难的企业，要通过建立完善的投融资机制，将银行贷款的单一融资方式转变为发行股票、信用筹资等多种方式直接融资，分散投融资风险，提高企业资本运行速度，降低负债率，使资本充分发挥财务杠杆作用。建立有效的财务风险预警系统，并制订合理的债务重组计划，有效处理各项债权债务关系，解决资产负债率高带来的财务危机。鼓励企业开展跨区域合作，整合产品、技术、品牌、生产设施、人才、资金、技术等资源，补齐工业发展动力机制的短板。

第二，调整工业结构，优化实施“三品”（增品种、提品质、创品牌）战略，提高发展质量和效益。贯彻落实青海省政府办公厅印发的《关于开展全省消费品工业“三品”专项行动营造良好市场环境的实施方案》，积极推进青海省工业“三品”专项行动。引导企业采用先进的质量管理方法和质量控制技术，建立覆盖产品生命周期的质量管理体系和质量追溯体系。例如，医药企业认真落实国务院办公厅《关于开展仿制药质量和疗效一致性评价的意见》，完善省级生物医药产业原料及产品质量监测技术服务机制，提升检验检测能力。运用现代科学技术，系统开展藏医药基础研究，逐步建立藏医药技术规范和质量控制标准，支持企业及地方标准提升为国家标准。认真落实《青海省贯彻落实国家中药材保护和发展规划实施意见》，建设大宗优质中（藏）药材生产基地。加快道地中（藏）药材规范化种植基地和枸杞、甘草、沙棘、白刺等特色植物封育繁殖基地建设，提高资源供应保障能力。推动中（藏）药生产企业和中（藏）药材种植企业联合建立跨省（区）、跨国中（藏）药材生产基地，保障原材料的供给。

第三，推动两化深度融合，加快发展智能制造。结合企业信息化建设的实际需求，因企施策建设财务、采购、生产、销售等管理系统。鼓励骨干企业围绕研制、生产、配送、追溯等关键环节，建立完善产品安全保障和追溯体系。推动“互联网+”在工业中的应用，全面提升研发、制造、物流、销售、售后等环节的信息化水平。以《中国制造 2025 青海行动方案》为指导，选取符合条件的企业开展智能化制造示范工程建设，推进工业机器人、数控技术和智能装备的推广应用。装备制造业应继续加快推动产业转型升级，加快推进装备制造业智能化改造，提升生产过程信息化、智能化水平。

第四，继续推进绿色制造，实现循环发展。鼓励企业开发应用有毒有害原料替代、废水废渣二次利用等清洁生产工艺和装备，从源头控制污染。加快完善上下游配套，实现公用系统共享、资源综合利用、污染物集中治理。打造一批绿色工厂，引导企业开展绿色标志认证工作。大力推进企业能源三级计量管理，加强企业能源合同管理，开展行业能效的对标达标，提升行业能源资源利用水平。

第五，积极争取政策支持，优化发展环境。青海省地处青藏高原，工业发展有其独特背景，信息不畅，生态脆弱，多民族聚居，经济发展水平较低，建议加大政策支持力度。一是落实好国家支持装备制造产业政策，加大新能源装备、智能制造装备、首台（套）重大技术装备等高端装备创新工程的项目及资金支持力度，大力开展装备制造领域科技创新平台建设，培育发展智能制造产业，从主要提供产品制造向提供产品和服务转变，促进产业结构调整，进一步支持装备制造业快速发展。二是认真落实国家和省内出台的金融、减费降税等支持实体经济发展的政策措施，深化“放管服”改革，切实减轻企业负担，释放市场活力，优化营商环境。三是建议国家相关部门结合藏区经济发展的实际需要，给予政策支持。

第三章 区域城镇化与统筹城乡发展

青海省经济在持续快速增长的同时，也出现了城乡经济发展差距日益扩大的问题，这严重制约着社会经济的良好运行。依据马克思主义城乡融合发展的思想和中国特色社会主义城乡统筹理论，找到影响城乡经济发展差距的重要因素，并采取有针对性的措施，对于青海省长期可持续发展具有重要的理论意义和实践意义。

第一节 兰西城市群西宁市统筹城乡发展

本节通过对西宁市城乡统筹发展现状的调查分析，揭示兰西城市群内西宁市在统筹城乡发展方面与兰州市的差距。

一、城乡统筹理论

（一）马克思主义城乡融合发展的思想

马克思主义经典作家在创立和发展马克思主义理论过程中，对城乡统筹发展问题给予了充分的关注，形成了马克思主义独特的城乡发展观。一方面，他们强调了在一定的历史阶段内城市的出现、城乡分离以及城乡对立的必然性和进步性；另一方面，他们见证了资本主义工商业繁荣造成的尖锐的城乡矛盾和对立。对于消灭城乡差距的主要途径，马克思主义经典作家认为，有计划地合理布局生产力是实现城乡统筹发展的主要途径之一；列宁也认为，促进工农业生产有机结合是实现城乡统筹发展的主要途径。

（二）中国特色社会主义城乡统筹理论

“城乡统筹”这一概念最早出现在中国。城乡统筹就是要实现城乡之间生产要素的合理流动和优化组合，在一定经济发展水平下，逐步缩小基础设施、公共服务水平等方面的差距，并使城乡之间形成优势互补。其内涵包括两个方面：一是城乡统筹发展；二是在统筹发展的同时，能够保持城乡各自的特色（姜作培，2004）。

统筹城乡发展，是相对于城乡分割的“二元经济社会结构”而言的，它要求把农村经济与社会发展纳入整个国民经济与社会发展的全局之中，进行通盘筹划、综合考虑，以城乡经济社会一体化发展为最终目标，统筹城乡物质文明、政治文明、精神文明和生态环境建设，统筹解决城市和农村经济社会发展中出现的各种问题，打破城乡界线，优化资源配置，实现共同繁荣。

统筹城乡经济社会发展的实质是给城乡居民平等的发展机会，通过城乡布局规划、政策调整、国民收入分配等手段，促进城乡各种资源要素的合理流动和优化配置，不断增强城市对农村的带动作用和农村对城市的促进作用，缩小城乡差距、工农差距和地区差距，使城乡经济社会实现均衡、持续、协调发展，促进城乡分割的传统“二元经济社会结构”向城乡一体化的现代“一元经济社会结构”转变。

（三）城乡统筹发展的特征

第一，城乡统筹发展强调城市对乡村、工业对农业的反哺。第二，城乡统筹发展是全方位的统筹，不仅包括经济上的统筹，还包括政治、文化、社会、生活、制度等方面的统筹。第三，城乡统筹的最终目标是实现城乡一体化发展。一体化发展并不意味着彻底让农村消失，而是指全面改善城乡结构与功能，协调城乡之间的利益分配与再分配，实现城乡各类生产要素与生活要素的合理配置与自由流动，保证城乡经济、社会、文化等方面的持续协调发展（杨培峰，1999）。第四，城乡统筹的实现是一个长期的历史过程，需要在制度上不断改进，适应生产力的需求，逐步解决城乡之间的矛盾。

二、西宁市统筹城乡发展现状

（一）西宁市统筹城乡发展的条件分析

1. 地理位置较好

西宁市属于兰西城市群，兰西城市群处于青藏高原、黄土高原、内蒙古高原的交会地带，位于西藏、新疆、宁夏、内蒙古四个民族自治区连接部的核心，也是西北地区的中心，以及西北地区物流中心与战略物资储备、事关国计民生的重大企业布局的最佳区域。因此，西宁市城乡统筹发展具备相对较好的地理区位条件。

2. 交通比较便捷

兰西城市群处于交通要道，特别是兰州，处于西北铁路网和公路网的中心，是陇海、兰新、包兰、兰青四条铁路干线的交会点，是国道 312 线和国道 109 线的交会点。借助交通优势，兰西城市群统筹城乡发展的人口、资源要素流动会比较便利。

3. 经济基础相对较好

兰西城市群内有兰州、西宁、白银、定西等城市，除了兰州和西宁分别是甘肃、青海的省会城市和政治经济中心之外，兰西城市群还包括甘肃中部主要经济区域、青海东部主要经济区域。相对较好的经济基础可为兰西城市群西宁市的城乡统筹发展提供财力支持和产业支持。

4. 科技文化相对聚集

兰州、西宁分别是甘肃、青海的科技中心、文化中心。国家在甘肃、青海的科研单位、高等院校、文化部门主要集中在兰州、西宁。比较发达的科技文化水平有助于兰州、西宁发挥城市群城乡统筹的增长极和中心地的作用。

5. 农牧业资源较丰富

黄河上游流域土地资源丰富，地域辽阔，农业灌溉条件优越，草场面积大。甘肃、青海的绝大部分灌溉良田集中在黄河、湟水的两岸。兰西经济区位于黄河干流及支流湟水、庄浪河两岸，这为兰西城市群的发展提供了良好的条件。农牧业资源比较丰富，有助于兰西城市群在城乡统筹发展中充分发挥乡村经济特色优势，提高农牧民就业和收入水平。

6. 环境容量潜力较大

我国西北地区生态环境脆弱，生态移民数量大，相对来说，兰西地区的生态环境容量较大，是甘肃、青海人口集聚的主要区域。环境容量较大，有助于兰州、西宁发展为城市群中主要的人口与产业承载中心，在城乡统筹发展中发挥积极作用。

此外，兰州、西宁两地高铁只需 1 小时左右即可通达，文化相近，习俗、饮食相似，联系紧密。因此，兰西城市群城乡统筹发展具备经济、社会和环境基础，应当能够示范推动整个甘肃和青海的城乡统筹发展。

（二）西宁与兰州统筹城乡发展情况对比

党的十八大强调统筹城乡经济社会发展，形成以工促农、以城带乡、工农互惠、城乡统筹的新型城乡发展格局。城乡统筹也是青海区域经济社会发展的重要目标之一，是解决“三农”问题、逐步消除城乡二元结构、实现全面小康和城乡可持续发展的主要途径和具体体现。虽然兰西城市群内西宁与兰州相邻，但是西宁市与兰州市的城乡统筹水平存在显著差距（见表 3-1）。

表 3-1　2019 年西宁市与兰州市城乡经济发展情况比较

城市	城乡人口比	第一产业增加值在 GDP 中的比重（%）	城乡人均收入比	城镇化率（%）	一产投资额占固定资产投资额比例（%）	城乡消费支出比
西宁	2.68：1	3.40	2.77：1	72.85	2.93	2.13：1
兰州	2.47：1	1.82	2.8：1	81.04	3.66	2.4：1

资料来源：根据 2019 年西宁市国民经济和社会发展统计公报、兰州市国民经济和社会发展统计公报相关数据计算。

由表 3-1 可知，西宁市当前表现出城乡发展不协调、不平衡以及二元结构突出的现状，并且主要指标明显落后于兰州市，迫切需要深入分析城乡统筹发展中存在的问题，进一步推进城乡一体化，提升城乡统筹发展水平，消除城乡二元结构。

三、西宁市统筹城乡发展实证分析

本节一方面从时间序列维度分析西宁市城乡统筹发展水平的变动，另一方面从空间维度分析西宁市各区县的城乡统筹发展成效与差距。

（一）西宁市城乡统筹发展水平分析

1. 城乡居民收入水平对比

西宁市城乡居民人均收入水平对比见表 3-2。

表 3-2　西宁市城乡居民人均收入水平对比

年份	城市人均可支配收入（元）	农村人均纯收入（元）	城乡居民收入比
2006	9335	2951	3.16：1
2010	14085	5521	2.55：1
2015	25232	8865	2.85：1
2016	27539	9678	2.85：1
2017	30043	10548	2.85：1
2018	32500	11504	2.83：1
2019	34846	12577	2.77：1

资料来源：2007—2020 年《西宁统计年鉴》，2016—2019 年西宁市国民经济和社会发展统计公报。

注：表中 2015 年、2016 年数据为农村常住居民人均可支配收入。

从表 3-2 可以看出，西宁市农村居民收入水平远远低于城镇居民。2006 年以来，农村居民与城镇居民收入均不断增加，且农村居民收入增幅不断加大，使得城乡居民收入比呈降低趋势，从 2006 年的 3.16：1 降到 2019 年的 2.77：1。

2. 城乡居民消费水平对比

居民消费水平可以用人均生活消费支出表示。从表 3-3 中可以看出，西宁市农村居民消费水平远远低于城镇居民。

表 3-3　西宁市城乡居民消费水平对比

年份	城市人均生活消费支出（元）	农村人均生活消费支出（元）	城乡消费支出比
2006	6723	2080	3.23：1
2010	9421	5404	1.74：1

续表

年份	城市人均生活消费支出（元）	农村人均生活消费支出（元）	城乡消费支出比
2015	20112	8354	2.41∶1
2016	21997	8827	2.49∶1
2017	17163	9825	1.75∶1
2018	18628	10319	1.81∶1
2019	20222	11299	1.79∶1

资料来源：根据2007—2020年《西宁统计年鉴》、2016—2019年西宁市国民经济和社会发展统计公报相关数据整理计算。

从表3-3可以看出，“十一五”期间，西宁城乡消费支出比在逐渐减小，说明城乡统筹的政策措施有效。但在“十二五”期间，城乡消费支出比又缓慢增加，城乡消费水平差距拉大，“十三五”期间又逐步缩小，说明近年来加快城乡统筹发展的政策措施切实有效。

（二）西宁市四区与三县经济发展水平对比

1. 经济总量对比

从表3-4、表3-5可以看出，西宁市四区三县的生产总值、人均生产总值均呈现增长态势。从2019年的数据来看，西宁市四区三县经济发展不平衡，生产总值最高的是城西区，达到355.45亿元，人均生产总值为124543元，生产总值最低的是湟源县，仅为25.11亿元，人均生产总值仅为17456元。

表3-4　西宁四区生产总值、人均生产总值统计

年份	城东区		城中区		城西区		城北区	
	生产总值（亿元）	人均生产总值（元）	生产总值（亿元）	人均生产总值（元）	生产总值（亿元）	人均生产总值（元）	生产总值（亿元）	人均生产总值（元）
2006	38.11	11636	41.98	27241	57.03	20229	56.95	22517
2010	106.80	30263	91.09	39316	114.07	47020	130.59	43676
2019	232.3	59493	201.71	62877	355.45	124543	235.74	72492

资料来源：《西宁统计年鉴》（2020）。

表 3-5 西宁市三县生产总值、人均生产总值统计

年份	大通县		湟中县		湟源县	
	生产总值（亿元）	人均生产总值（元）	生产总值（亿元）	人均生产总值（元）	生产总值（亿元）	人均生产总值（元）
2006	57.97	12931	28.24	6782	9.28	6720
2010	80.88	18122	89.23	20502	17.08	12308
2019	112.11	24651	165.31	35635	25.11	17456

资料来源：《西宁统计年鉴》（2020）。

2. 农村居民人均纯收入对比

从表 3-6 可以看出，西宁各区县农村居民人均纯收入总体均呈增长态势。2018 年农村居民人均纯收入最高的是城北区，最低的是湟中县。分区县来看，市辖区农村居民人均纯收入显著高于三县，说明市区与三县农民收入存在较大差距。

表 3-6 西宁市四区三县农村人均收入统计

单位：元

年份	城东区	城中区	城西区	城北区	大通县	湟中县	湟源县
2006	6140	5415	6150	5489	2843	2451	2314
2010	9088	5751	9537	9040	5547	4781	4023
2015	13466	12610	15255	17564	8651	8249	8446
2016	14725	13786	16662	19147	9443	9006	9225
2017	18923	14931	15255	20631	10208	9824	10078
2018	19105	16277	15321	22525	11279	10762	11049
2019	—	—	—	—	12478	11756	12146

资料来源：《西宁统计年鉴》（2020）。

注：2006 年和 2010 年数据是农民人均纯收入；2015—2019 年数据是农村常住居民人均可支配收入。"—"表示未公布数据。

3. 固定资产投资额对比

固定资产投资额是以货币表现的建造和购置固定资产活动的工作量，它是反映固定资产投资规模、速度、比例关系和使用方向的综合性指标。从表 3-7 和图 3-1 可以看出，2006 年湟中县固定资产投资额居首位，2010 年和 2015 年大通县固定资产投资额居首位。2019 年，三县中除湟源县外，其余两县固定资产投资额均居于前列，说明近些年西宁市加大了对三县的

投资建设力度。

表 3-7 西宁市四区三县固定资产投资额统计 单位：亿元

年份	城东区	城中区	城西区	城北区	大通县	湟中县	湟源县
2006	6.5	4.2	7.7	5.8	7.2	14.9	5.1
2010	17.0	12.0	21.6	15.9	25.0	20.1	14.8
2015	67.9	48.4	85.9	64.6	94.7	82.3	50.3
2016	78.8	55.7	99.7	75.1	96.4	87.0	56.5
2017	91.9	64.9	116.2	87.6	112.3	104.2	67.9
2018	103.8	73.5	131.5	99.3	126.9	118.1	76.9
2019	87.9	103.9	122.6	99.4	141.6	220.7	64.6

资料来源：《西宁统计年鉴》（2020）。

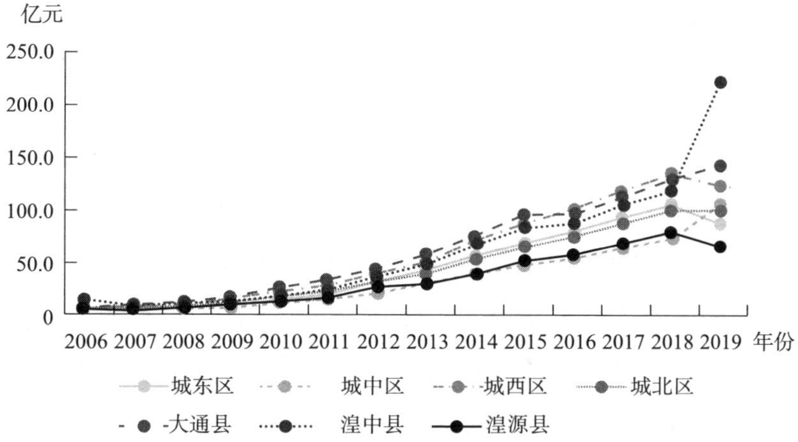

图 3-1 西宁市四区三县固定资产投资额变动情况

4. 社会消费品零售总额对比

社会消费品零售总额是批发和零售业、住宿和餐饮业以及其他行业直接销售给城乡居民和社会集团的消费品零售额。从表 3-8 可以看出，西宁市三县的消费需求总体低于市辖区，但是消费总额在稳步增长。

表 3-8 西宁市四区三县社会消费品零售总额统计 单位：亿元

年份	城东区	城中区	城西区	城北区	大通县	湟中县	湟源县
2006	23.41	32.32	30.94	21.34	5.60	3.94	1.96
2010	45.43	64.94	62.14	40.99	8.97	6.23	3.06

续表

年份	城东区	城中区	城西区	城北区	大通县	湟中县	湟源县
2015	86.70	130.10	125.50	78.14	20.51	14.18	6.82
2016	96.00	144.40	139.40	86.50	23.10	15.90	7.70
2017	104.70	157.50	152.30	129.90	25.55	26.43	8.50
2018	100.80	155.60	156.70	138.60	28.13	28.21	9.30
2019	135.10	162.50	134.90	145.50	30.07	29.62	10.00

资料来源：《西宁统计年鉴》（2020）。

四、西宁市统筹城乡发展中存在的问题及对策

通过对比分析西宁市2006—2019年城乡统筹的主要经济社会指标可知，西宁市城乡统筹发展水平总体持续上升，在经济、社会、生活等各个方面的城乡统筹发展都取得了一定的成效，城乡居民收入水平总体差距逐步缩小。

通过对比分析西宁市四区三县的相关数据可知，西宁市城乡统筹发展存在显著的空间差异。在城乡经济发展方面，四区显著高于三县；在城乡社会、生活发展方面，湟源县发展水平最低；在固定资产投资方面，城中区和湟源县落后于其他区县。

（一）西宁市统筹城乡发展中存在的问题

第一，城镇空间分布不均衡，三县城乡统筹发展难度大。西宁市四区发展优势比较明显，三县则由于中心城市极化效应，在吸聚人才、资金、技术方面处于劣势。在缺少有效的产业空间布局规划和政策倾斜的情况下，四区与三县的发展不平衡是一种必然，西宁市在空间政策方面，需要进一步优化。

第二，现有城市（镇）难以承担以城带乡的重任。西宁市经济规模较小，尚未充分发挥带动全省经济发展增长极的作用。西宁市所辖三县的县城和小城镇综合开发程度较低，县域城镇定位不够明确，功能不完善，尚未形成分工协作的发展格局，平均土地产出效率低，空间资源未得到有效利用。在三县21个建制镇中，只有大通县桥头镇，湟中县鲁沙尔镇、多巴镇人口超过5万，其余城镇规模均较小。小城镇以行政和居住职能为主，

缺乏二三产业的支撑，显著影响区域经济与城乡统筹发展。

第三，基础设施和公共服务缺口大。西宁市整体基础设施建设滞后，交通网络、电网、水利设施等基础设施投资不足。仅从四区三县的建成区质量来看，西宁市整体的市政公用基础设施和公共服务设施建设缺口较大，除中心城区的部分人均指标相对略高，三县和市郊的市政公用基础设施和公共服务设施建设滞后严重，大多数城镇建成区面积较小、承载能力较弱、公共服务水平较低、城镇化质量不高。

第四，统筹城乡发展的产业支撑力较弱。经济结构主要建立在以高消耗、低效率、低附加值为特征的传统产业上，企业规模小、产业链不配套、低水平同质竞争突出，创新驱动力严重不足，第二产业发展潜力尚未充分发挥。乡镇结构不合理，效率不高，城镇之间横向联系薄弱，交通、通信、物流、资金、信息等方面不够畅通。

第五，农民向市民转化内生动力不足。在西宁市城乡统筹进程中，政府主导、农民等靠的现象普遍存在。归结起来有三方面原因：①土地流转后，由于对乡村生活的习惯和对城市生活的陌生，农民对融入城市生活有顾虑。②对进城后就业与经济来源的担忧。农村居民身份转变后，就业压力导致农民对未来经济来源的担忧。③对社会保障问题的担忧。在农转非过程中，社会保障工作力度不够，资金支持不足，还没有达到农民的“心理价位”。调查发现，农村居民土地被征用，户籍转为城镇户口后，医保与社保仍停留在农村水平，与本地区城镇居民有显著差距，使得农民向城市转移的内生动力不足。

（二）西宁市统筹城乡发展对策

第一，结构变化与城乡经济发展。产业结构优化配置及产业组织结构优化、空间结构的合理有序等，都是促进区域资源优化配置的重要途径，也是促进经济增长的重要因素。随着经济的不断增长，产业结构必将发生变化，产业结构变动是资本寻求利益最大化的结果。资本收益的增加，意味着在资本投入量既定的情况下产出增加了，所以产业结构变动能够促进经济增长。产业结构的变动会引起就业结构变化，使劳动力向收入更高的产业转移。

第二，空间布局与城乡经济发展。由于城乡自然条件和自然资源禀赋存在很大差异，在规模经济和集聚经济机制的影响下，城乡经济的空间分布并不均匀，产业和人口在一些极点、轴线上高度聚集，而在乡村地区则十分稀疏。集聚合理、疏密有致的空间结构，可以取得较大的集聚经济效益，对城乡经济发展产生积极的推动作用。

第三，制度安排与城乡经济发展。制度变迁对经济增长和经济效率有很大影响。政策制度方面的激励机制会提高制度实施的效率和效果，促进区域经济快速发展。制度变迁可以通过减少交易费用、降低交易风险和优化交易行为来提高区域的产出增长率。制度变迁将改变贸易和专业化的范围，使组织经济活动的方式发生改变，从而影响区域经济发展的广度和深度。

第四，生产要素流动影响城乡经济发展。要素流动对区域经济发展有着重要的作用：①区域要素流动会产生组合效应；②区域要素流动会使具有比较优势的要素突破本地市场，结合广大区际市场需求进行生产；③通过要素的自由流动，用本区域的比较优势和其他地区进行交换，可得到本地区缺乏的资源；④区域要素的流动表明各地区的相对优势是可以改变的；⑤生产要素可以在一定程度上改变一个地区的要素禀赋状况。

第二节　东西部地区城乡居民收入差距分析

改革开放40多年来，我国经济得到了快速发展，但是由于我国地域广阔，地区与地区之间的经济发展必然是不平衡的。本节选取我国东部地区经济最为发达的区域上海市与青海省对比，以验证区域发展差距与城乡发展差距的普遍存在。

一、理论基础

（一）倒“U”形理论

1965年，威廉姆逊在其发表的《区域不平衡与国家发展过程》一文中提出倒“U”形理论，即随着国家经济发展，区域间增长差异呈倒“U”形变化。在国家经济发展的初级阶段，随着总体经济增长，区域差异逐渐扩大，然后保持稳定，但是经济发展进入成熟阶段后，区域差异将随着总体经济增长而逐渐缩小。库兹涅茨对经济增长与收入分配的关系进行了研究，于 1955 年提出倒“U”形假说：在经济未充分发展的阶段，收入分配将随同经济发展而趋于不平等；之后，经历收入分配暂时无大变化的时期；最后，到达经济充分发展的阶段，收入分配趋于平等。

（二）循环累积因果理论

缪尔达尔于 1972 年提出循环累积因果理论，即一个国家的经济发展是从一些具有优势的地区开始的，各个地区的经济发展不可能是平衡的，那些优势地区的优势被称为“既得优势”，它们利用既得优势不断积累，发展得越来越好，而那些不具优势的地区与优势地区的差异则越来越大。

（三）不平衡增长理论

赫希曼于 1970 年提出不平衡增长理论，即所有的经济增长不可能作用于每一个区域，经济发展的起点会带来推动力使得经济均是以其为中心，而在经济发展的过程中，增长极的出现导致的地区经济发展不平衡是不可避免的，这是经济发展的必然产物。

二、青海与上海区域经济发展情况对比

党的十九大提出人民日益增长的美好生活需要和不平衡不充分的发展之间的矛盾已经成为我国社会主要矛盾的科学论断，并将逐步实现全体人民共同富裕摆在更加重要的位置上，由此引发了社会各界尤其是理论界对收入分配问题的热烈讨论，也使得贫富差距这个长期的焦点问题更受关注。上海市是全国经济最发达地区之一，城镇化率超过 80%。测度上海市城乡居民收入差距，揭示青海省与上海市在经济发展上的差距，既有助于上海市的高质量发展，也有助于青海省正确认识发展差距，尽快找到缩小差距的路径。

（一）经济总量对比

《中国统计年鉴》（2020）显示，1978 年上海市生产总值为 272. 81 亿元，人均生产总值为 2485 元，到了 2019 年，生产总值达到 38155. 32 亿元，人均生产总值达到 157279 元，经济增长十分显著。青海省作为西部欠发达的经济小省，2019 年生产总值仅为 2965. 95 亿元，人均生产总值为

48981 元。通过对比可以发现，青海省经济总量很小，2019 年的人均生产总值水平仅为同期上海市的 31.14%。

（二）产业结构对比

《中国统计年鉴》（2020）显示，1978 年上海市三次产业在地区生产总值中的比重分别为 4.0%、77.4%、18.6%，处于典型的以第二产业为主导的工业化发展阶段。到了 2019 年，三次产业在地区生产总值中的比重分别为 0.3%、27.0%、72.7%，表现出以第三产业为主导的工业化后期特征。由表 2-12 可知，2019 年青海省三次产业在地区生产总值中的比重分别为 7.1%、39.0%、53.9%。通过对比可以发现，青海省第一产业和第二产业占比均高于上海市，第三产业占比则低于上海市，在产业结构上发展滞后。

三、城乡发展差距实证分析

我们选取城市居民人均可支配收入和农村人均可支配收入来分析青海省与上海市两个区域的城乡居民收入差距。

从表 3-9 和表 3-10 可以看出两个区域城乡居民收入差距的变动情况。

表 3-9　上海市城乡居民人均可支配收入

年份	城市居民人均可支配收入（元）	农村居民人均可支配收入（元）	城乡居民人均可支配收入差额（元）	城乡居民人均可支配收入比
1980	637	401	236	1.59
1985	1075	806	269	1.33
1990	2183	1665	518	1.31
1995	7172	4246	2926	1.69
2000	11718	5565	6153	2.11
2005	18645	8342	10303	2.24
2010	31838	13746	18092	2.32
2015	52962	23205	29757	2.28
2019	73615	33195	40420	2.22

资料来源：根据《上海统计年鉴》（2020）整理测算。

表 3-10　青海省城乡居民人均可支配收入

年份	城镇居民人均可支配收入（元）	农村居民人均可支配收入（元）	城乡居民收入绝对差（元）	城乡居民人均可支配收入比
2010	14462	4028	10434	3.59
2011	16287	4806	11481	3.39
2012	18336	5594	12742	3.28
2013	20352	6462	13890	3.15
2014	22307	7283	15024	3.06
2015	24542	7933	16609	3.09
2016	26757	8664	18093	3.09
2017	29169	9462	19707	3.08
2018	31515	10393	21122	3.03
2019	33830	11499	22331	2.94

资料来源：根据《青海统计年鉴》（2020）整理测算。

首先，随着经济发展水平提高，两个地区城乡居民收入都有所提高。具体来看，上海市 2010 年城市居民人均可支配收入为 31838 元，同期农村居民人均可支配收入为 13746 元，2019 年城市居民人均可支配收入增至 73615 元，同期农村居民人均可支配收入增至 33195 元。青海省 2010 年城镇居民人均可支配收入为 14462 元，农村居民人均可支配收入为 4028 元，2019 年这两个指标分别增至 33830 元和 11499 元。

其次，两个区域城乡居民收入绝对差距不断拉大。具体来看，上海市 2010 年城市居民人均可支配收入比同期农村居民人均可支配收入多 18092 元，2019 年城市居民人均可支配收入比同期农村居民人均可支配收入多 40420 元。青海省 2010 年城镇居民人均可支配收入比同期农村居民人均可支配收入多 10434 元，2019 年城镇居民人均可支配收入比同期农村居民人均可支配收入多 22331 元。

最后，两个区域城乡居民收入差距增长的幅度呈现缩小趋势。具体来看，上海市 2010 年城市居民人均可支配收入是同期农村居民人均可支配收入的 2.32 倍，随后差距幅度缩小，到了 2019 年，城市居民人均可支配收入是同期农村居民人均可支配收入的 2.22 倍。青海省城乡居民收入比在 2010 年为 3.59 倍，2019 年缩小至 2.94 倍。

总体来看，随着经济增长，上海市 1980—2019 年城乡居民收入差距符合倒“U”形变动趋势，2010 年达到峰值，城市居民人均可支配收入与农村居民人均可支配收入比为 2.32，随后缩小。青海省城乡居民收入差距也符合倒“U”形变动趋势，目前正处在差距不断缩小阶段。但同时也可以看出，收入水平越高的地区，农村经济发展水平越高，城乡收入差距显著小于同期经济发展水平较低的区域。

四、缩小城乡发展差距的对策

由倒“U”形假说可知，经济发展与居民收入分配的关系分为三个阶段：第一阶段，即在经济发展初期，尤其是在国民人均收入从最低水平上升到中等水平时，收入分配状况趋于恶化；第二阶段，随着经济发展，收入分配状况逐步改善；第三阶段，随着经济发展的日益成熟，达到比较公平的收入分配状况。上海市是我国经济最发达的地区之一，通过实证研究可知，上海城乡居民收入从经济发展水平较低阶段较小的差距，经历经济迅速发展带来的差距拉大，之后差距值到达顶峰，随后进入差距逐渐缩小的阶段。从上海城乡居民发展差距的情况来看，2019 年城乡居民人均可支配收入差额为 40420 元。青海省经济发展水平滞后于上海市，经济总量小，城乡居民收入总体水平均显著低于上海市同期水平，而且城乡居民收入差距大于上海市。这种区域间差距和城乡间差距的形成，可以用循环累积因果理论和不平衡增长理论来解释。青海省矿产资源禀赋较好，但是自然地理条件和经济区位较差，农业发展条件不佳，因此在区域经济发展的初期，处于劣势地位；上海则借助良好的自然环境条件、优良的经济区位，在区域经济发展初期就产生了集聚效应，积累了发展优势，进入工业化阶段优势就更加明显了。区域经济差异的出现不可避免，但是缩小差距、实现共同富裕始终是我们国家奋斗的目标和努力的方向，具体应从以下三个方面着手：

第一，调整产业结构，实现乡村振兴。农村产业“大而不强”是中国农村产业转型发展面临的瓶颈，依靠传统的产业化发展路径难以缩小城乡居民收入差距。应当全面实施产业结构升级措施，促进农村一二三产业融合发展和产业组织创新，以数字赋能农业和农村发展，以信息化支持乡村振兴。

第二，加大政策倾斜力度。实施合理的支农惠农强农政策，如通过农业补贴制度、农村市场体制以及相关的扶贫开发政策，帮助农民改善生产生活条件，降低生产成本，提高收入水平，仍然是新时期缩小城乡收入差距的重要手段。

第三，以新型城镇化带动乡村发展。在中国经济步入新常态的背景下，应当积极推动城镇化有序发展，发挥产业特色来助推城镇多样化和个性化发展，并全面提高农产品国际竞争力和农业对外开放水平，引导农村电商发展，助推农户减贫增收，为缩小城乡居民收入差距创造有利的制度环境。

第三节　青海省城镇化发展水平测度

城镇化是当今社会关注的一个重要主题，是一个国家或地区社会、经济发展水平与文明度的重要标志，也是衡量一个地区、一个国家现代化程度的重要指标。近几年，青海城镇化的发展速度有所加快，但总体水平仍然落后于全国及其他地区。加快实施青海新型城镇化建设，进一步提高青海省城镇化水平，有利于促进经济社会和生态协调稳定发展。

一、城镇化理论基础

城镇化发展离不开人口、生态、经济、社会等系统的配合。城镇化进程既表现为人口和财富的聚集，又表现为经济、社会、文化等诸多方面的根本性转变，其最终目标是使人们的生活方式、生产方式和思维方式实现本质的变化。城镇化发展水平的高低同区域经济的发展有着密切关系：城镇化水平提高，可以带动地区经济社会的发展；经济快速发展，同样可以促进城镇化水平提高。

（一）增长极理论

1955 年，佩鲁从一个全新的视角——抽象的经济空间研究非均衡经济发展，提出增长极理论。该理论研究的对象是各个经济部门产业之间的联系，研究的主要内容是各个经济部门之间的产能联系。增长极理论认为，两个部门不可能同时出现经济增长，由于各个部门扩散方式的差异，引起的增长极也有所不同，并且这些增长极最终会作用于整个经济结构。

（二）中心-外围理论

普雷维什 1949 年提出的中心-外围理论有一个假设前提，就是经济区域发展不平衡已经持续了很长一段时间。该理论将佩鲁的经济空间划分为两个区域，一个是外围经济结构部分，另一个是责任中心经济部门，这两个区域就形成了我们通常所说的“二元经济社会结构”。在该理论中，中心地区有其独特的经济发展优势，外围经济结构相对来说经济发展条件比较差，处于长期被优势部门支配的地位，其经济效益也会远远低于中心地区的经济效益。

（三）以人为核心的新型城镇化

2013 年，党的十八届三中全会通过的《中共中央关于全面深化改革若干重大问题的决定》明确提出“坚持走中国特色新型城镇化道路”，同年，中央城镇化工作会议进一步强调“走中国特色、科学发展的新型城镇化道路”。新型城镇化是我国现代化建设进程中的大战略和历史性任务。为了有效推进新型城镇化，党中央、国务院先后出台了一系列重大举措，对我国新型城镇化建设进行了顶层设计和总体部署，“中国特色新型城镇化道路”的内涵也不断丰富。

以人为核心的新型城镇化是指在城镇这个载体质量不断提高的基础上实现人的发展，包括人口素质不断提升，可靠的社会保障，稳定的就业岗位，体面安全的居住场所，公平公正的社会环境，人与自然和谐相处的生活环境，不断缩小城乡差距，传承历史文化，实现人与城共生发展。提高人口素质是核心，稳定就业是关键，公共服务和社会保障是支撑，制度建设是基础，人居环境质量的改善和居民幸福感、获得感为直接体现。

二、青海省城镇化发展现状

（一）城镇化水平不断提高

青海省当前的城镇化进程总体上处于上升阶段，但仍落后于全国城镇化的平均水平，见图 3-2。

（二）居民生活水平稳步提高

我们用城镇人口占总人口的比例来衡量城镇化水平。恩格尔系数是居民消费支出中用于食品消费的比重。恩格尔系数可以反映当地城镇居民的消费结构。一般来说，恩格尔系数越小，说明城镇居民的消费支出用于满

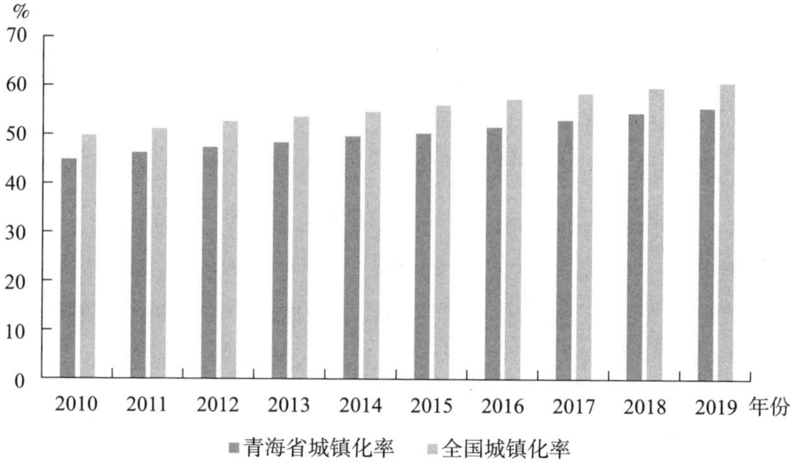

图 3-2　2010—2019 年青海省与全国城镇化率比较

足基本生存需求的越少，即居民的食品支出占总支出的比例越低。根据西方经济学的理论，人们对食品的需求不会随着收入水平的增加而有所增加，因此，提高居民的收入水平，会使农村居民的食品支出相对下降，最终导致恩格尔系数下降。从图 3-3 可以看出，1999—2019 年，随着青海省城镇化水平的提高，人民生活水平不断提高，恩格尔系数在绝大部分年份呈下降趋势。

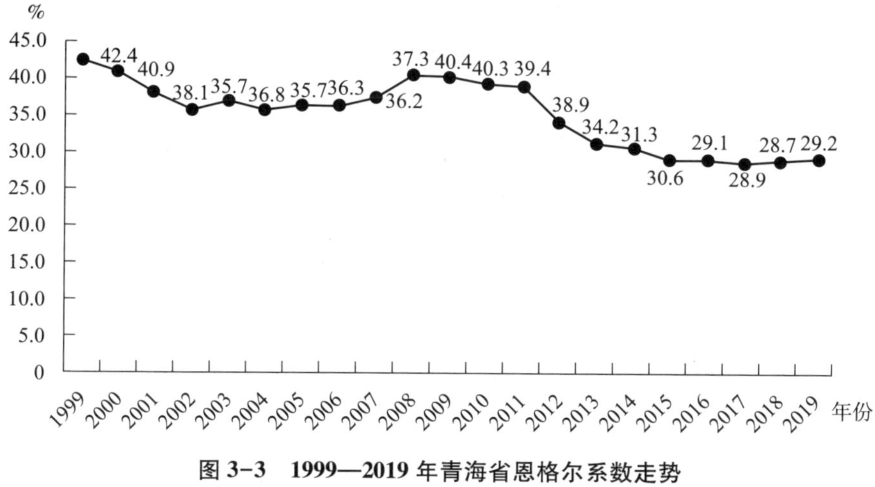

图 3-3　1999—2019 年青海省恩格尔系数走势

三、青海省城镇化水平定量分析

（一）评价指标体系建立

城镇化进程是一个包括经济、人口、社会、生态、文化等系统在内的复杂变化过程。现有研究一般把城镇化过程概括为经济城镇化、人口城镇化、生态城镇化和社会城镇化四个层面。本节将城镇化归纳为经济城镇化、人口城镇化和社会城镇化三个层面，进而构建城镇化发展指标体系。其中，经济城镇化包括人均地区生产总值、人均工业产值、第三产业增加值占 GDP 比重、出口总额、恩格尔系数，人口城镇化包括总人口增长率、城镇化率、第三产业人数占就业总人数比重，社会城镇化包括每万人拥有在校大学生人数、人均消费品零售总额、移动电话用户、拥有医疗机构个数。三个层面共计 12 个具体指标构成评价指标体系。

（二）评价方法

熵值法是一种判断某个指标离散程度的数学方法。离散程度越高，该指标对综合评价的影响越大。我们可以根据各项指标的变异程度，利用信息熵这个工具，计算出各个指标的权重，为多指标综合评价提供依据。计算方式如下：

该体系共有 18 个参评样本、12 个指标，$i(i=1, 2, \cdots, 18)$ 为参评样本序号，$j(j=1, 2, \cdots, 12)$ 为指标序号。那么，V_{ij}就是第 i 年第 j 个评价指标的具体值。

对各个具体值进行标准化处理，使各项指标达到同质化。对正、逆向指标进行不同的标准化处理，得到如下模型：

当指标为正向指标时：

$$X_{ij}=\frac{V_{ij}-\min V_{ij}}{\max V_{ij}-\min V_{ij}} \tag{3-1}$$

当指标为逆向指标时：

$$X_{ij}=\frac{\max V_{ij}-V_{ij}}{\max V_{ij}-\min V_{ij}} \tag{3-2}$$

式（3-1）和式（3-2）中，X_{ij}为标准化值，标准化后的数据按指标类型进行所有年份求和，再进一步求出每个年份所占的比重。

按指标类型进行所有年份求和 p_{ij}：

$$p_{ij}=\frac{X_{ij}}{\sum_{i=1}^{m}X_{ij}} \tag{3-3}$$

计算第 j 项指标第 i 年份指标值的比重 e_j：

$$e_j=-[\ln(m)]^{-1}\sum_{i=1}^{m}p_{ij}\ln p_{ij} \tag{3-4}$$

计算第 j 项指标的信息效用值 d_j 和权重 w_j：

$$d_j=1-e_j \tag{3-5}$$

$$w_j=\frac{d_j}{\sum d_j} \tag{3-6}$$

通过各个指标的权重计算出城镇化的综合发展指数 S：

$$S=\sum_{j=1}^{k}(w_jX_{ij}) \tag{3-7}$$

（三）评价结果

根据熵值法，对 1999—2019 年 12 个指标进行整理计算，得到各指标熵的分值以及权重，见表 3-11。

从表 3-11 可以看出，各指标包含的信息熵不同，权重大小也不同。其中，经济城镇化层面，权重最大的指标是人均工业产值，达到 0.161697；人口城镇化层面，权重最大的指标是总人口增长率，达到 0.096288；社会城镇化层面，权重最大的指标是人均消费品零售总额，达到 0.110552。

表 3-11 青海省城镇化指标体系的熵及权重

目标层	准则层	指标层	熵	权重
城镇化水平	经济城镇化	人均 GDP（元）	0.885365	0.095791
		人均工业产值（元）	0.806494	0.161697
		第三产业占 GDP 比重（%）	0.946912	0.044361
		出口总额（万美元）	0.891080	0.091015
		恩格尔系数（%）	0.912448	0.073160
	人口城镇化	总人口增长率（‰）	0.884842	0.096228
		城镇化率（%）	0.922467	0.064788
		第三产业人数占就业总人数比重（%）	0.955199	0.037437

续表

目标层	准则层	指标层	熵	权重
城镇化水平	社会城镇化	万人拥有在校大学生人数（人）	0.910088	0.075132
		人均消费品零售总额（万元）	0.867700	0.110552
		移动电话用户（万户）	0.917822	0.068669
		医疗机构数（个）	0.902863	0.081170

通过计算，可得到青海省1999—2019年城镇化综合水平，以及经济城镇化水平、人口城镇化水平和社会城镇化水平，见表3-12。从表3-12和图3-4可以看出，1999—2019年，青海省城镇化综合水平呈现先降后升的变化趋势，各子系统发展水平变化趋势不完全一致，基本先降后升，初期阶段社会城镇化发展滞后于经济城镇化和人口城镇化，2005年以后经济城镇化与社会城镇化发展显著，人口城镇化水平增长较为迟缓，表现出发展的不协调。

表3-12　1999—2019年青海省城镇化发展水平

年份	城镇化综合水平	经济城镇化水平	人口城镇化水平	社会城镇化水平
1999	0.211633	0.099439	0.103497329	0.008696797
2000	0.199645	0.095164	0.092751475	0.011729035
2001	0.181234	0.083528	0.082093868	0.015612201
2002	0.171780	0.073645	0.077566182	0.020568372
2003	0.178409	0.089402	0.066353533	0.022652538
2004	0.179542	0.094504	0.056513703	0.028524000
2005	0.183495	0.089873	0.054410374	0.039212206
2006	0.230910	0.107006	0.047250848	0.076653854
2007	0.248406	0.111531	0.050077438	0.086797392
2008	0.287825	0.140705	0.044035515	0.103083522
2009	0.305012	0.136288	0.048433691	0.120290498
2010	0.358674	0.158545	0.063518471	0.136611498
2011	0.400231	0.181748	0.064561494	0.15392187
2012	0.420955	0.174266	0.071451979	0.175237238
2013	0.446950	0.186742	0.072838877	0.187369924
2014	0.504749	0.209934	0.085227873	0.209586093

续表

年份	城镇化综合水平	经济城镇化水平	人口城镇化水平	社会城镇化水平
2015	0. 556024	0. 244511	0. 089023202	0. 222489299
2016	0. 575764	0. 239637	0. 093410275	0. 242717186
2017	0. 708760	0. 297145	0. 099503376	0. 312111723
2018	0. 701596	0. 314374	0. 102285078	0. 284937781
2019	0. 735029	0. 298624	0. 102225000	0. 334180000

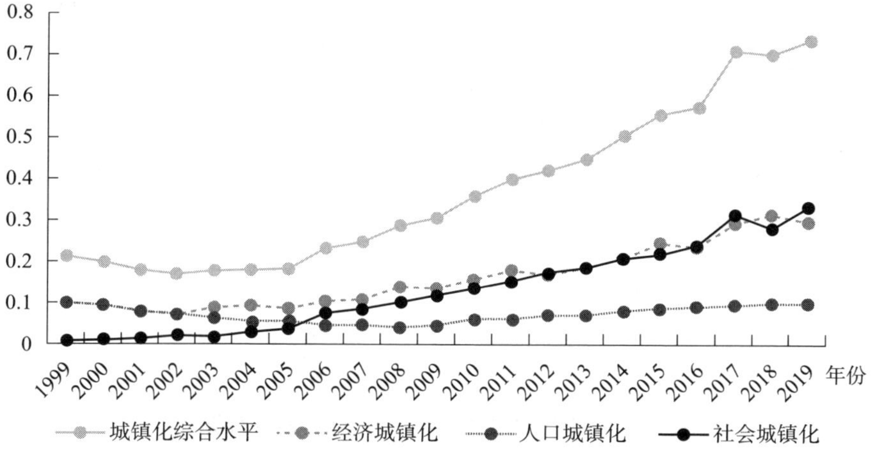

图 3-4　1999—2019 年青海省城镇化发展水平

四、结论与对策

从表 3-12 和图 3-4 可以看出，青海省城镇化综合水平在 2005 年以前较为平稳，在 2005 年以后提升速度加快。随着城市发展和城镇化水平提高，第三产业就业人数明显增多，这对青海城镇化建设有推动作用。本章从经济、人口和社会三个层面构建新型城镇化指标体系，对 1999—2019 年青海省城镇化发展水平进行计算。计算结果表明，在城镇化进程中，社会及经济是我们不可忽略的两大因素。2005 年以后，青海省经济城镇化水平和社会城镇化水平提升速度明显快于人口城镇化水平，说明在城镇化水平的综合测度中，人口因素是制约青海省城镇化发展的关键因素。为此，本章提出青海省以人为核心的新型城镇化建设应遵循的原则、前提条件与对策。

（一）青海省以人为核心的新型城镇化建设应遵循的原则

以人为核心的新型城镇化建设既要关注居民生老病死、衣食住行等物质条件的改善，保障安居乐业，也要注重文化传承和精神家园建设。第一，要坚持按照主体功能区来引导经济布局和人口分布，使人口城镇化与资源环境承载能力相适应。第二，既要对重点城镇进行重点开发，提高城镇化建设成效，又要将城镇化与农村现代化建设相结合，使城乡居民都享受到城镇化发展的物质文明和精神文明成果。第三，重视产业发展与就业相结合。第四，在充分评估资源环境系统承载力的基础上，规划经济发展，促进人口、生态、经济、社会协调和可持续发展。

（二）青海省以人为核心的新型城镇化建设的前提条件

一是营造良好的社会环境；二是夯实区域经济基础；三是重视科学技术发展；四是始终坚持保护生态环境；五是要遵循经济发展规律，不急于求成。青海省区域经济整体发展目前仍处在工业化中期，因此不必急于实现形式上的城乡一体化，更重要的是完善“点—轴”空间结构系统，发展壮大各级节点城市和城镇，优化城镇体系，改善城乡交通基础设施条件。

（三）青海省以人为核心的新型城镇化建设的对策

第一，合理规划，优化城镇体系结构。围绕“一群两区多点”，重点提升中心城市竞争力；壮大村集体经济，促进就近就地城镇化，巩固脱贫成果；在有条件的地区，将村集体经济的发展与小城镇结合起来，以小城镇现有基础设施等资源作为载体，发展非农产业，壮大村集体经济，进而引导农牧民就近就地城镇化。

第二，在保护生态环境的前提下做强产业，促进就业与增收。依托六次产业①发展，促进农牧民就业和收入提升；要按照六次产业的思路推进产业与就业协调发展，提高城镇化进程中的城乡居民收入水平；要重新认识青藏高原农牧业竞争优势，发展特色农牧业；把青藏高原特色农产品作

① 六次产业是一个形象的说法，与我国一直提倡的让农业“接二连三”内涵一致，即鼓励农户搞多种经营，延长产业链条，不仅种植农作物（第一产业），而且从事农产品加工（第二产业）与流通、销售农产品及其加工产品（第三产业），以获得更多的增值，促进农业和农村的可持续发展、农民增收。“1+2+3”等于6，“1×2×3”也等于6，“六次产业”给农业带来丰富的想象空间。

为青海融入“一带一路”的生态经济名片，在增强文化自信的同时，获得产业竞争优势，也让外界了解青海、认识青海，提升青海的知名度。

第三，多措并举，缩小城乡发展差距。多渠道推进农牧业现代化，缩小城乡发展差距；多元化筹措建设资金，缩小城乡基础设施与公共服务差距；多主体参与，缩小城乡社会保障差距。

第四，制度先行，提高城乡一体化发展水平。在以人为核心的新型城镇化进程中，需要将人口、土地、资金要素的流转协调统一起来；通过体制机制创新，促进生产要素在城乡间流动；提高城市治理能力和管理水平，增强企业与居民的满意度。

第五，坚持以人为核心的价值导向，加强城市文明建设。提升城市品质，吸引人才流入；提高居民素质，优化社会环境；始终坚持“人既是要素更是主体”① 的原则，重视人的发展和居民作为利益主体的各项诉求；建新改旧，关注居民的生老病死、安居乐业，使居民生活成本下降，获得感和幸福感上升。

---

① 人作为劳动力，是一项重要的生产要素，作为发展的核心，人是发展责任的承担主体，也是发展成果的享有主体。

第四章 县域经济与乡村振兴发展

县域经济由小城镇经济和农村经济组成，是连接城市与农村的桥梁，是以县城为中心、以广大农村为腹地的区域经济；是介于微观经济和宏观经济中间的中观区域经济，是区域经济的一个基本经济单元，并且在整个国民经济发展中扮演着很重要的角色，是现实生活中最贴近老百姓的区域经济。它不仅具有宏观经济的特性，而且具有微观经济的特性，两者对其都有一定的影响，这充分体现了其独立性。习近平总书记在党的十九大报告中指出，农业农村农民问题是关系国计民生的根本性问题，要实施乡村振兴战略。

第一节 大通县经济发展研究

大通回族土族自治县地处青藏高原和黄土高原的过渡地带，位于青海省东部，祁连山麓之南，湟水上游北川河流域。东部隔马鞍山与互助土族自治县相邻，西部以娘娘山与湟中县、海晏县为界，南接西宁市，北隔达坂山与门源回族自治县相望。介于东经100°51′至101°56′、北纬36°43′至37°23′之间，海拔2280~4622米，年均气温5.5摄氏度，年降水量450~800毫米，年内无霜期100~120天。县境东西最长95公里，南北最宽85公里，地形呈桑叶状，总面积3090平方公里。全县辖9镇11乡，289个村委会、20个社区居委会，截至2019年，大通县总人口45.66万，有汉、回、土、藏、蒙古等25个民族，其中少数民族人口21.80万，占全县总人口的47.7%，农业人口38.20万，占总人口的83.7%。大通县作为西宁市的重要组成部分，也是实施乡村振兴战略的主要区域。

一、理论基础

（一）县域经济的内涵与特征

县是中国三级行政单位中介于省、乡之间的一级行政区划。县域是指县级行政管辖内的区域，以县城为中心，以乡镇、村为基本区域单元连接在一起所组成的区域。县域内有统一的行政规划和经济政策。县域经济既包含农村经济，又包含城市经济，属于区域经济的范畴。县域经济是指在县级行政区划内，管理辖区内各种社会经济活动，以市场为主导，县级政权调控为辅助，优化资源配置，发展具有地域特色和功能健全的区域经济。

1. 县域经济的基本特征

（1）区域性。县域经济是指县域区划内的所有社会经济活动。每个县的自然条件、资源禀赋、文化基础、社会环境大相径庭，因此经济发展具有区域性。由于地域性的差异，县域经济发展并不平衡，相当一部分县结合自身的比较优势和资源禀赋，选择适合自己的经济发展路径和模式，并最终形成了具有自身特色的县域经济。各县应立足自身优势，发展特色产业、现代农业、新型工业化、新型城镇化，使自己在市场竞争中具有顽强的生命力。

（2）基础性。县域经济包括城市经济和农业经济，而农业经济是国民经济的基础，因此也有人说县域经济是国民经济的基础。县域经济是一个功能完备的经济单元，它为城市经济发展提供了大量的人力、物力、财力等方面的支持。

（3）差异性。县域经济发展水平存在差异性。这种差异性不仅体现在落后省份和发达省份之间，也体现在同一省份内不同地区之间。经济强县比经济弱县的生产总值要高出好多倍。造成县域经济差异性的原因主要是各县的内部条件和外部条件有差异。

（4）综合性。县域经济是我国国民经济体系的基本组成单元。县域经济是综合性的区域经济，不但包含工业、商业、农业等产业部门，而且包括农林牧渔业等生产部门。县域经济不能像国民经济那样实施“大而全”的战略，应立足自身优势，因地制宜，保护生态，节约资源，重点发展特色产业和重点产业，形成社会经济与生态环境的和谐发展。

2. 县域经济的类型

随着我国市场经济体制的完善，经济发展模式越来越注重开放、自由、创新，各地区结合自己的区位优势、资源优势因地制宜地发展适合自己的经济类型，使县域经济呈现出多样性。当前，学者们对我国县域经济的划分有以下四种方式。

（1）按照所属地形，将县域经济划分为东部沿海地区县域、山地丘陵县域、平原地区县域、高原地区县域等。

（2）按照经济指标，将县域经济划分为贫困县域、欠发达县域、较发达县域、发达县域四种类型。

（3）按照经济带动源，将县域经济划分为政策推动型、当地企业带动型、城市带动型等。

（4）按照产业结构，将县域经济划分为农业主导型、农业和工业互助型、服务业与农业主导型、服务业主导型等。其中，我国中部地区的县域经济主要为农业主导型，东部沿海地区县域经济主要为工业主导型，西部地区的县域经济为资源丰富型。

（二）县域经济发展的理论基础

县域经济是区域经济的基本单元，因此，一般区域经济理论均适用于县域经济发展研究。

1. 均衡增长理论

均衡增长理论认为，社会经济不发达地区长期保持着生产和消费的低水平均衡状态，要提高这些地区的经济发展水平，必须打破原有的均衡状态，使整个区域的经济持续有效增长。该理论为不发达地区脱离贫穷落后的困境、实现经济快速发展提供了一种理论模式。

2. 非均衡增长理论

由于区域差异性的不断增大和均衡增长理论的基础性假设条件与实际情况不符，均衡增长理论已不能满足经济发展研究的需要，在此背景下，非均衡增长理论应运而生。经济落后地区资源有限，不可能对每个部门进行大规模资本投入，只能集中将资本投向具有带动性的部门，让带动性部门的经济优先发展起来，进而带动整个地区的经济增长。对资源相对短缺和经济落后的发展中国家而言，更适合采用非均衡增长理论进行研究。

3. 可持续发展理论

可持续发展，即“既满足当代人的需要，又对后代人满足其需要的能力不构成危害的发展”。可持续发展理论强调人类社会在生态环境承载力之内，以经济与人口、环境、生态和资源相协调为前提，追求经济的快速增长。

二、大通县经济发展现状

大通县物产资源丰富。可利用草场 234 万亩，林地面积 10 万公顷，森林覆盖率 26.4%，位居全省第一。野生植物众多，药用植物有 160 多种，赤芍、茵陈、大黄等远销北京、上海等地。沙棘林面积 12 万亩，白桦林面积 6 万亩，开发生产的沙棘油、沙棘汁、白桦汁等产品具有很高的营养价值和保健功能。土特产品种繁多，蚕豆、蕨菜、活牦牛等畅销国际市场。珍禽异兽有白唇鹿、麝、棕熊、猞猁、蓝马鸡等 20 多种。已探明的矿种达 31 种，其中煤、石英石、白云石、石灰石、方解石、长石、高岭土、黏土等储量可观。水资源丰富，黄河的三级支流北川河贯穿全县。

2019 年，大通县工业经济提质增效，农业发展稳中有进，农村土地承包经营权确权登记颁证工作基本完成。服务业助推经济发展，全县共接待游客 423.57 万人次，实现旅游综合收入 13.34 亿元。基础设施不断完善，扎实推进村镇建设，塔尔镇“美丽城镇”建设项目基本完成。强化生态环境保护，完成人工造林 11.3 万亩、封山育林 6.2 万亩、退耕还林 13.6 万亩。

三、大通县经济发展实证分析

（一）经济发展与城镇化协调度分析

根据区域经济发展规律，随着区域经济发展水平的提高，城镇化水平也会随之上升。西部大开发战略实施以来，大通县总人口略有上升，从

2000 年的 43. 79 万人增至 2019 年的 45. 66 万人，但同一时期乡村人口增长更快，从 33. 45 万人增至 38. 20 万人，因此城镇化率有所下降。表 4-1 列出了部分年份大通县年末总人口与城镇化率。

表 4-1　大通县年末总人口与城镇化率

年份	年末总人口（万人）	乡村人口（万人）	城镇化率（%）
2000	43. 79	33. 45	23. 61
2005	44. 65	34. 59	22. 53
2010	43. 59	36. 16	17. 05
2015	44. 70	37. 32	16. 51
2019	45. 66	38. 20	16. 34

资料来源：《西宁统计年鉴》（2020）。

（二）工业化发展分析

2000—2019 年大通县的工业化发展主要分为两个阶段：第一阶段（2000—2006 年），大通县工业化率处于稳步上升态势；第二阶段（2006—2019 年），大通县工业化率呈波动变化，见表 4-2。一方面，这与大通县进入工业化中期，传统工业带动经济发展能力不足有关；另一方面，受到国际国内经济环境的直接影响，大通县工业产出下降。

表 4-2　2006—2019 年大通县 GDP 与工业化率

年份	GDP（亿元）	工业增加值（亿元）	工业化率（%）
2006	58. 0	10. 7	50. 00
2007	66. 2	11. 2	50. 91
2008	67. 5	12. 7	51. 63
2009	63. 4	17. 7	57. 28
2010	80. 9	24. 2	65. 58
2011	91. 3	29. 6	67. 73
2012	98. 3	42. 8	73. 79
2013	105. 7	48. 5	73. 26
2014	106. 0	46. 1	68. 30
2015	97. 8	40. 5	63. 88
2016	86. 3	54. 7	67. 61

续表

年份	GDP（亿元）	工业增加值（亿元）	工业化率（%）
2017	100.3	61.2	67.03
2018	107.6	63.5	64.60
2019	112.1	66.3	62.72

资料来源：根据《西宁统计年鉴》（2020）整理计算。

（三）产业结构变动分析

1. 产业结构演变

产业结构是在社会再生产过程中形成的产业之间的生产、技术、经济联系。县域产业结构是指县域经济中各类产业的构成和产业间量的比例、质的联系等关系的总和。大通县的三次产业结构比由 2000 年的 12.15∶69.63∶18.22 逐步转变为 2019 年的 17.60∶51.20∶31.20，见表 4-3。总体来看，三次产业绝对产出规模基本呈上升趋势，但是第一产业比重略有下降之后出现回升，第二产业比重先上升后下降，第三产业比重先下降后上升。

表 4-3　大通县生产总值及其构成

年份	生产总值（亿元）	第一产业增加值（亿元）	第二产业增加值（亿元）	第三产业增加值（亿元）	第一产业比重（%）	第二产业比重（%）	第三产业比重（%）
2000	21.4	2.6	14.9	3.9	12.15	69.63	18.22
2005	43.7	3.6	34.4	5.7	8.24	78.72	13.04
2010	80.9	8.5	61.5	10.9	10.51	76.02	13.47
2015	97.8	13.7	63.9	20.2	14.01	65.34	20.65
2019	112.1	19.7	57.4	35.0	17.60	51.20	31.20

资料来源：《西宁统计年鉴》（2020）。

大通县第一产业增加值增长迅速，由 2000 年的 2.6 亿元增加至 2019 年的 19.7 亿元，年均增长 34.6%。第二产业增加值增长迅速，由 2000 年的 14.9 亿元增长到 2019 的 57.4 亿元，年均增长 15.01%。第三产业增加值由 2000 年的 3.9 亿元增加到 2019 年的 35.0 亿元，年均增长 41.97%，同时，第三产业在大通县生产总值中的比重由 18.22%上涨到 31.20%。

2. 就业结构演变

大通县三次产业从业人员比重与增加值比重变化出现不同，表现为第一产业就业比重逐步下降，第二、第三产业就业比重除个别年份有所下降外，绝大部分年份上升，见表 4-4。具体看来，第一产业从业人员比重由 2000 年的 65.08%下降到 2019 年的 29.58%，且在 2008 年以后小于第二产业，第一产业就业人数无论在数量上还是比重上，都出现不同程度的下降。

表 4-4　2000—2019 年大通县从业人员比重　　单位：%

年份	第一产业就业	第二产业就业	第三产业就业
2000	65.08	18.27	16.64
2005	50.51	29.56	19.93
2010	36.15	39.72	24.13
2015	31.90	38.42	29.68
2019	29.58	40.26	30.16

资料来源：2018 年、2019 年大通县国民经济和社会发展情况统计公报、《青海统计年鉴》(2020)、《西宁统计年鉴》(2020)。

根据配第-克拉克定理，随着人均国民收入水平的提高，劳动力首先由第一产业向第二产业转移，当人均国民收入水平进一步提高时，劳动力便向第三产业转移。大通县第一产业就业比重已大幅下降，第二、第三产业就业比重不断提高（个别年份出现下降），见图 4-1。

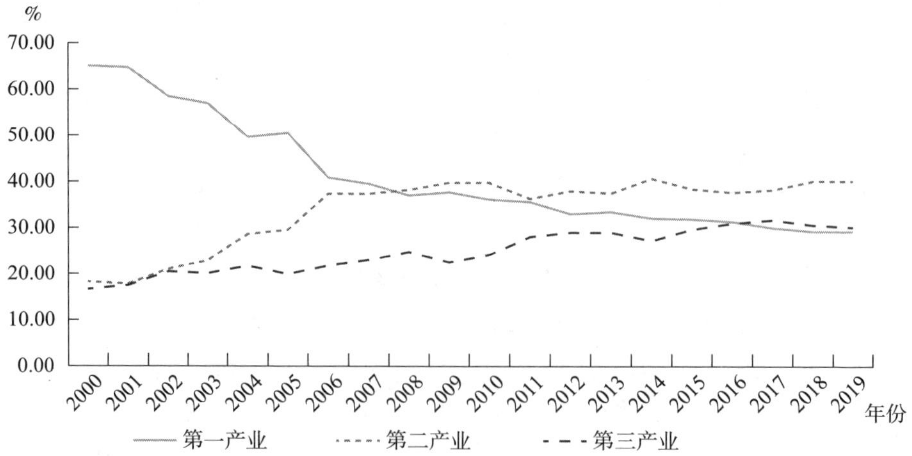

图 4-1　2000—2019 年大通县三次产业就业构成

3. 各产业比较劳动生产率分析

根据库兹涅茨经验法则，第一产业的相对国民收入（比较劳动生产率）小于1，第二产业和第三产业的相对国民收入大于1；第一产业和第三产业的相对国民收入将会随时间的推移不断下降，第二产业的相对国民收入则会随时间的推移而上升。这是因为，第一产业国民收入构成下降的速度快于其劳动力构成下降的速度，第二产业吸附劳动力的能力有限，但国民收入保持上升趋势，第三产业有较强的吸附劳动力的能力。

从图 4-2 可以看出，2000—2019 年大通县第一产业的相对国民收入（比较劳动生产率）都小于1，第二产业的相对国民收入均大于1，第三产业的相对国民收入在 2000—2001 年大于1，其余年份均小于1。总体来看，第二产业的相对国民收入最高，第三产业次之，第一产业最低，且第二、第三产业的相对国民收入总体呈下降趋势，第一产业的相对国民收入呈上升趋势。第三产业出现不符合库兹涅茨经验法则的现象，是由于在第三产业中，以批发零售贸易和餐饮业为主的传统服务业仍占据主导地位，这些行业吸纳劳动力的能力比较强，但产值不如现代服务业高。

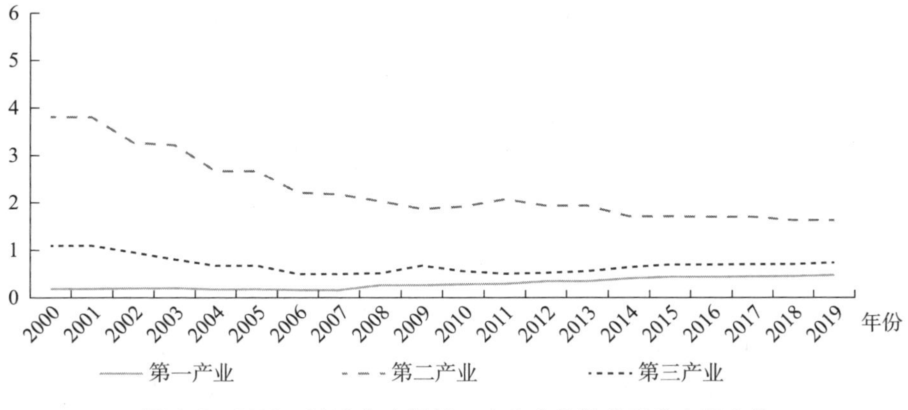

图 4-2　2000—2019 年大通县三次产业比较劳动生产率变化

综上分析可知，2000—2019 年大通县的产业结构并没有呈现库兹涅茨所描述的第一、第三产业比较劳动生产率随时间的推移不断下降，第二产业的比较劳动生产率随时间的推移不断上升的规律。原因在于：第一产业产值比重从 2006 年起不断增加，劳动力比重却在不断下降；第二产业产值比重从 2006 年起不断下降，劳动力比重却在不断增加；第三产业产值比重从 2006 年起不断增加，劳动力比重也在不断增加，后者增速更快。

4. 产业结构偏离度

产业结构偏离度是指三次产业增加值的比重与其劳动力比重之间的差异程度。根据第二章式（2-1），可计算出 2000—2019 年大通县的三次产业结构偏离度（见图 4-3）。

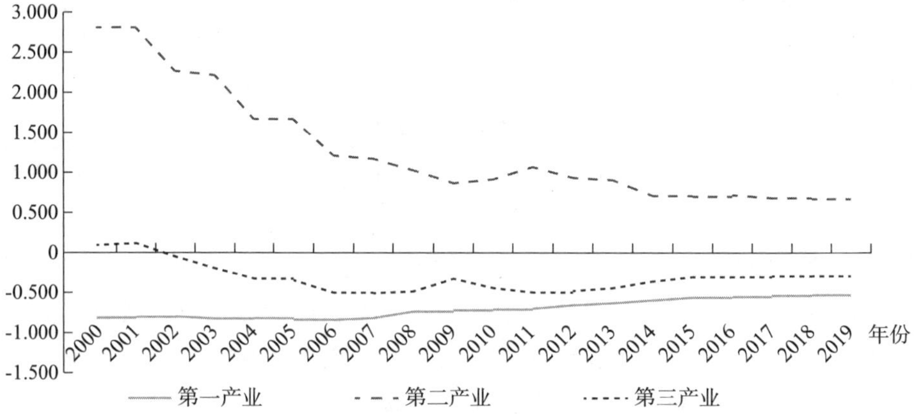

图 4-3　2000—2019 年大通县三次产业结构偏离度

从图 4-3 可以看出，大通县第一产业的结构偏离度为负数，意味着大通县第一产业的就业比重比第一产业占 GDP 比重大，可见，大通县第一产业的劳动生产率还比较低，仍有大量劳动力滞留在农业中。从偏离度绝对值看，近年来第一产业偏离度在不断下降，说明第一产业的产值与就业不协调程度在不断改善，但是未来转移和安置第一产业剩余劳动力的压力有待释放。

第二产业的结构偏离度为正值，说明第二产业的就业比重小于第二产业占 GDP 的比重，且第二产业的偏离度呈下降趋势，从 2000 年的 2. 810 逐渐降至 2019 年的 0. 663。第二产业在吸纳从农业中转移的劳动力方面有一定贡献，但是第二产业增加值的下降也是造成第二产业偏离度下降的重要因素。

第三产业的结构偏离度由正转负，但是绝对值是最小的。相比第一、第二产业，第三产业的产值比重与就业劳动力比重差距较小，两者关系较为协调，原因是第三产业尤其是传统服务业发展迅猛。第三产业尤其是传统服务业进入门槛不高，不期待有大量资本和技术的注入，劳动者只要进行简单培训具备一定的学习能力即可，因而能较好地容纳从第一、第二产业转移出来的劳动力，也正因大通县现在的第三产业中，传统服务业仍占据主导地位，产值贡献较小，所以第三产业结构偏离度为负。发展迅速的新兴产业对人才的综合素质要求较高，就业门槛不似传统部门那么低，倘若第三产业无法实现一定程度的创新，就业能力要想提高就会受到一定限制。

综上所述，大通县三次产业增加值和就业结构都存在不同程度的不协调。第一产业的产业结构和就业结构偏离度较大且为负值，劳动力不断流出，造成其他部门就业压力增大；第二产业结构偏离度绝对值最大，但近年来产业增加值与就业结构的差距在不断减小；而第三产业先期产业增加值与就业结构的差距在逐渐向零靠拢，之后降为负值，说明急需发展现代服务业。

（四）城镇化与工业化协调程度分析

国际上通常采用 IU 比和 NU 比两个指标来测度一个国家或地区的城镇化、工业化和非农化之间的发展关系。IU 比是指工业就业比率与城镇化率的比值，NU 比是指非农产业就业比率与城镇化率的比值。其中，I 表示工业就业比率（工业就业人数=第二产业就业人数-建筑业就业人数），N 表示非农产业就业比率（非农产业就业比率是指从事第二、第三产业的人口占总就业人口的比率），U 表示城镇化率。当三者发展较为协调时，IU 比大致为 0.5，NU 比大致为 1.2。若 IU 比明显小于 0.5，而 NU 比明显小于 1.2，则说明城市不仅集中了从事非农产业的人口，而且集中了相当数量的农业人口，即城镇化超前发展了。相反，若 IU 比明显大于 0.5，而 NU 比明显大于 1.2，则说明大量从事非农产业的劳动力仍然滞留在农村地区，城镇化发展滞后。

考虑数据的可获取性，我们选取 2018 年和 2019 年的数据进行计算，得到这两年大通县的 IU 比和 NU 比（见表 4-5）。

表 4-5　2018—2019 年大通县 IU 比与 NU 比

年份	U（%）	I（%）	N（%）	IU 比	NU 比
2018	15.70	18.99	58.71	1.21	3.74
2019	16.34	18.46	62.42	1.13	3.82

资料来源：2019—2020 年《西宁统计年鉴》；2018 年、2019 年大通县国民经济和社会发展情况统计公报。

由表 4-5 可知，2018 年和 2019 年的 IU 比均明显大于 0.5，NU 比均大于1.2，说明大通县的城镇化发展滞后，仍有大量从事非农产业的劳动力滞留于农村地区。

四、结论

（一）大通县城镇化严重滞后于经济发展

西部大开发战略实施以来，大通县总人口略有增加，从2000年的43.79万人增至2019年的45.66万人，但同一时期乡村人口增长更快，从33.45万人增至38.20万人，因此城镇化率表现出下降现象。大通县城镇化水平与地区生产总值表现出负相关关系，这违背了城镇化的经济效应，大通县的城镇化严重滞后。

（二）大通县工业化水平不高，工业化率明显下降

大通县进入工业化中期阶段，但工业化率明显下降。分析原因，主要有两点：一是与传统工业带动经济发展能力不足有关；二是受到国内外经济环境的直接影响，大通县工业产出下降。

（三）大通县产业结构偏离明显，亟须转型

大通县的三次产业结构比由2000年的12.15∶69.63∶18.22逐步转变为2019年的17.60∶51.20∶31.20。总体来看，三次产业绝对产出规模呈现上升趋势。大通县三次产业就业比重与增加值比重变化出现不同，表现为第一产业就业比重逐步下降，第二产业就业比重先增长后下降，第三产业就业比重则先下降后增长。但是，从各产业比较劳动生产率来看，2000—2019年大通县的产业结构并没有呈现库兹涅茨所描述的第一、第三产业比较劳动生产率随时间推移不断下降，第二产业的比较劳动生产率随时间推移不断上升的规律。

大通县三次产业增加值和就业结构存在不同程度的不协调。第一产业的产业结构和就业结构偏离度较大且为负值，劳动力不断流出，造成其他部门就业压力增大；第二产业结构偏离度最大，但近年来在不断减小；而第三产业结构偏离度前期在逐渐向零靠拢，之后降为负值，说明亟须发展现代服务业。

（四）大通县城镇化滞后于工业化

从城镇化与工业化协调程度来看，大通县的城镇化发展滞后，仍有大量从事非农产业的劳动力滞留于农村地区。大通县的工业化发展并不能有效带动城镇化发展，必须寻求资源型工业转型升级。

此外，为了促进大通县县域经济健康发展，重点应当研究大通县产业结构转型升级的方向，借助互联网大力发展共享经济，实现产业数字化和数字产业化转型，并且始终坚持实施产业结构绿色转型。

第二节　大通县精准扶贫绩效评价

依据国家脱贫攻坚验收主要指标，结合大通县具体情况，设计精准扶贫评价指标体系，进行初步评估，对于找到脱贫工作中存在的问题、设计精准帮扶措施、巩固脱贫成果、实现乡村振兴具有重要意义。

一、评价依据

评价的主要依据是国家脱贫攻坚验收主要指标，具体包括以下六项内容：

第一，精准识别情况：①贫困户申请；②入户调查表；③贫困户评议会议记录；④两公示一公告；⑤影像资料。

第二，退出准确率：①贫困户脱贫申请；②民主评议会议记录；③两公示一公告；④影像资料。

第三，满意度测评：①帮扶单位帮扶满意度测评；②帮扶责任人帮扶满意度测评；③扶贫项目实施效果满意度测评。

第四，各项政策落实情况：①各类表册统计上报情况；②各项扶贫项目实施方案、批复、报账资料等。

第五，脱贫攻坚工作推进情况。

第六，脱贫计划完成情况。

二、大通县精准扶贫绩效实证分析

（一）评价思路设计

第一，根据精准扶贫的内涵以及国家、青海省和大通县脱贫攻坚相关考核内容，设计评价指标体系，并通过专家咨询法进行修改和完善。

第二，根据精准扶贫的相关文件，设计入户调查表，并在每个乡镇选取5户做入户调查。

第三，对各县人口权重进行加权，得到2016年大通县精准扶贫绩效评价结果。

（二）评价指标体系

大通县精准扶贫绩效评价指标体系紧密围绕“六个精准”（扶贫对象精准、项目安排精准、资金使用精准、措施到户精准、因村派人精准、脱贫成效精准）设计具体评价指标、指标权重和得分依据。

具体评价指标以及得分依据见表4-6。

表4-6 大通县精准扶贫绩效评价指标体系

目标层	准则层	指标层	指标解释	得分依据
大通县精准扶贫绩效评价指标体系	扶贫对象精准（15分）	扶贫对象确定（5分）	扶贫对象选择的准确性	有明确的依据，有明确的标准，得5分； 有明确的依据，无明确的标准，得3分； 无依据，无标准，得0分
		建档立卡（5分）	全部贫困对象建档立卡	卡片数量齐全、信息完整，得5分； 卡片数量不齐全、信息完整，得4分； 卡片数量齐全、信息不完整，得3分； 卡片数量不齐全、信息不完整，得0分
		公示制度（5分）	各乡村实施扶贫对象、脱贫人员名单公示制度	有公示制度，并且工作档案信息记录完整，得5分； 有公示制度，但工作档案信息记录不完整，得3分； 有公示制度，无工作档案信息记录，得1分； 无公示制度，无工作档案信息记录，得0分
	脱贫成效精准（20分）	贫困村脱贫（5分）	完成脱贫村	完成脱贫目标100%，得5分； 完成脱贫目标90%~99%，得4分； 完成脱贫目标80%~89%，得3分； 完成脱贫目标70%~79%，得2分； 完成脱贫目标69%及以下或者无该项目标，得0分
		贫困户脱贫（5分）	完成脱贫户	完成脱贫目标100%，得5分； 完成脱贫目标90%~99%，得4分； 完成脱贫目标80%~89%，得3分； 完成脱贫目标70%~79%，得2分； 完成脱贫目标69%及以下或者无该项目标，得0分
		返贫情况（10分）	脱贫后返贫村、脱贫后返贫户	贫困村脱贫后返贫率：小于3%，得5分；大于等于3%，得0分； 贫困户脱贫后返贫率：小于3%，得5分；大于等于3%，得0分

续表

目标层	准则层	指标层	指标解释	得分依据
大通县精准扶贫绩效评价指标体系	资金使用精准（20分）	独立建账（5分）	财政扶贫资金单独设账，有原始凭证	单独设账，原始凭证齐全，得5分； 单独设账，原始凭证不齐全，得4分； 单独设账，无原始凭证，得3分； 未单独设账，无原始凭证，得0分
		精准使用（10分）	财政扶贫资金审批、使用审核手续完整	资金审批、使用审核手续完整，得10分； 资金审批、使用审核手续不完整，得5分； 无审批、使用审核手续，得0分
		严格监督（5分）	财政扶贫资金监督、检查机制	有财政扶贫资金监督机构，有监督检查制度，有记录，得5分； 有财政扶贫资金监督机构，有监督检查制度，无记录，得4分； 有财政扶贫资金监督机构，监督检查制度不完善，得3分； 无财政扶贫资金监督机构，无监督检查制度，得0分
	措施到户精准（10分）	设置不同的帮扶措施（5分）	对不同的贫困户，设置不同的帮扶措施	100%符合，得5分； 80%～99%符合，得3分； 60%～79%符合，得1分； 59%及以下，得0分
		扶贫政策落实到户（5分）	政策宣传、落实情况	政策传达及时、全面，落实迅速，得5分； 政策传达不及时、不全面，落实不迅速，得0分
	项目安排精准（20分）	项目安排有特色（5分）	项目安排有特色	项目80%以上有地方特色，得5分； 项目60%～79%有地方特色，得3分； 项目59%及以下有地方特色，得0分
		项目安排有可操作性（5分）	项目安排有可操作性	项目80%以上有可操作性，得5分 项目60%～79%有可操作性，得3分 项目59%及以下有可操作性，得0分
		集体经济有发展前景（10分）	集体经济有发展前景	集体经济发展前景良好，得10分； 集体经济发展前景一般，得8分； 集体经济发展前景不好，得0分
	因村派人精准（15分）	驻村帮扶人员适合度（7分）	对不同的贫困村，派驻适宜的帮扶人员	100%适合，得7分； 80%～99%适合，得5分； 60%～79%适合，得3分； 59%及以下适合，得0分

续表

目标层	准则层	指标层	指标解释	得分依据
大通县精准扶贫绩效评价指标体系	因村派人精准（15分）	对当地精准扶贫责任人员满意度（6分）	第一书记	对第一书记工作满意度为85%以上，得6分； 对第一书记工作满意度为70%~84%，得3分； 对第一书记工作满意度为69%及以下，得0分
		对外派入村帮扶人员满意度（2分）	社会帮扶人员	社会帮扶人员懂技术、懂生产，指导成效显著，得2分； 社会帮扶人员不懂技术、不懂生产，指导成效不显著，得0分
合计得分				

（三）评价过程与结果

1. 评价过程

第一，调查评价对象的基本情况。

大通县脱贫攻坚的考核对象为20个乡镇，116个贫困村，31897贫困人口。本次精准扶贫绩效评价涉及2016年度脱贫考核的19个乡镇71个贫困村，4645户贫困户，共有贫困人口16871人。

第二，实施精准扶贫绩效考核。

通过与大通县精准扶贫相关职能部门充分沟通，初步制定精准扶贫绩效评价指标体系，在咨询专家后进行修改，形成正式的大通县精准扶贫绩效评价指标体系表。

通过大通县政府办公室等相关部门，向2016年涉及脱贫任务的19个乡镇发放精准扶贫绩效考核评价指标体系表，进行调查评分。在调查得分基础上，以该乡镇贫困人口占总贫困人口的比重作为权重，计算出大通县2016年度精准扶贫综合得分。

通过大通县政府办公室等相关部门，向19个乡镇的165户贫困户发放调查问卷，结合实地走访情况，整理调查问卷资料。

2. 评价结果

从调查评分结果来看，16个乡镇2016年度精准扶贫绩效考核综合得分在90分以上，加权平均的全县精准扶贫综合得分为92.41分。其中，在扶贫对象精准方面，有 3 个乡镇扶贫对象准确性不够，3 个乡镇建档立卡完整性不够；在脱贫成效精准方面，有 3 个乡镇贫困户脱贫任务没有完成；在资金使用精准方面，有 5 个乡镇审批审核手续不完整，4 个乡镇存在资金严格监督不足；在措施到户精准方面，有 1 个乡镇未做到对不同的贫困户设置不同的帮扶措施；在项目安排精准方面，有 4 个乡镇扶贫项目特色不足，19 个乡镇集体经济发展前景不佳；在因村派人精准方面，有 5 个乡镇存在驻村帮扶人员适合度不足，6 个乡镇对扶贫责任人满意度不高，2 个乡镇对社会帮扶人员满意度不高。

3. 评价偏差分析

大通县 2016 年度精准扶贫绩效评价负偏离指标统计见表 4-7。

表 4-7 大通县 2016 年度精准扶贫绩效评价负偏离指标统计 单位：个

目标层	准则层	指标层	指标解释	2016 年度出现负偏离的乡镇（个）
大通县精准扶贫绩效评价指标体系	扶贫对象精准	扶贫对象确定	扶贫对象选择的准确性	3
		建档立卡	全部贫困对象建档立卡	3
		公示制度	各乡村实施扶贫对象、脱贫人员名单公示制度	1
	脱贫成效精准	贫困村脱贫	完成脱贫村	0
		贫困户脱贫	完成脱贫户	3
		返贫情况	脱贫后返贫村、脱贫后返贫户	0
	资金使用精准	独立建账	财政扶贫资金单独设账，有原始凭证	1
		精准使用	财政扶贫资金审批、使用审核手续完整	5
		严格监督	财政扶贫资金监督、检查机制	4
	措施到户精准	设置不同的帮扶措施	对不同的贫困户，设置不同的帮扶措施	1
		扶贫政策落实到户	政策宣传、落实情况	0
	项目安排精准	项目安排有特色	项目安排有特色	4
		项目安排有可操作性	项目安排有可操作性	0
		集体经济有发展前景	集体经济有发展前景	19

续表

目标层	准则层	指标层	指标解释	2016 年度出现负偏离乡镇（个）
大通县精准扶贫绩效评价指标体系	因村派人精准	驻村帮扶人员适合度	对不同的贫困村，派驻适宜的帮扶人员	5
		对当地精准扶贫责任人员满意度	第一书记	6
		对外派入村帮扶人员满意度	社会帮扶人员	2

资料来源：根据调查问卷整理。

从表 4-7 中可以清晰看出，2016 年度大通县各乡镇精准扶贫绩效评价负偏离指标分布情况。首先，出现负偏离最多的指标是“集体经济有发展前景”，有 19 个乡镇出现负偏离；其次，是“对当地精准扶贫责任人员的满意度”，有 6 个乡镇出现负偏离；再次，是扶贫资金“精准使用”、“驻村帮扶人员适合度”，均有 5 个乡镇出现负偏离；然后，是“项目安排有特色”和扶贫资金“严格监督”，均有 4 个乡镇出现负偏离。其余指标负偏离出现的乡镇数量较少，说明执行较好。

4. 贫困户入户调查结果分析

本次入户调查涵盖大通县 2016 年度脱贫考核任务的 19 个乡镇 165 户贫困户。入户调查结果分析如下：

第一，贫困户家庭生活设施调查结果分析。

由大通县 165 户贫困户的入户调查情况（见表 4-8）可知，有安全饮用水的有 162 户，占总调查对象的 98.2%；通电的有 164 户，占比为 99.4%；通电话的有 154 户，占比为 93.3%；能收看电视节目的有 160 户，占比为 96.7%；安装宽带的有 31 户，占比为 18.8%。

表 4-8 贫困户家庭生活设施入户调查情况

项目	贫困户数（户）	占比（%）
有安全饮用水	162	98.2
通电	164	99.4
通电话	154	93.3
能收看电视节目	160	96.7
安装宽带	31	18.8

资料来源：根据调查问卷整理。

从表 4-8 中可以看出，大通县贫困户家庭生活设施较为齐全，90%以上的贫困户家庭有安全饮用水，通了电和电话，能够收看电视节目。这些基本生活设施能够有效促进贫困户生活条件改善，有助于贫困户对外交流、接收信息、开阔眼界。但是，在 165 户被调查对象中，仅有 31 户安装了宽带，只占 18.8%，其余家庭没有互联网设施，不利于在信息化社会中更迅捷地掌握生产经营信息。

第二，贫困户家庭需要的帮扶项目统计（见表 4-9）分析。

通过对大通县 165 户贫困户进行入户调查可知：需要得到种植产业或养殖业项目支持的有 89 户，占比为 53.9%；希望获得低保保障的有 58 户，占比为 35.2%；希望提供贷款发展产业的有 42 户，占比为 25.5%；希望得到实用技术培训的有 36 户，占比为 21.8%；希望得到医疗救助的有 31 户，占比为 18.8%；希望解决子女就学问题的有 21 户，占比为 12.7%；此外，有 13 户希望房屋改造或移民搬迁，12 户希望得到残疾人扶持，11 户希望解决自来水的问题。

表 4-9　贫困户家庭需要的帮扶项目统计

项目	贫困户数（户）	占比（%）
种植产业或养殖业项目支持	89	53.9
低保保障	58	35.2
提供贷款发展产业	42	25.5
实用技术培训	36	21.8
医疗救助	31	18.8
子女就学	21	12.7
房屋改造或移民搬迁	13	7.9
残疾人扶持	12	7.3
自来水	11	6.7
农机具补贴	4	2.4
幼儿入园	3	1.8
村组道路	3	1.8
其他：子孙就业	1	0.6

资料来源：根据调查问卷整理。

三、结论与存在的问题

（一）结论

根据前文分析，我们得出以下六个结论：

第一，在项目安排精准方面，4 个乡镇扶贫项目特色不足，各乡镇扶贫措施大致相同，不利于发挥地区优势，不利于差异化发展，不利于提升贫困村竞争力。调查发现，19 个乡镇集体经济发展前景不佳，不能发挥带动作用。集体经济发展长效性不足，不利于形成稳定脱贫的产业增长点，这也是导致返贫的重要因素之一。

第二，在脱贫成效精准方面，由于一些贫困村选择的扶贫产业发展长效性不足，精准扶贫责任人员业务能力有限，以及区位条件差，人口素质低，脱贫成果较难巩固，容易出现返贫。

第三，在扶贫对象精准方面，大通县有 5 个乡镇出现负偏离。扶贫对象选择机制不合理，标准不明确，导致应扶贫的未扶持，从而直接影响扶贫成效。

第四，在因村派人精准方面，部分乡镇安排的第一书记以及其他负责人（驻村工作队）虽具备行政能力，但基层经验不足，存在工作不够扎实、不深入调查市场、对经济发展规律掌握不清等问题，在发展经济、带领脱贫方面成效不显著。

第五，在资金使用精准方面，扶贫资金严格监督不足，资金使用手续不完整，从而阻碍了有限的扶贫资金发挥最大效用。

第六，在措施到户精准方面，对于一般的生产生活设施，到户成效比较明显。但是，在不同家庭的产业扶持、子女教育、医疗卫生方面的精准帮扶不足。

（二）存在的问题

入户调查情况可反映出以下两个问题：

第一，从贫困户家庭生活设施调查结果来看，虽然 90%以上的贫困户实现通电、通电话，能够收看电视节目，有安全饮用水，但没有实现全覆盖，特别是互联网设施方面，仅有 31 户安装宽带，占调查对象的 18.8%，其余家庭均没有安装。未能实现网络联通，也没有培训村民使用互联网，是一个明显的基础设施短板。

第二，从贫困户家庭需要的帮扶项目统计结果可以看出，现阶段扶贫工作还在浅层，对贫困户种植产业或养殖业项目进行专门扶持十分欠缺，实用技术培训也不足；贫困户中有 58 户（占比为 35.2%）希望获得低保保障，反映出这一部分贫困户没有强烈的靠自己脱贫的意愿，因此要十分重视扶贫先扶志；希望获得贷款发展产业的有 42 户（占比为 25.5%），说明金融扶贫工作仍需从多层面加强；希望得到医疗救助的有 31 户（占比为 18.8%），说明目前的医疗体制还需改革，以免更多人口因病致贫或因病返贫。

（三）实施精准扶贫、巩固脱贫成果的原则

1. 避免简单扶贫导致脱贫假象

所谓简单扶贫，是指对于特困户，在帮扶过程中，扶贫责任人只是想办法送去一定的资金、生活用品、生产资料（如种子、树苗等），或者对其房屋进行修建、改造等。这些措施只能暂时改善贫困户的生活条件，并不能增强其造血功能，容易造成脱贫假象，或者当年确实已经脱贫，而次年一旦离开帮扶资金和物资就会立即返贫。因此，简单扶贫不是真扶贫，需要建立长效机制，使扶贫效果具有可持续性。只有增强贫困户的造血功能，才能帮助他们真正实现永久脱贫。

2. 扶贫注重扶人气

贫困人口大多属于老、弱、病、残人员，或者是留守儿童、老人，或者是“五保户”老人，年轻力壮、有知识、有文化的农民外出打工使得农村出现“空壳”现象，这是导致农村发展滞后的重要原因。劳动力问题是产业扶贫的关键问题，也是最难解决的问题。因此，在当地办产业吸引年轻劳动力就近就业，是当前及以后开展扶贫工作的关键，如发展村级集体产业，因地制宜地创新，打造贫困户从产业发展中分享成果的“盈利模式”。开展村级集体产业，需要将涉农资金、扶贫资金和其他资金整合起来，将所有能劳动的村民聚集起来，开展相应的技能培训，由村干部或者致富能人牵头，带领村民走上集体致富之路。当然，政府有必要对这种村级集体产业进行政策扶持，如减免税等，尤其是解决产品销售门路问题，这是产业扶贫成功的关键。

3. 切忌盲目投资不计绩效

为了开展扶贫工作，国家、地方各级政府、企业及社会爱心人士筹集了大量的扶贫资金，这些资金由地方各级政府来规划使用，有些项目的开展可能仅仅是某些领导的一厢情愿（打造面子工程），并无经济效益可言。比如，在条件不具备的贫困村镇开发旅游项目，这些地方远离城市、交通不便且道路极为不安全、区位闭塞（不通往任何其他乡镇或城市）、无原生旅游景点等。类似的扶贫项目，会消耗巨额资金，是不符合成本效益原则的。为把有限的资金用到刀刃上，应该建立配套的绩效评价机制，对于每个项目，在开展前做可行性分析，在开展后进行绩效评价，并且与责任人的年终考核挂钩，避免盲目投资。

（四）县域精准扶贫、巩固脱贫成果的创新措施

第一，创新精准扶贫实施机制。具体包括：创新投融资机制、创新镇村治理机制、创新农村产权交易机制、创新土地综合利用机制、创新公共服务均等化机制。

第二，因户施策，确保真扶贫。对因病、因残、因灾、因学致贫的困难户，提高最低保障标准，开展大病医疗救助，实行“兜底”扶贫。对于缺资金的困难户，开展“滴灌式”扶贫，分村分户建立产业帮带措施，直接将产业发展资金补助到人、到户。对于缺技术、缺文化、缺劳力、无致富门路的困难户，开展“喷灌式”和“池塘式”扶贫，实施国土整治、农业综合开发、种养殖配套等惠农项目，形成“一村一品”“一区一园”的产业布局，并开展技术培训；或者通过农民合法产权参股，建立新型农民专业合作组织，让农民从规模化经营中分享红利。对于居住环境恶劣的困难户，坚持统一规划、群众自愿、差额奖补、梯次搬迁的原则，引导贫困人口向条件较好的地区搬迁；鼓励搬迁户建设特色民居，发展配套产业，确保“搬得出、稳得住、能致富”。对全部困难户实施思想扶贫，开展职业技能培训，提升贫困对象劳动技能，鼓励他们通过就业创业告别贫困。

第三，精准管理是确保扶贫责任得以落实的关键。首先，对档案资料的管理要精准，要使之能够反映扶贫政策落实情况及执行效果。其次，对扶贫对象的管理要精准，确保应扶尽扶，不能遗漏。最后，对承担帮扶任务的主体的管理要精准，调查其工作方法与成效，采取有效的激励措施，

以发挥其工作积极性，提高扶贫工作质量。

第四，基础设施是发展经济的重要支撑条件，但是部分贫困村地理位置偏僻，村民居住分散，基础设施建设投资大，实施难度大。进一步推进吊庄移民和集中安置，既能有效解决基础生活设施问题，又有助于贫困户在区位条件相对较好的地区改善生产生活条件。调查中反映出的贫困户子女入学难问题，主要是高中就学难，应当通过教育资源均衡配置，帮助贫困户子女提高受教育水平。

第五，为了巩固扶贫效果，应建立过程、结果双向考核机制，采用定量、定性双重评价方法进行考核。

第三节　乡村旅游发展调查：以乡趣卡阳为例

卡阳村位于青海省西宁市湟中区拦隆口镇西南部，地处脑山地区，海拔 2520~2780 米。山大沟深、交通不便、农业结构单一等诸多原因导致该村经济发展落后，是省定贫困村之一。但是，卡阳村区位优势显著，距拦隆口镇政府驻地 5 公里，距湟中区 35 公里，距西宁市区 31 公里；村内有上五庄国营林场卡阳林区，森林覆盖率达 81.1%，是距离西宁市最近的原始林区和高山牧场，风景优美，空气清新，被誉为“天然氧吧”。2015 年，湟中区通过招商引资，引进西宁乡趣农业科技有限公司对卡阳进行整体开发建设。目前，卡阳村已建成游客接待服务中心、乡村民俗体验居住区、户外健身休闲基地、房车营地、恐龙谷、国防爱国主义教育基地等，配套了徒步木栈道、水滑道等娱乐设施，完成投资 9000 余万元，乡村旅游初具规模（孙发平、县永平，2019）。

一、案例背景

乡趣卡阳景区是当前西宁市湟中区乡村旅游产业发展的典型代表，主要做法及经验是以党建促发展、突出规划引领、引导村民共建、整合项目资源、强化服务保障。景区存在的主要问题如下：一是要素短板突出，接待能力较弱；二是短期盈利能力较差，融资发展困难；三是融合发展不足，业态不够丰富；四是行业竞争激烈，同质化现象突出。促进乡趣卡阳景区发展的对策建议有精准定位市场需求、拓宽景区融资渠道、全面延伸产业链条、注重区域协同发展、创新宣传营销方式、培育壮大人才队伍、强化旅游服务保障。

湟中区西、南、北三面环围西宁市，县城鲁沙尔镇距西宁市仅25公里，在发展乡村旅游方面有着得天独厚的区位优势。同时，县域内旅游资源丰富，是古代“丝绸之路”“唐蕃古道”的重要通道，自然风光秀美，文化资源丰富，山水林田湖、乡土民俗等乡村旅游发展要素一应俱全。近年来，湟中区按照“以点带线、以线串面、条块结合、整体推进”的发展思路，着力构建“两川四区三线”乡村旅游新格局。

二、乡趣卡阳乡村旅游发展现状

（一）高标准完成美丽乡村建设

按照“村庄即景区，景区即村庄”的发展理念，统筹谋划卡阳村和乡趣卡阳景区建设。高标准完成卡阳高原美丽乡村建设，按照景区风貌标准修建了村级综合办公服务中心、文化广场、舞台，配备健身器材，安装太阳能路灯，农户院落实现了风貌统一，边渠河道完成安全治理，村道路肩实现铺装整治，健全完善了村规民约、卫生保洁等长效机制，村庄“软硬件”短板同步补齐，彻底整治了以往的脏、乱、差现象，村庄面貌焕然一新。丰富景观元素，完善旅游要素，先后完成了景区商务中心、大型停车场、旅游公路等建设项目，建成了西北首个700米高的山水滑道，依山建设了18公里木栈道，长度为全国同类景区之最，将核心原始森林景观、房车营地、自然科普基地、国防教育博览中心等功能区无缝串联，既为游客徒步游玩提供了便捷通道，也为景区生态保护搭建了平台。“卡阳花海”已成为景区标志性景观，被誉为“西宁新八景之一”。目前，乡趣卡阳景区年接待游客可达30余万人次，于2018年3月获批国家AAAA级旅游景区。

（二）产业扶贫效益显著

乡趣卡阳景区的发展，带动村民发展农家乐、参与旅游业，共吸纳39名贫困劳动力在景区务工，组织120余名劳动力转移就业；注重金融扶贫，2016年开通了“530”金融扶贫贷款，已为40户贫困户发放200余万元贷款资金；带动17户29人发展养殖合作社；以农户为主体发展餐饮经济，为25户贫困户配备了餐饮设施设备，鼓励和帮扶贫困户开办“农家乐”“藏家乐”，年人均增收近万元。2015年，卡阳村人均年收入仅为2850元；通过乡趣卡阳的带动，2016年12月，卡阳村以满分通过全省扶贫验收，率先实现“脱贫摘帽”。2017年，卡阳村人均年收入提高至12480元，成了远近闻名的富裕村，原来娶妻难的贫困村在两年间先后迎来了40余位新媳妇儿。乡趣卡阳旅游扶贫模式先后被人民日报、凤凰卫视等媒体广泛报道，经验做法在全省范围推广，新疆、甘肃等20余个省外单位前来观摩学习，2017年荣获“全国乡村基层治理十大案例奖”。

（三）融合发展激活动能

充分发挥旅游业的综合带动作用，实施“旅游+”发展战略，将乡村旅游与卡阳各类资源有机结合，稳步提升产业附加值。推动“旅游+农业”，投资1000余万元沿景观带种植3400余亩山杏林，既解决了荒山地带绿化美化难题，又延长了旅游旺季时间，实现“春赏花、秋摘果”的双重收益，带动村级集体经济持续增长。推动“旅游+文化”，立足当地多民族、多形态民俗文化资源，深度挖掘河湟农耕、传统工艺、美食、民俗等文化资源，主打“乡趣河湟农耕文化”牌，每年组织举办“卡阳森林音乐节”“美食节”等民俗活动10余场，吸引大批游客到卡阳休闲娱乐、参与文化体验，有力地拉动了旅游消费。推动“旅游+体育”，瞄准都市人群户外健身需求，依托18公里木栈道等资源，大力发展康体休闲旅游，与省市县体育部门和民间体育建设协会对接，培育形成了“卡阳徒步赛”等品牌赛事，每年吸引背包客、登山客等3万余人次到卡阳旅游，有效拓展了景区游客来源。

三、乡趣卡阳乡村旅游案例分析

（一）以党建促发展

卡阳乡村旅游的发展，离不开扶贫“第一书记”鲍武章。村子长期积贫积弱，“靠天吃饭，等政策给钱”的思想盛行。为了彻底扭转这个局面，鲍武章决定从党员这个关键少数抓起，通过抓党建，分三步走转变发展思想，先讲清政策，再凝聚党员智慧，最后发挥支部战斗堡垒作用。在鲍武章的带领下，卡阳村党支部以“两学一做”学习教育为契机，认真落实“三会一课”制度，定期组织党员学习，全面提升党员的能力素质，探索出了“企业+驻村干部+村党支部+农户”的以党建促发展的新路子，使党员成为卡阳村发展的主力军。2017 年初，为进一步发挥基层党组织战斗堡垒作用，在市委、县委组织部的支持下，成立了由卡阳景区和白崖一村等 7 个村党支部组成的卡阳乡村旅游中心党委，创办了卡阳党员培训学校。通过夯实基层党建，基层党组织战斗力显著提升，成为卡阳乡村旅游发展的主力军。2017 年，卡阳村党支部被评为“全省先进基层党组织”。

（二）突出规划引领

乡趣卡阳景区通过科学规划，解决了主题、市场、目标、功能、形象等问题，明确了高端、生态、特色的乡村旅游发展方向。近年来，通过政府引导、企业参与等方式，先后编制完成《卡阳高山休闲牧场规划》《青海乡趣卡阳户外旅游度假景区开发建设架构图》《卡阳五村美丽乡村建设概念性规划》《湟中县西纳川乡村旅游示范带总体规划》《卡阳村乡村振兴发展规划（2018—2022 年）》等，完善了卡阳村及乡趣卡阳景区规划体系，为乡村旅游发展提供了科学依据、奠定了坚实基础。

（三）引导村民共建

发展乡村旅游，村庄是载体，村民是主体。乡趣卡阳在开发建设过程中，坚持让利于民、普惠于民，着力激发村民参与景区建设的积极性、主动性和创造性，使村民成为乡村旅游的参与者、建设者和最亮丽、最淳朴的风景线。将旅游餐饮、零售等市场向村民无条件开放，卡阳景区主动放弃收益最好、带动就业最多的餐饮、零售等业务，依托景区，帮助村民发展农家乐、藏家乐等经济，让村民从景区发展中分享经济收益；帮助村民转变传统经营理念，在景区专门划定四块区域作为村内牛羊鸡养殖户的天然牧场，既降低了农户的养殖成本，又为景区增加了原汁原味的乡村牧养景观，同时带动了游客及周边农家乐的需求，拓宽了养殖户的销路，实现了“双赢”；通过多方筹资购置车辆，开通了卡阳村历史上首条公交线路，让村民出行更加便捷；注重帮扶济困，逢年过节组织对困难群众进行救济慰问，并为贫困村民垫付资金 40 余万元购买了 5 辆农用轮式拖拉机。通过示范带动，村民参与卡阳景区建设的积极性日益高涨，自主发展的积极性有了显著提升。

（四）整合项目资源

自乡趣卡阳景区启动建设以来，湟中区持续加大建设投入力度，整合资源，大力改善卡阳村水电路气等基础设施条件，已累计投入各类资金达4760余万元，实施各类项目18项。其中：2016年投资1510万元建成全省首条卡阳旅游公路，总长8.6公里，不仅打通了乡趣卡阳景区交通，也为卡阳及周边村庄打开了致富的大门。2017年，湟中区依托乡趣卡阳景区在西纳川地区打造全市首条乡村旅游示范带，辐射带动周边7个村的经济发展。2018年，湟中区投资1476万元启动建设全长5.7公里的峡口村至卡阳村旅游公路；投入200万元专项补助资金，在卡阳村建成了400平方米的文化礼堂；依托"厕所革命"等项目，先后为卡阳村补助110万元建设高标准公厕14座；以打造全省乡村振兴示范村为目标，争取项目资金400万元启动建设卡阳村民俗体验中心等项目。

（五）强化服务保障

坚持建管并举，把"口碑"作为乡趣卡阳景区发展的第一标准和核心竞争力，持续开展景区环境、旅游市场综合治理行动，不断提升游客满意度。制定出台《青海乡趣卡阳户外旅游度假景区管理办法》，先后投资100余万元为乡趣卡阳景区配套LED旅游信息发布大屏、电子导览系统、旅游标识标牌等设施设备，设置了临时救护站开展旺季游客救护工作，抽调旅游、城管、交警、食品药品和市场监管等执法力量全力保障景区旺季运行，创造了健康有序的旅游市场环境，推动卡阳乡村旅游标准化建设走在了全省同类景区前列。

四、乡趣卡阳乡村旅游持续发展思考

（一）乡趣卡阳乡村旅游发展面临的机遇和优势

我国正进入"大众旅游"时代，旅游已成为人民群众的日常消费。根据国家旅游局统计，2017年国内旅游50.01亿人次，同比增长12.8%；全年实现旅游总收入5.4万亿元，增长15.1%；旅游业对GDP的贡献率达9.13

万亿元，占 GDP 总量的 11.04%，旅游业已成为国民经济战略性支柱产业。

1. 机遇

从国家层面来看，党中央、国务院高度重视全域旅游发展，为推动旅游产业发展提供了坚实基础。在乡村旅游发展方面，实施乡村振兴战略，明确提出将乡村旅游作为产业发展的重点，国家发展改革委等 14 部门联合印发了《促进乡村旅游发展提质升级行动方案（2018 年—2020 年）》。2017 年，全国乡村旅游实际完成投资约 5500 亿元，年接待人数超过 25 亿人次，乡村旅游消费规模增至 1.4 万亿元，且呈现高速增长态势。乡村旅游市场的持续升温，为乡趣卡阳景区的发展带来了良好的发展机遇，国家层面的政策支持也为景区建设提供了充分保障。

从省市层面来看，2018 年 6 月至 7 月，省市相继召开了旅游产业发展大会和旅游工作会议，立足青海在全国旅游格局中的位次，审时度势提出把旅游业打造成青海现代服务业的龙头产业，明确了“一个方向、两个定位、‘五三布局’、十一大关系”的青海旅游发展新思路新理念；立足全市打造绿色发展样板城市、建设新时代幸福西宁的战略背景，提出大力发展全域、全季、全时旅游，打造配套设施完善、行业要素齐全、服务优质全面、环境优美舒适的青藏高原特色旅游服务基地的发展目标，明确了把发展乡村旅游与乡村振兴、精准脱贫结合起来，完善乡村基础设施和公共服务设施，大力开发乡村旅游产品等工作任务，为乡趣卡阳景区发展指明了方向。

从县域层面来看，2018 年 8 月，县委、县政府召开了全县文化旅游产业发展大会，明确了打造全省全域旅游示范区等发展目标，制定出台了《湟中县文化旅游体育产业发展专项资金管理办法》，其中规定，县财政每年注入 1000 万元资金设立发展专项基金，鼓励扶持对全县文化旅游产业发展有突出贡献的单位、企业等。乡趣卡阳景区作为全县乡村旅游发展排头兵，得到了直接和间接的优惠政策支持。卡阳村作为全省乡村振兴示范村，必须依托乡趣卡阳景区的发展，在乡村振兴中主动进位、破题攻坚，为全县、全市乃至全省乡村振兴战略的实施，探索可复制的产业发展经验。

2. 优势

乡趣卡阳景区主要有以下发展优势：一是拥有邻近省会西宁旅游市场

得天独厚的区位和景观资源优势，通过前期发展积累，形成了一定的品牌优势，影响力较大，在产品市场认可度、管理完善度、游客满意度等方面领先于周边同类景区。二是乡村旅游市场持续快速升温，市场需求稳定增加，国家和省、市、县相继加大了对乡村旅游发展的政策支持和资源投入力度。乡趣卡阳景区立足乡土、低碳循环发展的定位，与国家实施乡村振兴战略、全省推进“一优两高”战略部署以及全市打造“绿色发展样板城市”等高度吻合，发展优势突出。

（二）存在的问题

近年来，乡趣卡阳乡村旅游虽然取得了长足发展，但与国内乡村旅游发展先进地区相比，还存在一些突出问题。

第一，要素短板突出，接待能力较弱。在支撑景区发展的吃、住、行、游、购、娱六要素中，餐饮服务受卡阳村农户自主发展制约，档次普遍不高，缺乏特色，对游客吸引力有限；在保障游客出行方面，途牛网数据显示，36%的用户倾向于自驾游，卡阳虽然已建成 1 条、在建 1 条旅游公路，并配套了停车场，但与日益增长的自驾游需求相比远远不够；在景观配置方面，虽然卡阳花海、原始森林等景观对游客吸引力较大，但随着西宁周边同类景区的同质化竞争越来越激烈，卡阳优势逐渐消退，缺乏满足游客“常游常新”的有效产品供给；在旅游购物方面，景区目前主要由周边商户自主经营馍馍、酸奶等传统旅游商品，缺乏成熟的旅游商品体系，缺少特色，难以激发游客购买欲望；在娱乐服务方面，目前景区投入运营的主要是房车营地、住宿等，不定期开展一些文化体育活动，互动性娱乐项目较少，游客参与程度较低，带来的实际收益十分有限。

第二，短期盈利能力较弱，融资发展困难。受乡村旅游建设发展特点制约，前期投入较大，回报有限。受旅游要素发展不完善等因素制约，乡趣卡阳景区在 2016 年、2017 年的建设期均未实现营收。从 2018 年 7 月 1 日起，景区尝试通过门票和商铺租金增加收入，门票定价 30 元（团体票 25 元），但从实际经营情况来看，由于景区尚未全面建成，仅实现营业收入 150 余万元，与景区先期建设近亿元的投入相比是杯水车薪。为了进一步补齐旅游要素短板，全面延伸旅游链条，乡趣卡阳景区根据发展形势，在 2018 年编制了《2018—2022 年中长期建设发展规划》，计划 5 年内投资

4.9亿元打造乡村旅游综合体，发展养老度假、户外健身、文化休闲等新业态。由于投入较大，企业尚有2亿元资金缺口需要通过贷款等途径解决，但信贷政策收紧、景区有效抵押物不足等导致贷款困难。

第三，融合发展不足，业态不够丰富。当前，乡趣卡阳景区“旅游+”战略尚处于起步阶段，与农业、文化、体育等产业的融合深度还不够，综合效益还不够明显。在文化旅游融合发展方面，文化是旅游的灵魂，旅游是文化的载体，对河湟民俗文化、藏传佛教文化等的挖掘利用还不充分，缺乏有效的表现形式，导致游客体验不佳；缺乏新理念和专业人才，对旅游新业态的开发不足，文化创意、高端服务、智慧旅游等发展较滞后，仍有较大的提升空间。

第四，行业竞争激烈，产品同质化严重。随着乡村旅游市场普遍被看好，西宁旅游市场周边崛起了一大批同类景区，其中不乏以花海为主题进行同质化竞争的景区，与乡趣卡阳的核心景观高度重叠，也不乏一批特色精品景区，通过新颖、奇特的旅游产品与乡村旅游市场展开竞争。

（三）乡村旅游发展对策

第一，精准定位市场需求，发展乡村旅游。

从当前国内主要乡村旅游市场大数据分析来看，乡村游以“80后”“90后”用户居多，占比分别高达39%、32%；“00后”等出游人数呈上升趋势，采风、写生、体验生活等通常是主要需求。游客年轻化是乡村旅游发展的主要趋势。乡趣卡阳景区在下一步发展中，应当重点调研主要用户群的消费需求，围绕自驾探险、农事体验、房车度假等开发旅游产品，重点培育精品活动、品牌赛事等，统筹做好商务游、康养游、休闲游、乡趣游、猎奇游等精细化服务，进一步丰富旅游业态，提高市场认可度、游客参与度和满意度。

第二，促进乡村旅游持续发展。一是拓宽景区融资渠道，持续加大景区开发建设力度，推动“吃住行游购娱，商养学闲情奇”要素集聚发展，形成规模集聚效应。这也是当前景区发展的必然方向。开发主体要将融资发展作为景区开发建设的基本功课，创新融资方式，拓宽融资渠道，重点利用好国家和省、市、县各类政策担保资金平台，与金融机构深入对接，争取更多贷款支持；探索景区开放式建设运营模式，继续开放餐饮、购物等市场，撬动各渠道社会资本共同参与景区开发建设；打包整合景区优质资产、资源，推动经营管理现代化转型，加快谋求企业上市融资。二是全面延伸产业链条。将旅游周边产业链培育作为乡趣卡阳景区长远发展的土壤，充分调动周边农工商企等主体参与的积极性，围绕景区各类市场需求，引导开发特色标准化旅游商品，编排富有民俗文化特色的文艺节目，建设乡村特色精品民俗，将景区打造成为卡阳村以及周边地区的众创平台，让农民从平台中获利，充分发挥其主观能动性，积极参与景区建设，丰富旅游全产业链供给，着力让游客有更多惊喜感、获得感。三是注重区域协同发展。坚决避免“孤岛式”封闭发展，着力推动乡趣卡阳景区建设融入周边地区发展。重点在西纳川乡村旅游示范带创建中承担好核心功能，将周边 7 个村及沿线村发展纳入景区发展规划，统筹考虑各类资源。在农村环境综合整治、人居环境改善、脱贫增收、农业转型等方面提供“旅游+”融合方案，以景区标准推动区域协同发展，带动乡村旅游示范带沿线风貌统一化、服务标准化、供给多元化发展，以做大市场为目标，为景区长远发展夯实基础。四是创新宣传营销方式。当前，自媒体发展迅猛，在乡村旅游中，79%的用户会通过微信朋友圈分享出游经历，专业旅游网站、专业社交旅行网站、微博的分享占比分别为 23%、40%、42%。通过自媒体传播，旅游目的地热度可以呈现几何级增长。以茶卡盐湖“天空之境”宣传营销为例，通过抖音、微博等自媒体传播，2017 年、2018 年连续两年迅速升温，旅游热度居高不下。乡趣卡阳景区要认真学习借鉴相关宣传推介经验，用好微信平台、游客口碑等自媒体工具，提升景区知名度，吸引更多游客。五是培育壮大人才队伍。乡村旅游“土里土气”是吸引力，人才队伍“洋里洋气”是竞争力。乡趣卡阳景区建设、策划、营销、服务等各个环节，都离不开一支专业人才队伍的支撑。针对当前专业人才不足这个发展“软肋”，要通过“筑巢引凤”的方式，有序引进和培育各类旅游专业人才，组织景区及卡阳村干部职工“走出去”学习借鉴国内先进地区经验，着力培养景区管理、规划研究、创意设计等方面的实用人才，建设一支高素质的景区人才队伍，让专业的人做专业的事。六是加强旅游服务保障。把“口碑”作为乡趣卡阳景区发展的核心生命力，在景区住宿、购物、餐饮、娱乐等方面大力开展标准化建设，塑造景区宜游新形象。扎实开展景区及周边环境综合整治、旅游市场综合治理等工作，规范各类从业主体的经营行为，加强对导游、服务人员的培训，配合旅游综合执法，坚决打击尾随兜售、强买强卖、乱停乱放等不法行为，营造放心、安心的旅游市场秩序。发挥好景区游客接待服务中心作用，坚持“快速响应”原则，实时处理游客各类矛盾纠纷，使游客投诉能够及时受理、突发事件能够瞬时响应，通过加强旅游服务保障，提高旅游竞争力。

第五章 区域绿色发展

中央经济工作会议指出，稳定经济增长，要更加注重供给侧结构性改革，促进绿色经济发展（中央财经领导小组，2016）。青海省作为生态大省，以及长江、黄河、澜沧江的发源地，担负着保护“中华水塔”的重任。实现区域绿色发展，是青海省发展的方向和目标。

第一节 青海省农业绿色发展水平测度

推进农业绿色发展，是贯彻党的十九大精神、落实农业发展新理念的必然要求，是加快农业现代化、促进农业可持续发展的重大举措。本节通过建立青海省农业绿色发展评价指标体系，运用熵权灰色关联 TOPSIS 法对青海省农业绿色发展水平进行动态评价，并引入障碍度模型对影响青海省农业绿色发展水平的障碍因素进行测算，探索农业可持续发展的绿色道路。

一、青海省农业发展概况

（一）农业生产

西部大开发战略实施以来，青海省加大农业投入力度，调整种植结构，提高农业的科技含量，农业经济稳定发展。政府重点支持了农村水源工程、节水灌溉、人畜饮用水、农业机械化等农业基础设施建设。《青海统计年鉴》（2020）显示，2019 年全省总耕地面积 591136. 76 公顷，农用机械年末拥有量 597755 台，总动力 494. 6 万千瓦。全省集中或部分集中供水的乡镇 253 个，占比 69. 1%，生活垃圾集中处理或部分集中处理的乡镇 255 个，占比 69. 7%；全省灌溉耕地面积 2732469. 4 亩，其中有喷灌、滴灌、渗灌设施的耕地面积 352319. 8 亩。总体来说，青海省农村建设情况不断改善，基础设施建设日益完善。

（二）农民生活

2019 年，青海农村居民人均可支配收入 11499 元，人均生活消费支出 11343 元，农村恩格尔系数有明显下降。农户平均每百户电冰箱拥有量 103. 8 台，彩电拥有量 100. 5 台，计算机拥有量 15. 6 台，手机拥有量 288. 9 部，其中上过互联网的手机比重为 55. 6%，年末全省享受农村最低生活保障人数为 28. 07 万人。全省有医疗卫生机构的乡镇 366 个，占比 100%；有收养性社会福利单位的乡镇 106 个，占比 29%；有本级政府创办的敬老院的乡镇 58 个，占比 15. 9%。

（三）农村生态环境状况

2019 年末，青海全省森林面积 520. 89 万公顷，森林覆盖率 7. 26%。湿地面积 814. 36 万公顷，其中自然湿地面积 800. 1 万公顷。当年治理水土流失面积 1746. 05 平方公里。全省农业用水 19. 90 亿立方米，农用化肥施用折纯量 6. 19 万吨，比上年减少 25. 6%，农用塑料薄膜使用量 7779. 7 吨，比上年增长 3. 0%，农药使用量 1398. 4 吨，比上年减少 21. 6%。

总体来看，青海省种植业连年取得好收成，林业保持稳定发展，畜牧、水产业保持平稳增长，但是现阶段还存在农业基础设施比较落后、抗灾能力不强、农业产业化水平低、缺乏专业化分工导致的生产效率低、传统农业仍然占主导地位、缺乏有效的生产要素投入、加工转化增值能力低等问题。

二、青海省农业绿色发展水平评价指标体系构建

构建指标体系时，应充分考虑经济发展的持续性，确保青海省在较长时间内维持较高的投入产出水平，进而确保粮食安全，这是农业绿色发展的核心；社会发展的持续性可以保证实现农业发展所需社会环境的良性发展，是农业绿色发展的最终目标；生态环境发展的持续性是农业绿色发展的必要条件，是实现农业绿色发展的根本保证。为准确评估青海省 2006—2019 年农业绿色发展水平的动态变化，在设置各项具体评价指标时，应充

分考虑指标选择的系统性、科学性和数据的可获得性，并借鉴学术界已有的研究成果（张欢、罗畅、成金华，2016）。青海省农业绿色发展水平评价指标体系见表5-1。

表5-1 青海省农业绿色发展水平评价指标体系

目标	一级指标	二级指标	三级指标	总排序权重（w_j）	单排序权重（w_j'）
农业绿色发展水平	农业经济发展	经济规模	X_1 人均粮食产量（千克）	0.0551	0.1715
			X_2 农作物总播种面积（千公顷）	0.0305	0.0950
			X_3 农业从业人员（万人）	0.1016	0.3162
		经济效率	X_4 农业总产值（亿元）	0.0496	0.1544
			X_5 农业劳动生产率（元/人）	0.0521	0.1621
			X_6 农业机械化程度（千瓦/公顷）	0.0324	0.1008
	农村社会发展	生活水平	X_7 农村居民恩格尔系数（%）	0.0720	0.1903
			X_8 农村居民人均纯收入（元）	0.0631	0.1668
			X_9 人均居住面积（平方米）	0.0665	0.1756
		基础设施	X_{10}农村水电建设情况（千公顷）	0.0667	0.1761
			X_{11}拥有医疗机构数（个）	0.0688	0.1819
			X_{12}每百户拥有移动电话数（部）	0.0414	0.1093
	农业生态环境	环境污染	X_{13}化肥施用强度（吨/公顷）	0.0476	0.1584
			X_{14}农用塑料薄膜施用强度（吨/公顷）	0.0567	0.1888
			X_{15}农药施用强度（吨/公顷）	0.0369	0.1229
		生态治理	X_{16}森林覆盖率（%）	0.0609	0.2028
			X_{17}水土流失治理面积（千公顷）	0.0678	0.2257
			X_{18}造林面积（千公顷）	0.0305	0.1014

三、青海省农业绿色发展水平动态评价

（一）青海省农业绿色发展综合水平

参考相关研究成果（洪雅芳 等，2017；许楠、罗蕾、李蕾红，2017）的评价方法，选择熵权灰色关联 TOPSIS 法，进行农业绿色发展水平动态评价。在构建青海省农业绿色发展水平评价指标体系的基础上，通过查阅青海省全国农业普查资料和《青海统计年鉴》（2020），整理得到青海省

2006—2019 年相关原始数据，对数据进行标准化处理，并采用熵权法确定指标权重。

从青海省农业绿色发展水平评价指标权重分布来看，对农业绿色发展能力评估有重要影响的指标为农业从业人员、人均粮食产量等反映农业经济发展的指标，农村居民恩格尔系数、拥有医疗机构数、农村水电建设情况、人均居住面积、农村居民人均纯收入等反映农村社会发展的指标，水土流失治理面积、农用塑料薄膜施用强度等反映农业生态环境的指标。权重大于 0.0600 的指标有 8 个，其中农业经济发展指标有 1 个，农村社会发展指标有 5 个，农业生态环境指标有 2 个。可见，在构成青海省农业绿色发展系统的子系统中，社会发展子系统最为重要，现阶段青海省实现农业绿色发展的首要条件是加大对农村农业的财政支持力度，大力发展生产力，努力提高和改善农民生活水平，加强人口素质建设和基础设施建设；同时要重视保护农业生态环境，减少环境污染，加强生态治理。

计算指标权重后，分别计算各评价单元的贴近度，以反映青海省农业绿色发展水平的动态变化。青海省农业绿色发展水平见表 5-2。

表 5-2　2006—2019 年青海省农业绿色发展水平

年份	综合评价		农业经济发展评价		农村社会发展评价		农业生态环境评价	
	贴近度	发展水平	贴近度	发展水平	贴近度	发展水平	贴近度	发展水平
2006	0.4119	中级	0.4970	中级	0.2361	较差	0.4385	中级
2007	0.4083	中级	0.4821	中级	0.2535	较差	0.4472	中级
2008	0.4272	中级	0.5343	中级	0.2557	较差	0.4427	中级
2009	0.4614	中级	0.5490	中级	0.3285	中级	0.4961	中级
2010	0.4423	中级	0.5398	中级	0.3125	中级	0.4573	中级
2011	0.5108	中级	0.5194	中级	0.5075	中级	0.5131	中级
2012	0.5046	中级	0.4505	中级	0.5700	中级	0.5122	中级
2013	0.4792	中级	0.4927	中级	0.5292	中级	0.4005	中级
2014	0.5375	中级	0.5185	中级	0.6220	良好	0.4773	中级
2015	0.5355	中级	0.4673	中级	0.6667	良好	0.4803	中级
2016	0.5777	中级	0.4982	中级	0.6779	良好	0.5837	中级
2017	0.5894	中级	0.5243	中级	0.6882	良好	0.5924	中级
2018	0.5903	中级	0.5382	中级	0.6921	良好	0.6071	良好
2019	0.5974	中级	0.5426	中级	0.7144	良好	0.6132	良好

注：贴近度 0~0.3 为较差水平，0.3~0.6 为中级水平，0.6~0.8 为良好水平，0.8~1 为优质水平。

从表 5-2 可以清楚地看到，2006—2019 年青海省农业绿色发展水平呈波动变化，但波动幅度不大，且总体呈上升趋势，农业绿色发展状态总体较好。2006 年青海省农业绿色发展水平为 0. 4119，2019 年达到 0. 5974，表明第三次农业普查以来农业绿色发展水平有所提高，但是仍然没有突破中级水平。对农业绿色发展水平评价指标体系的三大子系统进行具体分析：

第一，青海省农业经济发展水平分析。从图 5-1 可以看出，评价期间青海省农业经济发展水平呈波动变化，总体为上升趋势。青海省农业经济发展水平由 2006 年的 0. 4970 增长到 2019 年的 0. 5426，仅增长了 9. 17%，并且青海省这些年的农业经济发展始终处于中级水平。农业从业人员的减少是阻碍农业经济发展水平提高的主要原因。

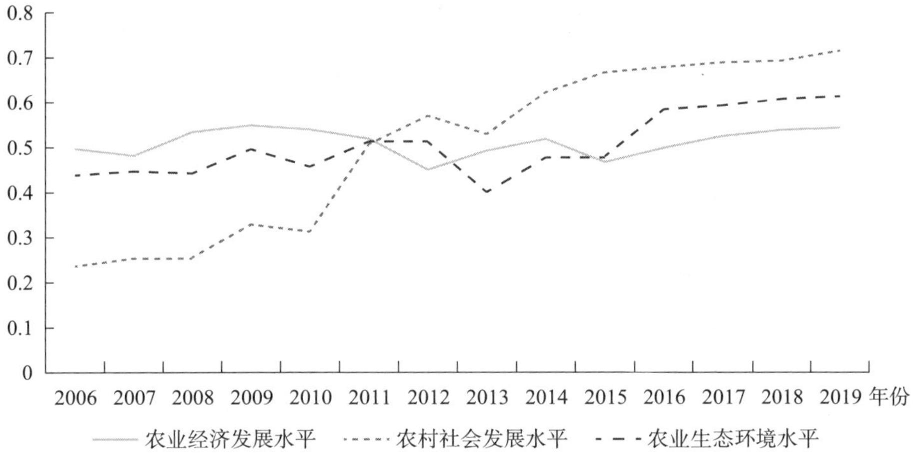

图 5-1　2006—2019 年青海省农业绿色发展各子系统发展水平

第二，青海省农村社会发展水平分析。从图 5-1 可以看出，评价期间青海省农村社会发展水平呈较为平稳的上升趋势。青海省农村社会发展水平由 2006 年的 0. 2361 上升到 2019 年的 0. 7144，平均年增长率为 11. 12%。从基础指标变化来看，青海省反映生活水平和基础设施的各项指标值都有所增加，生活水平提高和基础设施建设日趋完善，使农村社会发展取得显著进步。

第三，青海省农业生态环境水平分析。从图 5-1 可以看出，青海省农业生态环境水平走势与农业绿色发展水平走势基本相同，呈波动状，总体为上升趋势。生态环境水平由2006年的0.4385增长到2019年的0.6132，平均年增长率为2.9%，主要原因是近年来青海省政府通过实施退牧还草、鼓励广大牧区发展生态畜牧业等方法加强了对生态环境的保护和修复。

（二）青海省农业绿色发展障碍因素诊断分析

在农业绿色发展水平评估的基础上，引入障碍度模型，诊断影响农业绿色发展的障碍因素，有利于为实现农业可持续发展提供有针对性的建议（申开丽 等，2018）。

通过障碍因素诊断、障碍度排序，厘清影响农业绿色发展的主要指标，并列出各年障碍度大小排名前五的障碍因素（见表5-3）。

表5-3　2006—2019年青海省农业绿色发展障碍因素及障碍度

年份	项目	指标排序				
		1	2	3	4	5
2006	障碍因素	X_{11}	X_{17}	X_{10}	X_9	X_8
	障碍度（%）	9.46	9.32	9.16	9.14	8.68
2007	障碍因素	X_{11}	X_{17}	X_9	X_{16}	X_8
	障碍度（%）	9.79	9.24	8.97	8.71	8.55
2008	障碍因素	X_7	X_{16}	X_9	X_{11}	X_{17}
	障碍度（%）	10.78	9.12	9.05	9.04	8.87
2009	障碍因素	X_7	X_9	X_{11}	X_{17}	X_8
	障碍度（%）	12.28	10.00	9.55	9.21	9.15
2010	障碍因素	X_7	X_{11}	X_9	X_{17}	X_{10}
	障碍度（%）	10.87	8.85	8.77	8.58	8.33
2011	障碍因素	X_3	X_7	X_{11}	X_{17}	X_8
	障碍度（%）	15.46	13.24	10.36	10.08	8.58
2012	障碍因素	X_3	X_{11}	X_{17}	X_1	X_{14}
	障碍度（%）	21.42	9.24	9.15	7.95	7.45
2013	障碍因素	X_3	X_{17}	X_{10}	X_{14}	X_{13}
	障碍度（%）	18.09	11.49	9.68	8.50	8.29
2014	障碍因素	X_3	X_{10}	X_{14}	X_{13}	X_{17}
	障碍度（%）	23.40	12.76	12.01	10.18	10.03
2015	障碍因素	X_3	X_{10}	X_{14}	X_1	X_{13}
	障碍度（%）	24.24	13.40	12.46	12.15	11.36

续表

年份	项目	指标排序				
		1	2	3	4	5
2016	障碍因素	X_3	X_{17}	X_{14}	X_1	X_{13}
	障碍度（%）	26.21	15.72	13.05	12.60	11.84
2017	障碍因素	X_3	X_{17}	X_{10}	X_1	X_8
	障碍度（%）	28.23	16.34	13.67	14.87	12.76
2018	障碍因素	X_3	X_{10}	X_{14}	X_1	X_{17}
	障碍度（%）	29.63	17.37	15.86	13.76	12.32
2019	障碍因素	X_3	X_{10}	X_{14}	X_1	X_{13}
	障碍度（%）	31.87	18.87	15.92	14.68	13.87

从表 5-3 可以看出，2006—2019 年障碍因素中反映农业经济发展水平的指标占 16.37%，反映农村社会发展水平的指标占 47.27%，反映农业生态环境水平的指标占 36.36%。由此可知，社会子系统中的评价指标占据了因子障碍度排名前五的大部分，而且社会子系统的障碍度一直较明显，表明其对农业绿色发展影响较大且较持续。具体来看，农业从业人员 X_3、农村水电建设情况 X_{10}、拥有医疗机构数 X_{11}、水土流失治理面积 X_{17}4 个因素在评价期间出现的频率均超过 50%，可以作为青海省农业绿色发展的主要障碍因素，其中拥有医疗机构数和水土流失治理面积 2 个因素虽然出现频率较高，但 2019 年没有出现，说明它们已经不再是制约青海省农业绿色发展的主要障碍因素。2019 年，制约青海省农业绿色发展的主要障碍因素是人均粮食产量 X_1、农业从业人员 X_3、农村水电建设情况 X_{10}、化肥施用强度 X_{13}和农用塑料薄膜施用强度 X_{14}。2019 年，农业从业人员的障碍度高达 31.87%，农用塑料薄膜施用强度的障碍度达到 15.92%，说明青海省要促进农业绿色发展，必须提高农民综合素质、大力发展生态农业，在增加产值的同时，要加强对生态环境的保护。

四、青海省农业绿色发展水平提升对策

2006—2019 年青海省农业经济发展水平整体变化较大，“十一五”期间总体呈上升趋势，“十二五”初期出现下滑，2012 年又开始上升。农村社会发展水平呈现平稳上升趋势，发展水平从较差上升为良好。农业生态环境水平呈波动变化，总体呈上升趋势。与第二次全国农业普查（2006

年）相比，青海省在第三次全国农业普查期间（2018 年）的农业绿色发展综合水平增长明显。这十几年间，除个别年份出现下滑，青海省农业绿色发展综合水平均呈上升趋势。

要提高青海省农业绿色发展水平，应从以下三方面着手：

第一，优化农业产业结构，促进农业经济健康发展。

青海省农业经济发展水平虽然不断提升，但仍处于中级发展阶段，要促进农业经济发展，应不断优化种植业结构，根据市场需要调整粮食作物与经济作物的比例。与此同时，青海省作为多民族聚集的地区，也应大力发展饲料作物，推动种植业结构向粮、经、饲三元结构转变，调整和优化畜禽养殖结构、布局和规模，鼓励养殖业向适度规模集中发展，加强畜牧业与种植业间的产业联系，提高农业资源利用效率。在改善农业结构的同时，要加快推进一二三产业的融合，不断提高农业的附加值。

第二，加强基础设施建设，促进社会可持续发展。

农业经济的发展需要多要素投入，农民更需要懂技术、能致富的人来带动，因此要重视对农民的文化知识和技能培训。在农业绿色发展过程中，要确保农民生产有技术、生活有保障、销售有渠道、发展有目标。良好的基础设施是高效组织生产、提高人民生活质量的保证，是农业绿色发展的基础。应加快推进城乡一体的交通基础设施建设，加强城乡间的连通；加强农牧区通信、电力等各项配套设施的建设，提高农牧民聚居点的公共服务配套设施水平。

第三，推动生态农业发展，改善农业生态与环境。

首先，在指导农民进行农业生产的过程中，要科学使用农药、化肥，提高农药、化肥利用效率，推广使用有机肥、缓释可控化肥和高效、低毒生物农药，控制化肥、农药的过量使用，淘汰高毒、高残留农药，改善农田生态环境；其次，要完善与农业绿色发展、环境保护相关的法律法规，建立农药、化肥、地膜使用标准；最后，要建立绿色农业监测评估体系，建立农田残留地膜污染监测网络系统，加强对耕地质量的监测。

第二节　德令哈市农牧业可持续发展评价

德令哈市位于柴达木盆地的东北边缘，平均海拔 2980 米，总面积 2.77 万平方公里，其中农作物播种面积为 12751.9 公顷，可利用草场面积为 98.29 万公顷。随着西部大开发战略的深入实施，德令哈市在国家的大力支持下，积极发展生态农牧业，加大了对生态环境的保护和治理力度。运用熵值法，对位于柴达木盆地的德令哈市 2000—2019 年农牧业可持续发展水平进行定量计算，并对计算结果进行分析，有利于促进德令哈市农牧业可持续发展。

一、研究基础

农业可持续发展的核心思想是农业的发展应该建立在生态可持续、社会可持续和资源环境可持续的基础上，我国学者在农业可持续发展方面进行了较长时间的探索。农业可持续发展最重要的物质保障是生态环境，而农业生态环境是一个复杂的社会问题，受到多种因素的影响。中国农业发展面临着机遇与挑战，我们应着重分析这些机遇和挑战，从而提出在新常态下实现农业持续发展的对策。在研究方法上，多数学者选择构建可持续发展评价指标体系来评价各个地区的发展情况，常用的评价方法有：净初级生产力的人类占用法、生态足迹法、能值法、综合指标体系法等。

二、评价指标体系构建与权重确定

（一）评价指标体系构建

在构建指标体系时，应充分考虑经济发展的可持续性，以确保德令哈市在较长时间内维持较高的投入产出水平，进而确保粮食安全，这是可持续发展的核心；社会发展的持续性可以保证实现农业发展所需要的社会环境的良性发展，是农业可持续发展的最终目标；资源环境发展的持续性是农牧业持续发展的必要条件，是实现农牧业可持续发展的根本保证。为了准确评估 2000—2019 年德令哈市农业可持续发展水平的动态变化，在设置各项具体评价指标时，应充分考虑指标选择的系统性、科学性和数据的可获得性，并借鉴学术界已有的研究成果。

（二）评价指标权重计算

借助 Excel 软件，运用熵值法对选取的2000—2019 年的22 个指标进行赋权、排序，结果见表5-4。

表 5-4　德令哈市农牧业可持续发展评价指标体系

一级指标	二级指标	三级指标	单位	信息熵 ej	权重 wj	排序
农牧业经济发展 B_1	经济规模指标 C_1	X_1 地区生产总值	亿元	0.9800	0.0444	12
		X_2 第一产业增加值	万元	0.9815	0.0409	19
		X_3 粮食产量	吨	0.9782	0.0482	6
		X_4 肉类产量	吨	0.9803	0.0436	13
	经济结构指标 C_2	X_5 工业企业	个	0.9828	0.0380	20
		X_6 农林水事务支出	万元	0.9808	0.0425	15
		X_7 第一产业增加值占 GDP 的比重	%	0.9812	0.0417	18
	经济技术指标 C_3	X_8 农业科技人员数	人	0.9797	0.0450	11
		X_9 年末金融机构存款余额	万元	0.9809	0.0423	16
		X_{10} 涉农贷款	万元	0.9844	0.0345	22
		X_{11} 农机总动力	万千瓦	0.9786	0.0475	7
农牧区社会发展 B_2	人口发展指标 C_4	X_{12} 地区总人口	万人	0.9789	0.0467	8
		X_{13} 城镇化率	%	0.9797	0.0451	10
		X_{14} 农村居民人均纯收入	元	0.9812	0.0418	17
		X_{15} 普通中学生在校人数	人	0.9791	0.0464	9
	基础设施指标 C_5	X_{16} 境内通公路和铁路里程数	公里	0.9777	0.0494	5
		X_{17} 农村用电量	万千瓦·时	0.9776	0.0496	4
		X_{18} 通电话的村所占比重	%	0.9712	0.0638	1
		X_{19} 通有线电视的村所占比重	%	0.9738	0.0580	2

续表

一级指标	二级指标	三级指标	单位	信息熵 ej	权重 wj	排序
农牧区资源环境发展 B_3		X_{20}农作物播种面积	公顷	0.9806	0.0429	14
		X_{21}森林覆盖率	%	0.9829	0.0378	21
		X_{22}人均造林面积	公顷/人	0.9774	0.0500	3

资料来源：《青海统计年鉴》(2020)。

从德令哈市可持续发展评价指标权重来看，对可持续发展能力评估有重要影响的指标为通有线电视的村所占比重、通电话的村所占比重、农村用电量等基础设施指标，人均造林面积等反映农牧区资源环境发展的指标，粮食产量、农机总动力等反映农牧业经济发展的指标。权重大于0.0440的有12个，其中，农牧业经济发展指标4个、农牧区社会发展指标7个、农牧区资源环境发展指标1个。可见，在德令哈市可持续发展系统的构成子系统中，社会子系统最为重要，德令哈市实现可持续发展的首要条件是努力加快人口素质建设和基础设施建设，这与大多数地区的建设任务不同。德令哈市乃至整个海西州生活的主要是蒙古族和藏族，所以在基础设施建设等方面比较薄弱，应大力发展生产力，努力提高和改善该地区人民的生活水平。

考虑到数据获取的准确性及方便性，在案例分析中，对于反映资源环境发展的指标选取的数量较少，所以虽然在农牧区资源环境发展中只有1个指标的权重超过了0.0440，但是如果结合农牧区资源环境发展指标的总数来看，这1个指标所占的比重还是比较大的，这也表明资源环境对德令哈市可持续发展的影响是不可忽视的。发展的可持续性就是指人类的经济和社会发展不能超越了资源和环境的承载能力，所以在研究德令哈市农牧业可持续发展时，必定不能忽略资源环境的发展。

三、德令哈市农牧业可持续发展动态评价结果

(一) 德令哈市农牧业可持续发展水平综合分析

借助Excel软件，运用熵值法计算出样本的评价值，评价结果见表5-5。

表 5-5　2000—2019 年德令哈市农牧业可持续发展水平

年份	农牧业经济发展指数	农牧区社会发展指数	农牧区资源环境发展指数	农牧业可持续发展水平指数
2000	0. 028114	0. 014158	0. 009832	0. 052104
2001	0. 027325	0. 016010	0. 009352	0. 052687
2002	0. 027505	0. 018457	0. 008772	0. 054734
2003	0. 023350	0. 026302	0. 008507	0. 058159
2004	0. 024426	0. 024694	0. 008352	0. 057472
2005	0. 024976	0. 026011	0. 007930	0. 058917
2006	0. 028229	0. 027060	0. 007678	0. 062967
2007	0. 026156	0. 027347	0. 007578	0. 061081
2008	0. 030877	0. 028361	0. 008472	0. 067710
2009	0. 030645	0. 029094	0. 005779	0. 065518
2010	0. 034534	0. 027529	0. 007984	0. 070047
2011	0. 039382	0. 030593	0. 009910	0. 079885
2012	0. 037349	0. 031411	0. 008497	0. 077257
2013	0. 041330	0. 036137	0. 011123	0. 088590
2014	0. 044476	0. 037465	0. 010933	0. 092874
2015	0. 048326	0. 038562	0. 009831	0. 096719
2016	0. 050956	0. 039872	0. 010535	0. 101363
2017	0. 053792	0. 040924	0. 010983	0. 105699
2018	0. 059381	0. 041215	0. 011183	0. 111779
2019	0. 060139	0. 042813	0. 012521	0. 115473

资料来源：作者根据相关资料计算。

从表 5-5 和图 5-2 可以清楚地看出，2000—2019 年德令哈市农牧业可持续发展水平先稳步上升后呈现波浪式升降，总体发展势头良好。2000 年德令哈市农牧业可持续发展指数为 0. 052104，经过几年的发展，经济、社会和环境均上了一个台阶，2019 年农牧业可持续发展指数达到 0. 115473。

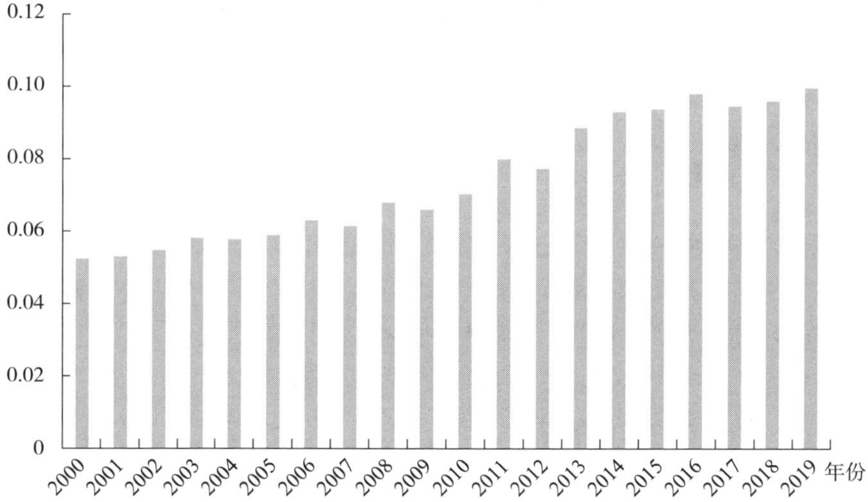

图 5-2　2000—2019 年德令哈市农牧业可持续发展水平指数

（二）德令哈市农牧业各子系统发展指数分析

1. 德令哈市农牧业经济发展水平分析

从表 5-5 可以看出，德令哈市农牧业经济发展指数由 2000 年的 0.028114 增长到 2019 年的 0.060139，增长了 113.9%。评价期间农牧业经济发展指数呈波动变化，在评价初期发展态势呈下降趋势，而后呈现出缓慢上升的趋势。第一产业增加值在 GDP 中比重的降低和农业科技人员数的不稳定性减少是阻碍农牧业经济发展指数评价值提高的主要原因。

2. 德令哈市农牧区社会发展水平分析

德令哈市农牧区社会发展水平指数由 2000 年的 0.014158 增长到 2019 年的 0.042813，增长了 202.4%，说明德令哈市这些年的农牧区社会发展非常快，且在评价期间社会发展指数呈较为平稳的上升趋势。从基础指标变化来看，德令哈市反映人口发展和基础设施的各项指标值都有所增加，人口的快速增长和基础设施的日趋完善使农牧区社会发展获得巨大的进步。

3. 德令哈市农牧区资源环境发展水平分析

农牧区资源环境发展指数由 2000 年的 0.009832 增长到 2019 年的

0. 012521，仅增长了 27. 3%，说明德令哈市在资源环境治理和改善方面还需努力。人均造林面积的减少是阻碍农牧区资源与环境发展评价指数增长的主要原因。

四、德令哈市农牧业可持续发展思路

第一，优化农牧业产业结构。德令哈市要积极优化种植业产业结构，根据市场的需要调整粮食作物与经济作物的比例，提高农业的经济效益；与此同时，要发展饲料作物，推动种植业结构向粮、经、饲三元结构转变。提高优质品种覆盖率，从而进一步提高种植业的产量与质量。在稳定粮食生产、保障粮食安全的基础上，发挥地区资源优势，以优质粮食和优质畜产品生产加工基地为龙头，形成种植业生产区域化布局和规模化生产。加快推进一二三产业的融合，不断提升农业的附加值。借助农业信息化物联网建设，推进“互联网+现代农牧业”的发展，加大农牧产品交易平台建设力度。加快实施无公害农牧产品、绿色食品、有机农产品和地理标志农牧产品的认证。在畜牧业内部，要优化畜禽品种结构，发展精品畜牧业，增加产品的附加值，同时加强畜牧业与种植业间的产业联系，提高农业资源利用效率。

第二，发展壮大优势产业。产业化发展是推进优势农牧产品区域布局的重要形式。德令哈市应发展地方特色农牧业，建设农牧业生产基地，重点扶持当地的龙头企业，发挥它们在开拓市场、引导基地、加工增值、科技创新、标准化生产等方面的带动作用。以发展现代农牧业为目标，全面推进种加养、产加销、贸工农一体化经营，加快推进农民组织化、生产专业化、管理企业化、服务社会化、经营规模化，努力实现农牧业现代化。

第三，大力发展节水农业，保护水资源。德令哈市应大力发展高效节水农业，加大农田水利等基础设施的建设力度，加快大中型灌区续建配套节水改造步伐，大力推进渠道输水向管道输水转变，推进地面灌溉向滴灌、喷灌转变，大力推广膜下滴灌、垄膜沟灌水肥一体化技术，引导用水主体改变大水漫灌等粗放灌溉方式。配合相应的节水措施和农机农艺措施，提高保水节水能力，在实现稳产高产的同时尽最大可能保护水资源。同时，德令哈市要加强耕地保护与质量提升，强化耕地质量监测网络体系建设，完善耕地质量调查监测与评价制度，划分耕地质量等级，定期发布耕地质量长期定位监测报告。实施中低产田改造工程，开展盐渍化耕地治理。完善田间基础设施，提高耕地综合生产能力，大力推进高标准农田建设。

第四，发展生态循环农业，改善农业生态与环境。

应建立完善各级农膜回收网点，督导企业、新型经营主体和农户通过“以旧换新”等方式开展残膜回收利用。逐步建立健全废旧农膜捡拾、回收、资源化利用的市场化运行机制，优先支持具有地膜回收和再加工能力的企业进行地膜生产，开展可降解地膜、功能地膜等新型地膜的研发和试验示范。坚持农牧结合、种养结合，推动生态循环农业发展。加快推广科学施肥、安全用药、绿色防控等清洁生产技术，改善农田生态环境。与此同时，强化草原生态保护与建设，完善草原承包经营制度。继续实施草原生态保护补助奖励政策，保护天然草原，实行禁牧休牧、划区轮牧，恢复草原植被，控制草原虫鼠害，逐步实现草原生态系统健康稳定。

第五，促进社会可持续发展。

德令哈市相关部门应重视教育的发展，积极落实九年义务教育政策，提高农牧民的素质，培养各方面人才，尤其是农牧业相关人才。农牧业经济的发展需要注入更多的新鲜血液，农牧民也需要懂技术、能致富的人来带动。加强基础设施建设，开展农村道路改善工程、农村危房改造工程、整村推进项目等，加快美丽乡村建设，促进社会可持续发展。

第三节　海东市绿色经济发展评价

海东市地处青海省河湟谷地，是青海省自然生态条件相对优越的地区。海东市政府在《海东市国民经济和社会发展第十三个五年规划纲要》中对海东市发展绿色经济提出了明确要求，海东市发展绿色经济的定位就是坚持生态立市、环境优先，推进资源节约型和环境友好型社会建设，建设全省生态文明示范区。海东市政府要以“开放合作、绿色发展”为主题，吸引投资，促进海东市绿色经济发展。

一、研究基础

21 世纪以来，世界经济发展受到金融危机、气候变化以及资源短缺的严重影响，从以传统经济增长为重心的发展模式向以经济与资源环境协调发展为重心的绿色发展模式转变，“绿色经济”已经成为实现可持续发展的战略选择。国内学者对绿色经济发展的研究颇多。有些学者认为，绿色经济是将环境资源作为经济发展的内在要素，把实现经济、社会和环境的可持续发展作为发展目标，以科技进步为手段，实现经济发展与资源环境保护同步推进，以循环经济、生态经济、低碳经济等作为绿色经济发展模式（张春霞，2006；胡鞍钢、周绍杰，2014）。

二、海东市绿色经济发展现状

海东市是青海省地级市，气候属半干旱大陆性气候，矿藏资源和水能资源丰富，人口相对集中，经济较为发达，是青海重要的农牧业经济区。自 1978 年建区以来，海东经济总量不断增长，经济结构明显优化，特色产业和优势产业逐渐形成。2013 年的撤区设市推动了海东跨越发展和转型升级的步伐，各产业资源潜力不断被挖掘，产业发展活力逐步增强。2019 年末，海东常住人口 149. 32 万人，人均 GDP 达到 32806 元，三次产业都向绿色转变。绿色农业发展的优势体现在以下三个方面：一是灌溉水量足、生产面积广；二是“富硒”的土壤环境；三是品牌效应日益显著。在绿色工业发展方面，海东市积极落实国家产业政策，狠抓节能降耗，强力推进绿色产业园区建设，减少重工业对城市空气的污染。工业经济向低碳、绿色、集聚、循环方向迈进，有效保护了生态环境和人居环境。近几年，海东一直坚持“高、新、轻、优”的工业经济发展方向，积极培育和引进低碳环保的新型工业经济实体。在第三产业发展方面，总量稳定增长，发展速度加快，并积极发展生态旅游、医养健康等绿色产业。

三、海东市绿色经济发展评价

（一）海东市绿色经济发展评价指标体系构建

本节以可持续发展为目标，以效率、公平为导向，从经济系统、资源系统、环境系统和社会系统四个方面设计海东市绿色经济评价指标体系，在设计中遵循科学性、可操作性、代表性和可比性原则（见表 5-6）。

表 5-6　海东市绿色经济发展评价指标体系

目标层	系统层	指标层
绿色经济发展水平	经济系统	X_1 人均 GDP（元）
		X_2 GDP 增长率（%）
		X_3 第三产业增加值占 GDP 比重（%）
		X_4 科技支出占财政支出的比重（%）
		X_5 城镇居民人均可支配收入（元/人）
	资源系统	X_6 人均公共绿地面积（平方米）
		X_7 人均耕地面积（公顷）
		X_8 人均国土面积（公顷）
		X_9 森林覆盖率（%）
	环境系统	X_{10}环境保护支出占财政支出比重（%）
		X_{11}万元 GDP 二氧化硫排放量（吨）
		X_{12}生活垃圾无害化处理率（%）
		X_{13}万元 GDP 电耗（千瓦·时）
	社会系统	X_{14}每万人中小学在校生人数（人）
		X_{15}城镇化率（%）
		X_{16}人口自然增长率（%）
		X_{17}每千人拥有医生护士数（人）

（二）海东市绿色经济发展实证分析

因子分析法是从研究变量内部的相关关系出发，以最少的信息缺失，把一些具有错综复杂关系的因子变量归结为少数几个综合因子的一种多变量统计分析方法。也就是说，因子分析法是对所研究的问题用最少个数不可测的公共因子的线性函数与特殊因子之和来描述原来观测的每一分量。本节借助 SPSS 软件，通过对原始数据进行标准化处理，运用因子分析法开展实证分析。

由表 5-7 可知，前三个主成分的累积贡献率已达到 88. 844%，即用这三个主成分就能反映 17 个原始变量 88. 844%的信息，分别称为主成分 F_1、主成分 F_2、主成分 F_3。

表 5-7　解释的总方差

成分	初始特征值			提取平方和载入			旋转平方和载入		
	合计	方差的百分比（%）	累积百分比（%）	合计	方差的百分比（%）	累积百分比（%）	合计	方差的百分比（%）	累积百分比（%）
1	11.835	69.619	69.619	11.835	69.619	69.619	7.028	41.341	41.341
2	1.741	10.240	79.859	1.741	10.240	79.859	5.164	30.375	71.716
3	1.527	8.985	88.844	1.527	8.985	88.844	2.912	17.128	88.844

资料来源：作者根据相关资料计算。

注：提取方法为主成分分析法。

从 SPSS 成分矩阵表可以看出，和第一主成分 F_1 密切相关的是 X_1、X_5、X_7、X_{11}、X_{12}，这些指标与经济规模、基础设施有关，因此将 F_1 命名为经济发展因子。和第二主成分 F_2 密切相关的是 X_2、X_4、X_8、X_9，这些指标与资源和科技有关，因此将 F_2 命名为科技与资源投入因子。和第三主成分 F_3 密切相关的是 X_3、X_{10}、X_{13}、X_{14}、X_{15}、X_{16}，这些指标与经济结构有关，因此将 F_3 命名为经济结构因子。

根据成分得分系数矩阵，可计算出 F_1、F_2、F_3 的值（见表 5-8）。

$$F_1=0.015X_1-0.091X_2+0.189X_3+0.119X_4+0.103X_5-0.07X_6+0.187X_7-0.189X_8-0.12X_9+0.193X_{10}+0.147X_{11}+0.081X_{12}+0.239X_{13}+0.068X_{14}+0.2X_{15}+0.132X_{16}-0.013X_{17}$$

$$F_2=0.133X_1+0.001X_2-0.291X_3-0.275X_4+0.043X_5+0.3X_6-0.146X_7+0.072X_8+0.225X_9-0.092X_{10}-0.045X_{11}+0.04X_{12}-0.167X_{13}-0.168X_{14}-0.013X_{15}-0.003X_{16}-0.180X_{17}$$

$$F_3=-0.021X_1+0.345X_2-0.084X_3+0.357X_4-0.052X_5-0.189X_6+0.108X_7+0.399X_8+0.048X_9-0.033X_{10}+0.005X_{11}+0.004X_{12}-0.001X_{13}-0.055X_{14}-0.205X_{15}-0.065X_{16}-0.051X_{17}$$

综合得分计算公式如下：

$$F=f_1\times F_1+f_2\times F_2+f_3\times F_3$$

其中，$f_1=\frac{41.341}{88.844}$，$f_2=\frac{30.375}{88.844}$，$f_3=\frac{17.128}{88.844}$，即以旋转的贡献率为权重的综合得分。

表 5-8　2000—2019 年海东市绿色经济发展三个主因子得分及综合得分

年份	F_1	F_2	F_3	综合得分 F
2000	-1.7661	0.2666	0.0902	-0.7132
2001	-1.7096	0.3415	-0.0695	-0.6921
2002	-1.3170	-0.1826	0.1716	-0.6422
2003	-0.7997	-0.4048	-0.5759	-0.6215
2004	-0.6664	-0.2800	-0.7169	-0.5440
2005	-0.2387	-0.4638	-0.8330	-0.4302
2006	0.0682	-0.5680	-0.5992	-0.2780
2007	0.1924	-0.6370	-0.3651	-0.1986
2008	1.1830	-1.2422	-0.7512	-0.0191
2009	1.2893	-1.3982	-0.7543	-0.0235
2010	0.6354	-1.0854	2.1493	0.3389
2011	0.4063	-0.1582	1.8824	0.4979
2012	0.2866	1.3882	0.4684	0.6983
2013	0.4467	1.0241	1.2204	0.7933
2014	0.7207	1.4383	0.0669	0.8400
2015	1.2688	1.9615	-1.3843	0.9941
2016	0.8343	1.5929	0.0873	0.9474
2017	1.1849	1.6899	0.2476	0.9689
2018	1.2859	1.8739	0.5871	0.9886
2019	1.2837	1.9463	0.6877	0.9974

资料来源：借助 SPSS 软件计算得到。

（三）海东市绿色经济发展评价结果分析

从表 5-8 和图 5-3 可以看出，2000—2019 年海东市绿色经济发展综合得分 F 平稳上升，反映出海东市在自然资源利用、环境保护、经济发展方面都取得了显著成效，在发展经济的同时，也很注重环境保护。但从得分情况来看，各因子差异较大。从 F_1 经济发展因子的得分变动可以看出，海东市经济发展与绿色发展的变动趋势基本相同，2005—2010 年经济发展水

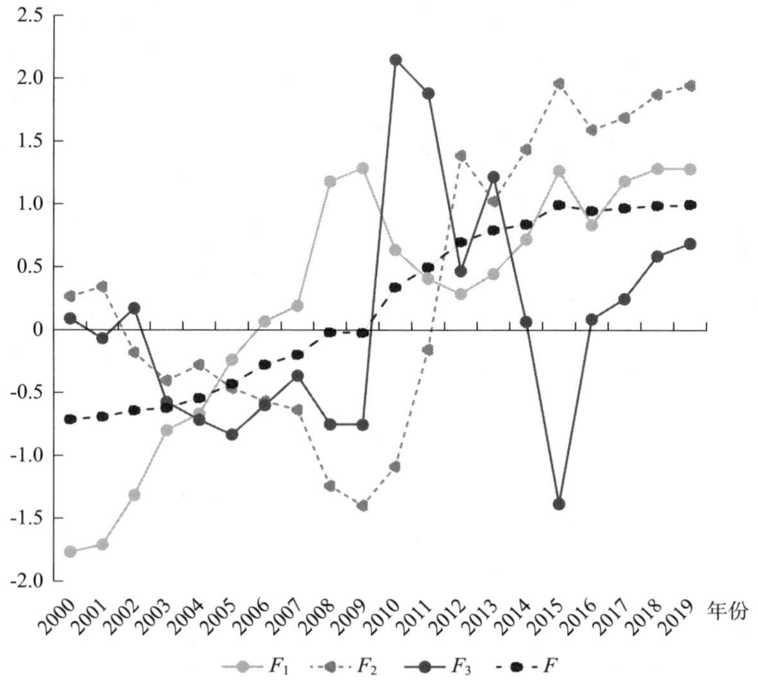

图 5-3　2000—2019 年海东市绿色经济发展三个主因子得分及综合得分

平超过绿色发展，说明这一时期经济发展比较快，忽视了绿色发展。随后，经济发展因子得分略低于绿色经济发展综合得分，反映出海东市认真落实调结构、转方式，从而使绿色经济发展水平得以提升。从 F_2 科技与资源投入因子的得分变动可以看出，2000—2010 年科技与资源环境投入水平不断下降，制约了绿色经济发展水平的提升。2010—2019 年，海东市逐步加大了科技投入和资源环境保护力度，对绿色经济发展水平提升起到了作用。从 F_3 经济结构因子的得分变动可以看出，2000—2009 年经济结构因子稳中略有下降，特别是 2004—2009 年，经济结构因子得分低于绿色经济发展综合得分，反映出海东市的经济结构已经不适应绿色经济发展的要求。2010 年海东市经济结构因子得分迅速上升，之后迅速下降。由此可以看出，未来海东市绿色经济发展主要受到经济结构转型升级的制约。

四、海东市绿色经济发展存在的问题与对策

（一）海东市绿色经济发展存在的问题

海东市绿色经济发展存在以下四个方面的问题：

第一，生态环境容量较小，自然资源承载能力较弱。长期以来，受气候和人为因素的影响，海东市的生态系统功能整体呈退化趋势。海东市正处于工业化快速推进时期，高能耗、高污染产业仍然占主导地位，使生态环境容量减小，资源承载能力下降，成为绿色经济发展的限制因素。

第二，科技投资不足。加快发展和培育绿色产业、低碳产业，需要强有力的科技支撑，而海东市的科技教育水平相对较低，科技人才缺乏，科研单位和机构较少，科技研发能力较弱，在探索新的经济增长点、挖掘绿色增长潜力等方面，创新能力明显滞后。此外，海东市的科技支出占财政支出的比重不稳定，2019 年的科技支出额甚至低于 2000 年的水平，反映出海东市对科技创新的研发投资不足，从而制约了绿色经济发展。

第三，人口规模与经济结构转换的压力。海东市人口总量较大，人均资源占有量相对不足。海东撤地设市，短时间内城镇化率迅速上升，一方面缓解了农业资源环境压力，另一方面又将压力转移到了城市和非农产业。此外，2000—2019 年海东市的城镇居民人均可支配收入水平不高，制约了居民消费结构的绿色转化。海东市在产业结构和消费结构方面的滞后，制约了其绿色经济发展。

第四，经济总量水平较低。2000—2019 年，海东市人均 GDP 从 2582 元增长到 32806 元，总体水平不高。海东市的 GDP 增长率 2000 年为 13.5%，2019 年则为 6.15%，经济增长速度放缓。2019 年，海东市第二产业增加值占 GDP 的比重为 37.92%，第三产业增加值占 GDP 的比重为 47.64%，经济发展水平较低。

（二）海东市提升绿色经济发展水平的对策

海东市提升绿色经济发展水平应从以下四个方面着手：

第一，强化政府的引导作用。切实转变政府职能，建立服务型政府，为绿色经济发展提供全方位支持。要遵循自然规律发展经济，必须把经济建设同资源合理开发利用、生态环境保护结合起来，绝不能以破坏生态、

污染环境甚至危及人民群众生命健康为代价来谋求一时的发展，不能以浪费资源、破坏环境和牺牲子孙后代的利益为代价。从更广视野、更宽领域、更高层次上推进生态建设。针对海东市目前面临的高投入、高消耗、高污染、低水平、低效益等突出问题，要重点处理好产业间协调发展的关系、当前利益与长远利益的关系，从追求速度转向追求结构、质量、效益，增强发展的协调性，实现又好又快发展。

第二，加大绿色经济发展的宣传推广力度，营造绿色经济发展氛围，创造绿色文明。发展绿色经济是一项需要政府、企业、居民和社会各界共同努力的事业。要抓住国家倡导发展绿色经济的时机，大力倡导绿色生产方式和绿色消费观念，引导企业和居民积极参与绿色经济发展。通过创新环保宣传活动载体，强化媒体宣传，组织环保文艺宣传队在各区县开展巡回演出，使更多的群众接受环保宣传教育，进一步提高全民生态保护意识。在企业里，要发挥高新技术在绿色产业发展中的引领作用，大力发展和推广无污染、安全、优质的绿色产品。

第三，以投资促结构调整，提升海东市绿色经济发展水平。发展绿色经济需要大量投资，必须拓宽融资渠道，争取多方面的资金支持。要充分发挥政府的引导作用，同时充分利用社会资金。政府应通过财政资助、贴息、担保等方式吸引省内外国企、民企等参与绿色经济发展项目。充分发挥海东市自然资源、劳动力、土地和区位等优势，引进先进技术，推动绿色经济发展。争取绿色信贷的支持，充分利用银行信贷资金，通过银行、政府、企业间的合作，将生态农业、循环经济、新能源三大绿色产业作为优先扶持项目，实现产融结合发展，促进产业结构优化、绿色化。

第四，加强绿色技术研究，重视科技，提高创新能力。绿色技术是绿色经济发展水平快速提升的根本保障，加大绿色生产技术的研究力度势在必行。应结合地方特色和发展绿色经济的技术需要，建立一套集研发、试验、应用于一体的科研体系，强化自主创新能力，同时引进国外先进技术，吸收、消化并创新。通过提高经济发展的技术含量，提高资源利用效率，包括对传统产业进行改造，淘汰落后产能，降低单位产品的资源消耗和污染物排放。通过政府直接投资和社会联合投资的方式，加大科技研发投资力度，促进绿色生产技术的研发。

第四节 柴达木盆地绿色发展效果动态评价

环境问题是伴随社会经济活动而产生的，生态环境与经济发展、人口增长关系密切。我国是发展中国家，在现代化建设中实施可持续发展战略，必须协调好资源环境与经济社会发展的关系。近年来，我国出台了一系列有关绿色发展的政策措施，并实施了与之对应的绿色行动计划，有效地推动了我国经济的绿色转型。习近平总书记提出“绿水青山就是金山银山”，良好的生态环境是最普惠的民生福祉，因而要实行最严格的生态环境保护制度。党的十九届五中全会明确提出，推动绿色发展，促进人与自然和谐共生。

一、研究基础

加快形成绿色高质量发展模式对今后经济发展与社会进步具有重要意义。加强绿色经济核算方面的研究，是指导绿色经济发展实践的重要前提。有学者构建了包括可持续发展和绿色发展的指标体系，研究波兰的绿色城市指数。杨志江和文超祥（2017）测算了中国各省份的绿色发展效率，发现不同区域间的绿色发展存在差异。有学者采用多级评价法和熵值法，对珠三角城市的绿色发展水平进行评价。还有学者分析了西北地区的环境与历史变迁，提出西北地区绿色转型发展的新理念和新思路。蔡绍洪等（2017）从空间分析角度研究了西部地区的绿色发展水平。孙发平（2013）等对青海省绿色发展的目标、原则、路径等进行了专题研究。还有一些学者构建青海省绿色发展评价指标体系，对绿色发展效率进行测度，并对绿色生态产业发展问题进行了探讨。

柴达木盆地行政区划属于海西蒙古族藏族自治州，作为中国典型的成长型资源型区域之一，拥有极为丰富的矿产资源，有“聚宝盆”的美誉。西部大开发战略实施以来，盆地工业化进程加快，但也引发了资源过度消耗与环境破坏等问题。在此背景下，对柴达木盆地绿色发展效果进行动态评价，分析阻碍绿色发展的因素，对于促进盆地产业和区域发展绿色转型、控制和防止环境污染与生态破坏具有重要意义，对于青海省其他少数民族聚居区实现经济与生态环境协调、高质量发展，更好地担负起保护“中华水塔”和确保“一江清水向东流”的历史重任，并把“聚宝盆”传承下去，具有重要的现实意义。

二、柴达木盆地绿色发展现状

（一）柴达木盆地绿色发展基础条件变化情况

2000 年以来，柴达木盆地绿色发展基础条件显著改善，截至 2019 年，人均 GDP 增加至 128172 元，高于同期全国平均水平，城镇居民人均可支配收入也由 2000 年的 5824 元增加至 2019 年的 35219 元。除此之外，基础设施建设、医疗和教育方面也有了显著提升，城镇化率也由 2000 年的 63. 12%提升至 2019 年的 69. 06%（见表 5-9）。

表 5-9　2019 年部分资源型城市（地区）绿色发展基础指标数据对比

城市（地区）	人均 GDP（元）	第三产业增加值占 GDP 比重（%）	每万人拥有医院床位数（张）	城镇化率（%）
海西蒙古族藏族自治州（柴达木盆地）	128172	22. 80	81. 90	69. 06
鄂尔多斯	172686	38. 53	42. 27	75. 08
东营	134022	37. 56	60. 73	69. 24
徐州	147984	50. 09	69. 12	66. 70
张家口	35025	55. 60	61. 49	58. 38
全国平均水平	70892	53. 92	62. 90	66. 60

资料来源：《中国统计年鉴》（2020）、《海西统计年鉴》（2020）、鄂尔多斯市国民经济和社会发展统计公报（2019）、《东营统计年鉴》（2020）、《徐州统计年鉴》（2020）、张家口市国民经济和社会发展统计公报（2019）。

将柴达木盆地与西部、中部、东部地区部分其他资源型城市的绿色发展基础指标数据进行对比后可以发现，柴达木盆地的人均 GDP、每万人拥有医院床位数以及城镇化率均较高，但第三产业增加值占 GDP 比重仅为 22. 80%，显著低于全国平均值，在对比的资源型城市中也处于较低水平。

（二）柴达木盆地绿色产出状况

在绿色产出方面，柴达木盆地的人均公共绿地、人均水资源占有量、森林覆盖率和人均耕地面积等环境友好型产出显著增加，尤其是森林覆盖率，从2000年的0.84%增加至2019年的3.50%（见表5-10），单位GDP能耗、单位GDP电耗以及单位GDP二氧化硫排放量等非环境友好型产出整体呈下降趋势，说明盆地在践行“绿水青山就是金山银山”的发展理念方面取得了显著进展。

表5-10　2019年部分资源型城市（地区）绿色发展产出指标数据对比

城市（地区）	人均耕地面积（亩）	森林覆盖率（%）	人均公共绿地面积（平方米）	单位GDP电耗（吨标准煤/万元）
柴达木盆地	2.14	3.50	9.52	1.365
鄂尔多斯	2.23	26.90	32.70	0.260
东营	1.58	17.30	47.06	0.130
徐州	1.03	30.51	15.40	0.018
张家口	1.91	39.00	9.94	—
全国平均水平	1.45	22.96	14.36	0.073

资料来源：《中国统计年鉴》（2020）、《海西统计年鉴》（2020）、鄂尔多斯市国民经济和社会发展统计公报（2019）、《东营统计年鉴》（2020）、《徐州统计年鉴》（2020）、张家口市国民经济和社会发展统计公报（2019）。

注：“—”表示数据缺失。

对比国内其他资源型城市的情况可以发现，柴达木盆地虽然人均耕地面积较多，但是森林覆盖率较低、人均公共绿地面积较少，尤其是森林覆盖率，仅为3.5%，单位GDP电耗很高，为徐州的近76倍，绿色发展形势依然严峻。

（三）柴达木盆地绿色投入的主要措施

在绿色发展投入方面，柴达木盆地主要采取以下两种措施：一是重视科技发展和环境保护。柴达木盆地的环保支出与科技支出占财政支出的比重均呈上升趋势，2019年环保支出占财政支出比重为6.5%，高于同期全国平均水平（3.42%），但是科技支出占财政支出比重只有0.57%，显著低于全国平均水平。二是改变以燃煤为主的能源消费结构，加大污染治理力度。城市燃气普及率和城市污水集中处理率均有很大程度的提升，2019年城市燃气普及率达到95.29%，城市生活垃圾无害化处理率为93.62%。但是，对比其他资源型城市可以看出，柴达木盆地城市生活垃圾无害化处理率仍然没有达到100%，城市燃气普及率也需要提高（见表5-11）。

表 5-11　2019 年部分资源型城市（地区）绿色发展主要措施数据对比

城市（地区）	环保支出占财政支出比重（%）	科技支出占财政支出比重（%）	城市生活垃圾无害化处理率（%）	城市燃气普及率（%）
柴达木盆地	6.5	0.57	93.62	95.29
鄂尔多斯	—	—	99.4	93.1
东营	2.4	1.8	100	—
徐州	2.4	2.9	100	99.8
张家口	—	0.39	—	99.6
全国平均水平	3.42	2.92	99.2	97.29

资料来源：《中国统计年鉴》（2020）、《海西统计年鉴》（2020）、鄂尔多斯市国民经济和社会发展统计公报（2019）、《东营统计年鉴》（2020）、《徐州统计年鉴》（2020）、张家口市国民经济和社会发展统计公报（2019）。

注："—"表示数据缺失。

三、柴达木盆地绿色发展效果动态评价

（一）柴达木盆地绿色发展效果指标体系构建

基于柴达木盆地的经济基础、资源环境条件与生产生活状况，以科学性、可操作性为原则，借鉴学术界对绿色发展方面的研究成果，首次从绿色发展基础、绿色发展投入和绿色发展产出三个层面构建柴达木盆地绿色发展效果评价指标体系（见表 5-12）。文中涉及绿色发展效果核算的原始数据主要来源于 2001—2020 年的《青海统计年鉴》和 2001—2019 年的《海西统计年鉴》。

（二）熵权法确定指标权重

首先采用极值法对评价矩阵的正、逆向型指标进行无量纲化处理。为了消除标准化值对计算的影响，需要对标准化值进行坐标平移（文中平移单位为 0.0001），然后计算指标值的比重 p_{ij}、信息熵值 e_j、信用效用值 d_j，进而得出评价指标总排序权重 w_j 和单排序权重 w_j'。柴达木盆地绿色发展效果评价指标体系及指标权重见表 5-12。

表 5-12 柴达木盆地绿色发展效果评价指标体系及指标权重

目标层	准则层	指标层	总排序权重 w_j	单排序权重 w_j'	指标属性
绿色发展效果 A	绿色发展基础 B_1（0.4878）	X_1 人均 GDP（元）	0.0589	0.1208	正
		X_2 第三产业增加值占 GDP 比重（%）	0.0476	0.0975	正
		X_3 城镇居民人均可支配收入（元）	0.0686	0.1406	正
		X_4 每万人拥有公交车辆（标台）	0.0647	0.1326	正
		X_5 每万人拥有医院床位数（张）	0.0824	0.1689	正
		X_6 在校学生人数占总人口比重（%）	0.0652	0.1336	正
		X_7 人口自然增长率（‰）	0.0212	0.0435	正
		X_8 城镇化率（%）	0.0792	0.1624	正
	绿色发展投入 B_2（0.2559）	X_9 环保支出占财政支出比重（%）	0.0254	0.0991	正
		X_{10} 科技支出占财政支出比重（%）	0.0278	0.1088	正
		X_{11} 城市生活垃圾无害化处理率（%）	0.0864	0.3376	正
		X_{12} 城市燃气普及率（%）	0.0526	0.2054	正
		X_{13} 城市污水集中处理率（%）	0.0638	0.2493	正
	绿色发展产出 B_3（0.2563）	X_{14} 人均耕地面积（亩）	0.0404	0.1577	正
		X_{15} 人均水资源占有量（立方米）	0.0597	0.2330	正
		X_{16} 森林覆盖率（%）	0.0469	0.1830	正
		X_{17} 人均公共绿地面积（平方米）	0.0604	0.2358	正
		X_{18} 单位 GDP 能耗（吨标准煤）	0.0199	0.0776	负
		X_{19} 单位 GDP 电耗（吨标准煤）	0.0035	0.0135	负
		X_{20} 单位 GDP 二氧化硫排放量（吨）	0.0254	0.0991	负

从表 5-12 的指标权重值可以看出，在绿色发展基础子系统中，每万人拥有医院床位数、城镇化率、城镇居民人均可支配收入的单排序权重较大，对盆地绿色发展影响较为显著。人口自然增长率、第三产业增加值占 GDP 比重的单排序权重较低，对盆地绿色发展水平的支撑作用较小。在绿色发展投入子系统中，城市生活垃圾无害化处理率和城市污水集中处理率对绿色发展的贡献比较显著。但是，环保支出和科技支出占财政支出比重的权重较小，贡献水平较低，不足以支撑盆地的绿色发展。在绿色发展产出子系统中，人均公共绿地面积与人均水资源占有量指标成效显著，但是单位 GDP 能耗、单位 GDP 电耗以及单位 GDP 二氧化硫排放量三个指标成效不明显。

从柴达木盆地绿色发展效果评价指标权重分布综合来看，总排序权重大于0.05的指标有11个，其中绿色发展基础指标6个，绿色发展投入指标3个，绿色发展产出指标2个，表明在影响柴达木盆地绿色发展效果的三个子系统中，绿色发展基础子系统作用较大。

（三）基于灰色关联TOPSIS法的柴达木盆地绿色发展效果评价模型

在加权规范化矩阵的基础上确定正、负理想解A^+和A^-，之后分别计算各评价单元与A^+和A^-的欧氏距离l_i^+和l_i^-、灰色关联系数f_{ij}^+和f_{ij}^-，以及灰色关联度r_i^+和r_i^-。分别对l_i^+、l_i^-和r_i^+、r_i^-进行无量纲化处理，最后计算方案相对贴近度Y_j。主要公式如下：

正、负理想解A^+和A^-：

$$A^+=\{\max a_{ij} \mid i=1, 2, \cdots, m\}=\{a_1^+, a_2^+, \cdots, a_n^+\} \tag{5-1}$$

$$A^-=\{\max a_{ij} \mid i=1, 2, \cdots, m\}=\{a_1^-, a_2^-, \cdots, a_n^-\} \tag{5-2}$$

其中，i为评价单元，j为指标数据，a_{ij}为第i个评价单元的第j个指标数据。

欧氏距离l_i^+和l_i^-：

$$l_i^+=\sqrt{\sum_{j=1}^{n} v_j(a_{ij}-a_j^+)^2} (i=1, 2, \cdots, m) \tag{5-3}$$

$$l_i^-=\sqrt{\sum_{j=1}^{n} v_j(a_{ij}-a_j^-)^2} (i=1, 2, \cdots, m) \tag{5-4}$$

其中，v_j为各指标权重。

灰色关联系数f_{ij}^+和f_{ij}^-：

$$f_{ij}^+=\frac{\frac{\min}{i}\frac{\min}{j}|a_j^+-a_{ij}|+\beta\frac{\max}{i}\frac{\max}{j}|a_j^+-a_{ij}|}{|a_j^+-a_{ij}|+\beta\frac{\max}{i}\frac{\max}{j}|a_j^+-a_{ij}|} \tag{5-5}$$

$$f_{ij}^-=\frac{\frac{\min}{i}\frac{\min}{j}|a_j^--a_{ij}|+\beta\frac{\max}{i}\frac{\max}{j}|a_j^--a_{ij}|}{|a_j^--a_{ij}|+\beta\frac{\max}{i}\frac{\max}{j}|a_j^--a_{ij}|} \tag{5-6}$$

其中，a_j^+为第j个指标的正理想值，a_j^-为第j个指标的负理想值，β为分辨系数。

灰色关联度r_i^+和r_i^-：

$$r_i^+=\frac{1}{n}\sum_{j=1}^{n} f_{ij}^+ \tag{5-7}$$

$$r_i^- = \frac{1}{n}\sum_{j=1}^{n} f_{ij}^- \tag{5-8}$$

无量纲化处理：

$$R_i^+ = \frac{r_i^+}{\max r_i^+},\ R_i^- = \frac{r_i^-}{\max r_i^-} \tag{5-9}$$

$$L_i^+ = \frac{l_i^+}{\max l_i^+},\ L_i^- = \frac{l_i^-}{\max l_i^-} \tag{5-10}$$

合并调整过后的欧氏距离和灰色关联度：

$$k_i^+ = \alpha_1 R_i^+ + \alpha_2 L_i^+,\ k_i^- = \alpha_1 R_i^- + \alpha_2 L_i^- \tag{5-11}$$

其中，k_i^+、k_i^- 为第 i 个评价单元正负理想解的灰色关联度；$\alpha_1+\alpha_2=1$ 且 α_1、$\alpha_2 \in [0,\ 1]$，分别表示位置的接近程度与形状的相似程度所占的比重。

方案相对贴近度 Y_i：

$$Y_i = \frac{k_i^+}{k_i^+ + k_i^-} \tag{5-12}$$

该值表示第 i 个评价单元与最优理想解的相对贴近度。贴近度越大，方案越优；贴近度越小，方案越劣。

（四）障碍度模型

在柴达木盆地绿色发展效果评估的基础上，引入障碍度模型，有利于为提高该地区绿色发展效果提供针对性的建议。

$$I_j = 1 - x'_{ij} \tag{5-13}$$

$$O_j = \frac{I_j \times w_j}{\sum_{j=1}^{n} I_j \times w_j} \tag{5-14}$$

其中，偏离度 I_j 表示某一指标与绿色发展效果目标之间的差距；障碍度 O_j 表示某一指标对绿色发展效果的影响程度。

四、柴达木盆地绿色发展评价结果分析

（一）柴达木盆地绿色发展贴近度及水平

基于以上模型公式，测算柴达木盆地绿色发展贴近度及水平。结果表明，西部大开发战略实施以来，柴达木盆地绿色发展贴近度由 2000 年的 0.3236 上升到 2019 年到 0.6720，增长了 107.66%，平均年增长率为 5.67%，

突破了中级水平，说明盆地绿色发展取得了比较显著的成效（见表 5-13）。

表 5-13　2000—2019 年柴达木盆地绿色发展贴近度及水平

年份	绿色发展效果		绿色发展基础		绿色发展投入		绿色发展产出	
	贴近度	发展水平	贴近度	发展水平	贴近度	发展水平	贴近度	发展水平
2000	0.3236	中级	0.3031	中级	0.2648	较差	0.3461	中级
2001	0.3343	中级	0.3103	中级	0.2819	较差	0.3940	中级
2002	0.3452	中级	0.3170	中级	0.2916	较差	0.4437	中级
2003	0.3474	中级	0.3255	中级	0.3290	中级	0.4208	中级
2004	0.3554	中级	0.3388	中级	0.3446	中级	0.4011	中级
2005	0.3860	中级	0.3638	中级	0.3651	中级	0.5090	中级
2006	0.3956	中级	0.3886	中级	0.3684	中级	0.3520	中级
2007	0.4157	中级	0.4120	中级	0.4087	中级	0.3418	中级
2008	0.4604	中级	0.4626	中级	0.4582	中级	0.3445	中级
2009	0.4816	中级	0.4732	中级	0.5285	中级	0.5563	中级
2010	0.5159	中级	0.5150	中级	0.4539	中级	0.5173	中级
2011	0.5643	中级	0.5771	中级	0.5610	中级	0.4332	中级
2012	0.6145	良好	0.6287	良好	0.5621	中级	0.5211	中级
2013	0.6084	良好	0.6509	良好	0.5801	中级	0.3115	中级
2014	0.6045	良好	0.6272	良好	0.5559	中级	0.4403	中级
2015	0.5896	中级	0.6190	良好	0.5556	中级	0.3542	中级
2016	0.5686	中级	0.5835	中级	0.5547	中级	0.4435	中级
2017	0.5981	中级	0.6091	良好	0.6633	良好	0.5514	中级
2018	0.6602	良好	0.6709	良好	0.6852	良好	0.6885	良好
2019	0.6720	良好	0.6873	良好	0.7090	良好	0.6197	良好

注：贴近度水平 0~0.3 为较差，0.3~0.6 为中级，0.6~0.8 为良好，0.8~1 为优质。

从图 5-4 可以看出，2000—2019 年柴达木盆地绿色发展贴近度总体上呈波动上升趋势，且波动幅度不大，绿色发展状态总体较好。经过西部大开发 20 年的发展，柴达木盆地在经济发展、资源环境、绿色生产生活等方面均上了一个台阶。2019 年，柴达木盆地绿色发展贴近度实现了由中级向良好的跨越。

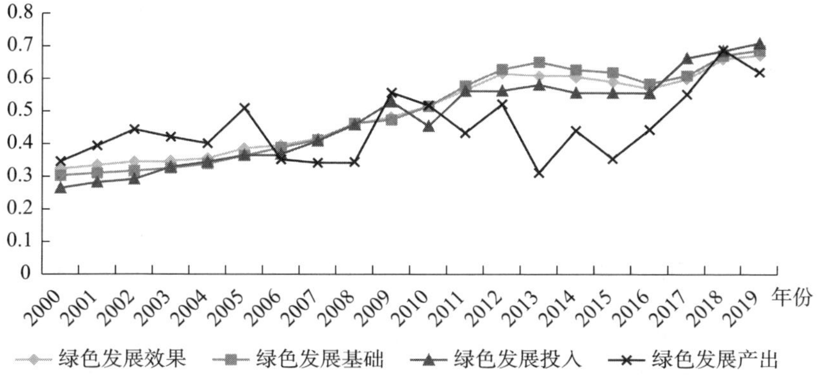

图 5-4　2000—2019 年柴达木盆地绿色发展效果及各子系统发展贴近度

1. 柴达木盆地绿色发展基础分析

如图 5-4 所示，柴达木盆地绿色发展基础水平走势与绿色发展效果走势基本相同，呈波动状，2013 年达到峰值后有小幅下降，但总体还是有所提高，盆地绿色发展基础稳步提升。从表 5-13 可以看出，柴达木盆地绿色发展基础指数由 2000 年的 0.3031 增长到 2019 年的 0.6873，增长了 126.76%，平均年增长率达到 6.67%，柴达木盆地的经济发展基础也由中级向良好转变。

2. 柴达木盆地绿色发展投入分析

由图 5-4 可以看出，2000—2019 年柴达木盆地绿色发展投入指数呈波动状，总体为上升趋势。从表 5-13 可以看出，绿色发展投入指数由 2000 年的 0.2648 增长到 2019 年的 0.7090，增长了 167.75%，平均年增长率为 8.83%，发展水平由较差上升到良好。从基础指标变化来看，柴达木盆地环境治理和基础设施的指标值均有所增加，环保支出和科技支出占财政支出比重也在增加，总体绿色发展投入不断增加。

3. 柴达木盆地绿色发展产出分析

如图 5-4 所示，评价期间柴达木盆地绿色发展产出指数呈波动上升趋势，且波动幅度较大。从表 5-13 可以看出，柴达木盆地绿色发展产出指数由 2000 年的 0.3461 上升到 2019 年的 0.6197，增长了 79.05%，平均年增长率为 4.16%，发展水平也实现了由中级到良好的转变。从基础指标变化来看，柴达木盆地反映资源富裕度和环境承载力的指标数值均有所增加，人均耕地面积和森林覆盖率的增加使得绿色发展产出水平显著提升。总体来看，柴达木盆地绿色发展产出与绿色发展基础和投入水平的提高存在背离。

（二）柴达木盆地绿色发展障碍因素诊断与分析

柴达木盆地虽然绿色发展总体效果显著提升，但制约因素依旧存在。从图 5-4 可以明显看出，绿色发展产出明显滞后于绿色发展基础和投入的水平。我们运用障碍度模型，对柴达木盆地绿色发展的障碍因素进行诊断，并对障碍度进行排序，筛选出影响柴达木盆地绿色发展的主要因素，并列出 2000—2019 年障碍度排名前五的障碍因子，见表 5-14。

表 5-14　2000—2019 年柴达木盆地绿色发展障碍因素及障碍度　　单位：%

年份	障碍因素排序									
	第一		第二		第三		第四		第五	
	障碍因素	障碍度	障碍因素	障碍度	障碍因素	障碍度	障碍因素	障碍度	障碍因素	障碍度
2000	X_3	8.69	X_4	8.18	X_8	8.10	X_{13}	8.09	X_5	8.06
2001	X_{11}	9.31	X_3	9.05	X_4	8.70	X_{13}	8.35	X_5	8.20
2002	X_5	9.80	X_3	8.86	X_4	8.19	X_8	8.00	X_{13}	7.93
2003	X_5	10.98	X_3	9.17	X_4	8.37	X_8	8.22	X_{13}	7.79
2004	X_5	10.63	X_8	9.55	X_{11}	8.81	X_3	8.63	X_4	7.96
2005	X_5	11.60	X_8	10.03	X_4	8.84	X_3	8.72	X_{11}	8.68
2006	X_5	10.70	X_8	10.28	X_{11}	9.16	X_3	7.96	X_{17}	7.15
2007	X_5	11.59	X_8	11.13	X_{11}	9.46	X_{13}	8.00	X_3	7.79
2008	X_8	11.66	X_5	10.88	X_{15}	8.05	X_3	7.48	X_{11}	7.30
2009	X_8	13.34	X_5	12.28	X_3	7.95	X_{11}	7.60	X_{17}	5.96
2010	X_8	12.59	X_5	11.68	X_{11}	8.85	X_{13}	7.81	X_6	7.60
2011	X_5	13.38	X_{11}	10.33	X_6	9.12	X_2	8.71	X_{15}	7.68
2012	X_5	15.00	X_6	9.99	X_2	9.39	X_{14}	6.64	X_{17}	6.55
2013	X_5	15.63	X_{15}	12.28	X_6	10.85	X_2	9.48	X_8	6.33
2014	X_6	16.20	X_{15}	10.16	X_2	9.37	X_5	9.20	X_8	8.35
2015	X_6	16.03	X_{15}	13.91	X_{13}	9.06	X_5	7.09	X_{17}	6.00
2016	X_6	15.00	X_{11}	13.30	X_{15}	9.30	X_{13}	8.62	X_{10}	6.66
2017	X_{11}	24.53	X_6	21.47	X_9	8.35	X_{15}	7.14	X_{10}	6.25
2018	X_{11}	31.29	X_6	23.26	X_8	7.59	X_9	7.44	X_{18}	7.20
2019	X_2	10.81	X_8	9.69	X_7	9.68	X_6	8.37	X_{18}	5.05

从表 5-14 可以看出，2000—2019 年柴达木盆地绿色发展障碍因素排

序中，绿色发展基础子系统的评价指标较多，且该子系统对绿色发展效果的障碍度一直较高，表明其对柴达木盆地绿色发展影响较大且较持续。

第一，起始年份的障碍因素集中在绿色发展基础方面，客观反映出柴达木盆地的产业结构、基础设施及人口发展是其绿色发展的长期限制因素。同时，可以看出，西部大开发战略实施以来，障碍因素发生了变化，近五年障碍因素集中在产业结构、人口素质和环境治理方面。

第二，在排名第一的障碍因素中，X_5 每万人拥有医院床位数出现 9 次，X_6 在校学生人数占总人口比重、X_8 城镇化率、X_{11}城市生活垃圾无害化处理率各出现 3 次。在排名第二的障碍因素中，X_8 城镇化率出现 5 次，X_6 在校学生人数占总人口比重出现 3 次。在排名第三的障碍因素中，X_4 每万人拥有公交车辆和 X_{11}城市生活垃圾无害化处理率各出现 4 次。在排名第四的障碍因素中，X_{13}城市污水集中处理率出现 5 次，X_3 城镇居民人均可支配收入出现 4 次。在排名第五的障碍因素中，X_{17}人均公共绿地面积出现 4 次，X_{18}单位 GDP 能耗出现 2 次。

第三，障碍因素出现的频次表明，柴达木盆地的绿色发展核心问题还是以人为本，人的发展是区域绿色发展的真正基础。此外，要切实提高绿色发展产出水平。

五、柴达木盆地绿色发展水平提升对策

（一）坚持以人为本，依靠科技提升经济活力

从前文分析可以看出，2019 年排在前五位的盆地绿色发展障碍因素依次是 X_2（第三产业增加值占 GDP 比重）、X_8（城镇化率）、X_7（人口自然增长率）、X_6（在校学生人数占总人口比重）、X_{18}（单位 GDP 能耗），其中三项指标与人的发展息息相关，充分反映出盆地绿色发展首先应以人为核心，留住人才，突出人的发展。首先，应大力提高柴达木盆地城市建设水平，改善公共基础设施条件，增加就业岗位，减少人口外流。其次，柴达木盆地应根据自身特点，引进人才，尤其是科技人才，用科技人才激发增长活力。要提高科技要素的生产力，将资源优势真正转化为经济优势，走耗能低、污染少的绿色新型工业化道路。同时，各级政府应通过转移支付等手段为柴达木盆地的科技、教育事业发展提供更多援助，为柴达木盆

地绿色发展创造良好的人文环境。

（二）调整优化产业结构，助力绿色发展

柴达木盆地绿色经济发展效果虽然不断提升，但仍处于中级发展阶段。从三次产业结构来看，2019 年全国和青海省第三产业增加值占 GDP 比重分别为53.9%和50.7%，柴达木盆地第三产业增加值占 GDP 比重仅为22.8%。柴达木盆地应重视第一、第三产业的发展，调整优化产业结构。第一产业应发展适应双循环需要的产业门类，突出盆地特色与资源优势，发展盆地特色农牧业；第二产业应把转变发展方式、发展循环经济作为主攻方向，发展新能源、新材料等新兴产业，加大人才、资金与科技投入力度，提高资源利用率；第三产业应坚持生产性与消费性服务业并举的原则，重点发展农牧服务业等产业，构建以生物园区为依托的区域性物流集聚区，培育发展工业区配套商业服务业，形成商品流通网络体系。

（三）推进生态文明建设与环境保护

“绿水青山就是金山银山”，柴达木盆地应处理好生态保护和经济发展之间的关系，以生态保护优先思想统领该地区健康发展。一方面，应紧紧围绕重点生态保护区，以治山、治土、治沙、治水以及环境综合治理为重点，实施柴达木盆地的重大生态修复工程，为该地绿色发展奠定生态基础；开展重点保护天然林、建设三北防护林等生态保护工程，推进城镇、工业园区等重要区域的绿化。另一方面，加大对环境污染的治理力度，树立节约循环利用的资源观，推动太阳能、风能等清洁能源的开发与利用，积极发展可再生能源，逐步降低煤炭消费在总能源消费中的比重，减少碳排放量。与此同时，严格环保执法，坚决制止污染环境、破坏生态的行为，切实将柴达木盆地的绿色发展推向法制化轨道。

（四）倡导绿色生产生活，推进绿色发展

党的十九届五中全会提出，全面提高资源利用效率，推进资源总量管理、科学配置、全面节约、循环利用。为此，柴达木盆地应坚持问题导向，将科技与绿色发展和生态建设紧密结合起来。在绿色生产方面，柴达木盆地在注重优势资源综合开发的同时，也应关注资源利用技术的改造与提升，按照资源循环化、产业集约化的要求，全面提升生产环节的环保水平。提高企业的综合竞争能力，加强企业之间的有效对接以及资源之间的高效循环，提高资源利用效率，减轻环境污染。在绿色生活方面，当地政府和社会组织应从思想观念角度出发，促使人们树立生态观和绿色发展观，推动人民在生活中走绿色低碳之路，形成绿色消费习惯。

（五）综合利用资源要素，提高循环经济发展水平

柴达木盆地自然资源极为丰富，但是仍然以单程式经济活动为主，存在资源浪费严重等问题。应当合理开发和利用资源，积极推动循环能源、绿色能源和可再生资源的利用，实现低碳高增长。具体有以下三个途径：一是发展循环经济，延长盐湖化工、煤炭综合利用、油气化工、金属冶金、新能源、新材料、特色生物等主导产业链，提高资源利用效率，增强竞争能力。二是发展低碳经济，充分发展“阳光经济”“风能经济”“生物质能经济”等，以降低碳排放量，促进区域生态环境保护和绿色可持续发展。三是积极发展盆地绿色农业和特色旅游业，适度发展建材等产业，提高自然资源单位面积的生物产量，高效利用现有资源存量，使生态足迹呈现多样性，又能满足区域内外市场需求。

（六）积极响应“一带一路”倡议，提高区域开放水平

丝绸之路青海道作为丝绸之路的重要辅道，曾经发挥过重要的作用。积极响应“一带一路”倡议，有助于推进基础设施建设，优化对外贸易结构，提高经贸合作水平，服务于双循环的发展要求。进一步提升口岸服务能力，科学规划布局格尔木国际陆港建设，将盆地所在的海西州打造成青海开放发展的战略支点城市。大力加强通道建设，推动物流业发展，以高效便捷的现代物流服务弥补区位的不足。完善人才培养交流机制，加快专业人才队伍建设，依托省内高校的人才培养条件，积极争取与“一带一路”沿线国家和地区联合、交换培养人才，通过人才培养支持青海开放经济发展，推进青海省对外开放水平的提升。

第六章 区域经济协调发展

区域经济协调发展既包括区域内产业之间的协调发展，也包括区域内城乡之间的协调发展，还包括区域经济、社会与生态环境的协调发展。其中，产业之间的协调发展是基础，城乡之间的协调发展是表现，区域经济、社会与生态环境的协调发展是最终目标。中国特色区域协调发展思想由来已久，从科学发展观的提出和实践，到绿色发展理念和生态文明战略的实施，党中央立足基本国情和发展目标，对发展理念的时代性进行探索，不仅清晰描绘了发展的生态底色，而且指明了协调发展努力的方向。

第一节 青海省产业与城乡协调发展分析

合理的产业结构不是几个产业部门的简单组合，而是要通过跨部门、跨产业的组合创造更大的经济效益，促进经济发展。比较劳动生产率指标能够较好地衡量一个国家或地区产业结构的优劣，以及合理与否。本节结合 2000—2019 年青海省产业发展数据，分析三次产业走势及其波动情况，从比较劳动生产率、二元对比系数的视角揭示青海三次产业发展协调性和城乡二元经济结构的变化。

一、分析指标选择

比较劳动生产率、二元对比系数和二元反差指数是城乡二元经济结构的三个主要测度指标，此外还有城乡二元经济结构指数。这几个指标都可以反映区域内农业与非农产业发展是否协调，也可以反映区域内城乡发展是否协调。

（一）比较劳动生产率

美国著名经济学家库兹涅茨在配第和克拉克研究的基础上，从国民收入和劳动力在产业间分布的角度，对经济增长过程中的产业结构转变进行了深入研究。他运用比较劳动生产率指标，揭示了三次产业所创造的产值与所占用的劳动力之间比例关系的变化趋势，认为不同产业比较劳动生产率的差距是产业结构转变的内在原因，随着经济的发展，产业间比较劳动生产率的差距会逐步缩小。库兹涅茨还指出，人均国民收入水平越低的国家，农业部门与工业部门、服务业部门的比较劳动生产率差距越大。

比较劳动生产率又称相对国民收入，是由某一产业所创造的国民收入份额与所投入的劳动力份额相比得出的。计算公式如下：

$$B_i=(G_i/G)/(L_i/L) \tag{6-1}$$

式中，B_i 表示比较劳动生产率；G_i 和 L_i 分别表示第 i 产业的产值和劳动力投入；G 和 L 分别表示区域的经济总量和投入的劳动力总量，其中投入的劳动力总量按照当年的就业人数计算。某产业比较劳动生产率若小于1，即该产业劳动力占全部产业的比重大于国民收入占全部产业的比重，表明该产业的单位劳动力创造的国民收入低于平均水平。一般来说，发展中国家第一产业的比较劳动生产率低于1，第二、第三产业的比较劳动生产率大于1。随着经济的发展，第一产业与第二、第三产业比较劳动生产率的差距不断缩小，并且三次产业的比较劳动生产率不断向1靠拢。

（二）二元对比系数

二元对比系数又称二元生产率对比系数，即第一产业比较劳动生产率与第二、第三产业比较劳动生产率的比率。

设 G 为总产值（或总收入），L 为劳动力总数，G_1 为农业部门产值（或收入），G_2 为非农业部门产值（或收入），L_1 为农业部门劳动力数，L_2 为非农业部门劳动力数，R_1 为二元对比系数。很显然，$G_1+G_2=G$，$L_1+L_2=L$。比较劳动生产率的计算公式如下：

$$农业部门：B_1=\frac{G_1/G}{L_1/L} \tag{6-2}$$

$$非农业部门：B_2 = \frac{G_2/G}{L_2/L} \tag{6-3}$$

由此可得，二元对比系数的计算公式如下：

$$R_1 = \frac{B_1}{B_2} \tag{6-4}$$

二元对比系数理论上的取值范围为0~1。当 $R_1 = 0$ 时，表明第一产业比较劳动生产率为0，经济二元性最显著；当 $R_1 = 1$ 时，第一产业和第二、第三产业的比较劳动生产率相同，二元经济完全转变成了一元经济，经济的二元性消失。发展中国家的二元对比系数通常为0.31~0.45，发达国家的二元对比系数一般为0.52~0.86。

该指标与经济结构二元性的强度呈反向关系，二元对比系数越大，两部门的差别越小，反之，则两部门的差别越大。二元对比系数理论上的最大值为1，但通常总是低于1。二元对比系数的变动总体上呈“U”形。

（三）二元反差指数

二元反差指数，即第二、第三产业或非农业产值比重与劳动力比重之差的绝对值。二元反差指数理论上的取值范围也为0~1，与二元对比系数相反，反差指数越大，第一产业和第二、第三产业的差距越大，经济二元性越明显；当二元反差指数为0时，二元经济转变为一元经济，二元性消失。

二元反差指数采用部门产值（或收入）比重与劳动力比重之差来反映二元经济结构，而不像比较劳动生产率和二元对比系数那样，采用部门产值（或收入）比重与劳动力比重之比来反映二元经济结构。

（四）城乡二元结构指数

城乡二元结构指数衡量城乡经济差距。公式如下：

城乡二元结构指数 I = 城市非农产业比较劳动生产率/农业比较劳动生产率

由此可以看出，城乡二元结构指数是二元对比系数的倒数。该指数越小，表明城乡差距越小。到2050年，中国预期的四大基本指数值分别为：恩格尔系数平均在0.15以下、基尼系数平均为0.30~0.35、人文发展指数平均在0.9以上、城乡二元结构指数平均在1.5以内。

二、青海省三次产业产出效率分析

我们以2000—2019年青海省三次产业统计数据为基础，计算和分析三次产业比较劳动生产率，揭示比较劳动生产率走势及其波动性的特征。由于使用了20年的序列数据，可以比较客观地反映实际情况与变动态势。我们结合查阅到的数据，根据式（6-1）计算出青海省和全国三次产业的比较劳动生产率（见表6-1）。

表6-1　2000—2019年青海省三次产业比较劳动生产率与全国对比

年份	青海省比较劳动生产率			全国比较劳动生产率		
	第一产业	第二产业	第三产业	第一产业	第二产业	第三产业
2000	0.27	3.30	1.38	0.29	2.02	1.45
2001	0.25	3.14	1.60	0.28	2.01	1.49
2002	0.25	3.12	1.46	0.27	2.08	1.48
2003	0.23	2.79	1.45	0.25	2.11	1.43
2004	0.25	2.75	1.29	0.28	2.04	1.35
2005	0.24	2.80	1.19	0.26	1.97	1.32
2006	0.22	2.67	1.15	0.25	1.89	1.30
2007	0.24	2.55	1.05	0.25	1.75	1.32
2008	0.23	2.57	1.02	0.25	1.72	1.29
2009	0.23	2.43	1.05	0.25	1.65	1.30
2010	0.24	2.44	0.97	0.26	1.62	1.27
2011	0.24	2.44	0.88	0.27	1.57	1.24
2012	0.25	2.40	0.85	0.28	1.50	1.25
2013	0.26	2.34	0.91	0.30	1.46	1.21
2014	0.26	2.34	0.91	0.31	1.44	1.18
2015	0.24	2.17	1.00	0.31	1.40	1.18
2016	0.24	2.12	1.03	0.31	1.38	1.19
2017	0.26	1.98	1.10	0.29	1.44	1.15
2018	0.29	1.90	1.10	0.27	1.44	1.15
2019	0.32	1.91	1.06	0.28	1.41	1.13

资料来源：根据2001—2020年《中国统计年鉴》《青海统计年鉴》整理计算。

从表 6-1 和图 6-1 可以看出，青海省三次产业比较劳动生产率变动趋势符合库兹涅兹法则，具体表现为：第一产业的比较劳动生产率低于 1，而第二、第三产业的比较劳动生产率大于 1。随着经济的发展，第一产业与第二、第三产业的比较劳动生产率差距在缩小，并且三次产业的比较劳动生产率不断向 1 靠拢。总体来看，青海省经济发展水平低于全国平均水平，第二产业比较劳动生产率总体高于全国平均水平，第三产业比较劳动生产率总体低于全国平均水平，第一产业比较劳动生产率与全国平均水平大致相同。

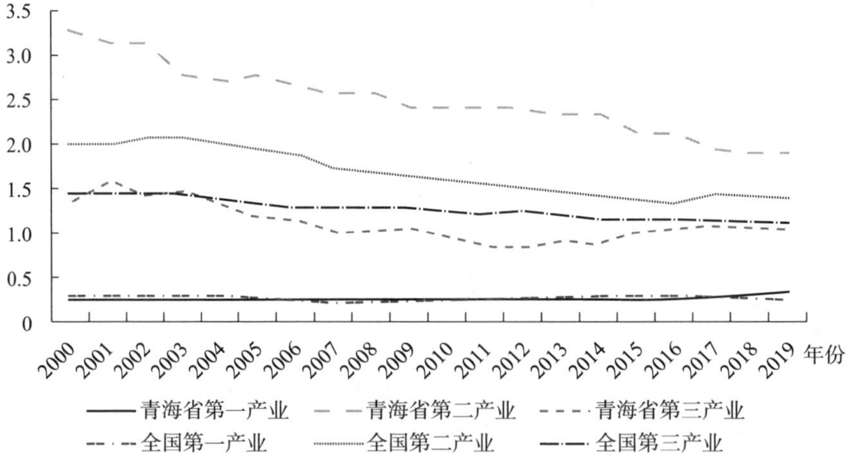

图 6-1　2000—2019 年青海省三次产业比较劳动生产率与全国对比

三、青海省城乡经济社会发展差异分析

从表 6-2 可以看出，青海省非农产业比较劳动生产率 B_2 在 1 以上，呈现波动下降趋势。二元对比系数 R_1 从 2000 年的 0. 14 波动上升至 2019 年的 0. 24，反映出农业生产效率相对提高，与非农产业的差距在逐渐缩小。由二元对比系数计算公式可知，青海省二元对比系数 R_1 距离到达 1 还有很大差距，所以青海省经济仍然表现出二元性。对比发展中国家的二元对比系数 0. 31~0. 45 这个标准，青海省的差距还较大。

青海省城乡二元结构指数 I 经历了先上升然后逐渐下降的变化。2000 年该指数为 7. 11，2001 年上升至 8. 44，随后波动下降，2019 年降至 4. 09。

青海省城乡二元结构指数越来越小，表示城乡差距在逐渐缩小。但是，要达到 2050 年中国预期二元结构指数平均在 1.5 以内的发展要求，青海省必须采取更多城乡协调发展措施。

表 6-2　2000—2019 年青海省二元对比系数与城乡二元结构指数

年份	非农产业比较劳动生产率 B_2	二元对比系数 R_1	城乡二元结构指数 I
2000	1.92	0.14	7.11
2001	2.11	0.12	8.44
2002	1.97	0.13	7.88
2003	1.91	0.12	8.30
2004	1.78	0.14	7.12
2005	1.74	0.14	7.25
2006	1.70	0.13	7.73
2007	1.61	0.15	6.71
2008	1.61	0.14	7.00
2009	1.58	0.15	6.87
2010	1.54	0.16	6.42
2011	1.50	0.16	6.25
2012	1.44	0.17	5.76
2013	1.44	0.18	5.54
2014	1.43	0.18	5.50
2015	1.42	0.17	5.92
2016	1.42	0.17	5.92
2017	1.40	0.19	5.38
2018	1.35	0.21	4.66
2019	1.31	0.24	4.09

资料来源：根据 2001—2020 年《青海统计年鉴》整理测算。

从图 6-2 可以看出，青海省二元对比系数的变动总体上呈“U”形，城乡二元结构指数总体上呈下降趋势。

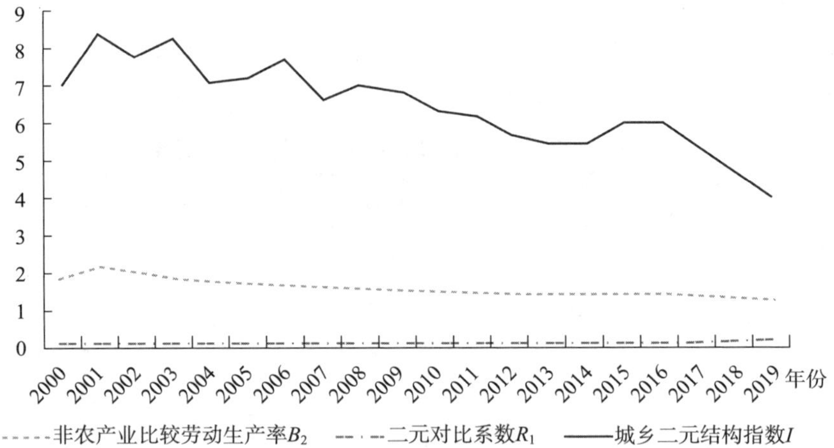

图 6-2　2000—2019 年青海省城乡二元结构主要测度指标变化

四、结论

（一）第一产业比较劳动生产率偏低

青海省第一产业的比较劳动生产率整体不高，远低于 1，大多数年份在 0.3 以下，表明青海省第一产业的相对国民收入比较低。从 2019 年青海省生产总值和就业构成来看，第一产业以 35%的就业人数带来仅 7.1%的产出贡献。青海省第一产业比较劳动生产率提升受到以下四方面因素的制约：一是自然条件比较恶劣。在高寒干旱的生产条件下，农畜产品产量提高困难重重。二是资源密集型工业排挤劳动力。城市非农产业发展不足，使得青海省农村剩余劳动力转移受阻，影响劳动生产率提高。三是农业投资有限，技术创新支撑农牧业高质量发展效果不显著。四是生态环境十分脆弱。全省主体功能区规划约 90%的土地为限制开发区和禁止开发区，限制了农牧业发展规模的扩大。

（二）第二产业比较劳动生产率较高

青海省第二产业的比较劳动生产率整体较高，除了 2019 年（1.91）、2018 年（1.9）、2017 年（1.98）以外，其余年份都在 2 以上，27.5%的就业人数带来了 39%的产出贡献。与第一产业和第三产业相比，第二产业的比较劳动生产率在各个年份都是最高的，表明青海还处于工业化进程中，第二产业的劳动生产率比第一、第三产业更有优势。从理论上讲，第二产业较高的产业效益带来了较高的相对国民收入，会促使第一产业的就业人员不断进入第二产业。在市场经济条件下，当三次产业的相对国民收入差距过大时，这种就业人口的转移会非常明显，同时会使各个产业的比较劳动生产率趋于一致。但是，青海省第二产业中的工业主要是资源密集型产业和资本密集型产业，吸收劳动力的能力极其有限，阻碍了青海省第一产业劳动力的转移。整体来看，青海省第二产业比较劳动生产率虽有波动，但呈下降趋势。未来青海省工业的健康发展依赖于工业结构调整——从资源密集型工业、资本密集型工业向技术密集型工业转化，并应结合区域特色优势发展一些劳动力密集型工业，以新型工业化带动农牧业现代化和第三产业发展，以数字经济赋能工业发展，提高产业比较劳动生产率和产业竞争力。

（三）第三产业比较劳动生产率在 1 以上，逐步下降

青海省第三产业的比较劳动生产率大多为 1.00~1.60，呈现下降趋势，最低点是 2012 年的 0.85，最高点是 2001 年的 1.60，表明第三产业相对的就业人数和产值成正比，2019 年以 47.4%的就业人数带来 53.9%的产出贡献。与第二产业相比，第三产业的比较劳动生产率波动并不大。第三产业的比较劳动生产率在研究期间出现过两次下降，分别是 2001—2008 年、2009—2012 年。总体来看，2001—2019 年青海省第三产业的比较劳动生产率呈下降趋势，且逐步向 1 靠近。现阶段青海省经济发展的主要动力仍然是第二产业，第二产业较高的比较劳动生产率对第三产业的发展产生了挤出效应。青海省第三产业要健康发展，也要由以传统第三产业为主转向传统第三产业与新兴第三产业协调发展，提升第三产业的附加值，依托城镇化创造更多能够促进第三产业发展的平台，创造更广阔的就业市场。

（四）青海省城乡二元结构依然明显

虽然从变动特征来看，青海省二元对比系数的变动符合经济发展规律，城乡二元结构指数下降比较显著。但是，从青海省发展水平与全国平均发展水平来看，二元结构依然十分突出。要缩小城乡发展差距，首先，要大力发展青海省第一产业。通过投资发展设施农业，提高对自然灾害和恶劣自然条件的抵御能力，扩大生产规模，实现规模经济，增加第一产业

的产出回报，促进农牧民增收。其次，加大对第一产业的技术扶持力度，促进绿色农牧业发展。再次，提高城镇化水平，以各级各类城镇为载体，吸收转移农村剩余劳动力，减轻农牧业人口压力。最后，坚持生态文明发展理念，切实将保护资源环境与产业经济发展和城镇化相结合，大力倡导生态产业化、产业生态化发展，用绿色发展理念引领经济社会发展，提高资源利用率，节能减排，发展循环经济，把绿水青山保护好，在绿水青山中实现经济社会可持续发展。

（五）青海省总体发展水平较低，区域内发展不平衡

尽管从纵向来看，西部大开发战略实施以来青海省经济取得了巨大的进步，生产总值一直维持中高速增长。但是，从横向来看，青海省经济在全国仍处于较低水平（见图 6-3）。

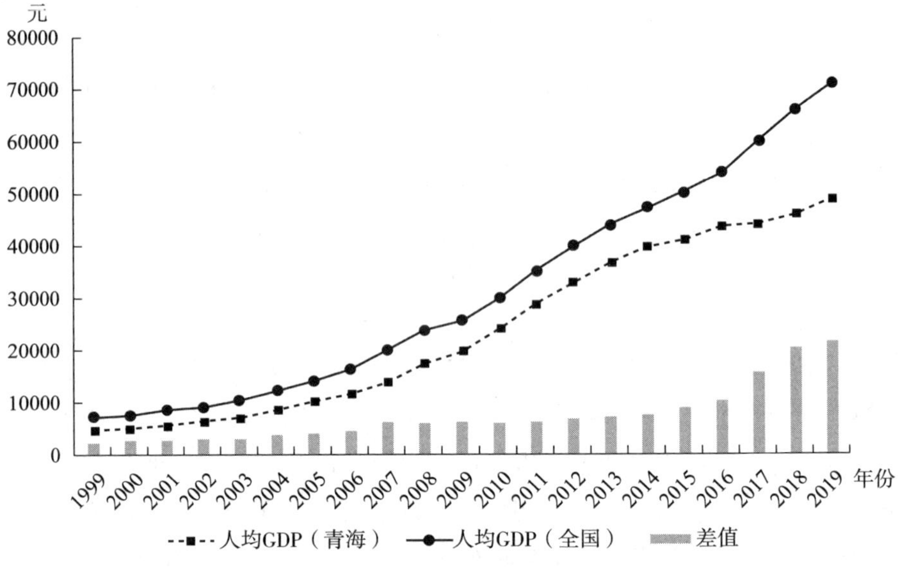

图 6-3　1999—2019 年青海省与全国人均 GDP 对比

如图 6-3 所示，1999—2019 年，青海省人均 GDP 一直低于全国同期平均水平，而且青海省人均 GDP 与全国人均 GDP 的差值在不断拉大，由 1999 年的 2441 元增大到 2019 年的 21910 元。由此不难发现，从全国范围来看，青海省经济发展还处于较低水平，人民生活水平与全国相比差距还较大。

长期以来，由于自然条件和社会经济发展基础较差，青海省内各地州之间发展不均衡现象十分明显。西宁市和海东市土地面积仅占全省面积的2.8%，人口则占全省总人口的64%，海北藏族自治州、海西蒙古族藏族自治州、玉树藏族自治州、果洛藏族自治州每平方千米人口分布不足10人。在地区生产总值中，省会西宁占比达44.9%，海西市和海东市占比分别为21.8%和15.8%，其余各地区合计占比约为17.5%，其中青南地区的黄南、玉树、果洛三州，占比分别为3.1%、1.9%和1.4%。

要缩小青海省与国内其他区域间的发展差距，首先，要营造良好、稳定的社会环境，提高政府管理经济的能力与效率，不断完善地区法规，加强区域内社会各阶层、各民族、各社会团体的团结与协作，同时加强区域间合作，制定合理的区域经济发展政策。其次，要夯实区域经济基础，调整优化产业结构，改善区域的市场条件与资源的供应条件，提高劳动力素质，改善城市基础设施条件。再次，要重视科学技术发展，提升区域创新能力，提高技术转化效率和技术市场的发育水平等。最后，也是最重要的一点，要始终坚持保护生态环境。

青海省区域经济目前仍处在工业化中期阶段，因此，不必急于实现形式上的城乡一体化，更重要的是完善“点—轴”空间结构系统，发展壮大各级节点城市和城镇，优化城镇体系，改善城乡交通基础设施条件，切实缩小城乡公共服务水平差距。

第二节 青海工业化与城镇化发展协调度测定与分析

青海将生态作为立省之本，是我国的生态保护重点区域，转型中的青海如何协调好城镇化、工业化和生态良性发展是关键点。本节对青海的工业化与城镇化（简称“两化”）进行耦合协调分析，对不同时期的两化水平做出评价，并对两化进行耦合协调度测定。

一、研究基础

工业化与城镇化之间存在着相互促进的关系，工业化通过集聚效应将生产要素吸引到一起。在工业化发展的过程中，城市慢慢形成，因此可以说工业化与城镇化是同时推进的。工业化发展是城镇化的前提条件；随着城镇化的快速推进，会形成更高的集聚经济效益，促进工业的发展，因此，城镇化是工业化的必要条件。两化协调关系源于刘易斯的二元经济理论，工业在发展过程中会不断吸纳来自农业的剩余劳动力，从而加快城镇化的步伐，同时为农业生产提供现代化物资供应。中华人民共和国成立以来，我国工业化经历了改革开放前的重工业化阶段和改革开放后的消费导向性工业化阶段。

李宾和孔祥智（2016）对我国工业化和城镇化对农业现代化的影响进行了实证研究，发现我国城镇化水平的提高对农业现代化的推进有推动作用，工业化与农业现代化有较强的相关性。杨曙辉等（2012）认为，提升工业化和城镇化的质量有益于我国农业现代化的快速发展。城镇化发展离不开工业化，同样工业化发展也离不开城镇化，两者相辅相成。

改革开放以前，我国的城镇化推进速度较慢，城镇化率从 1949 年的 10.64%提升到 1978 年的 17.92%，仅增长了 7.28 个百分点。城市数量也仅增加了 61 个，到 1978 年达到 193 个。改革开放以后，由于我国经济体制的转变，在政府与市场的共同作用下，我国城镇化进程快速推进，使得城市发展逐渐赶上工业的发展。不同学者对工业化与城镇化的耦合情况做了不同程度的研究。有些学者对我国区域工业化、城镇化与农业现代化（以下简称“三化”）进行了实证研究。也有学者对我国工业化、信息化、城镇化和农业现代化（以下简称“四化”）进行了主成分分析和协调度检验，认为信息化是四化的核心部分。综上所述，专家学者对四化进行了不同层次的研究，其中大多数基于全国层面进行研究，也有针对不同地区的研究。本书对青藏高原的工业化与城镇化协调程度进行了测定。

二、相关理论与方法

（一）耦合协调度理论

工业化与城镇化是一个国家或地区经济发展水平的主要指标，相关学者通过物理学中的耦合协调度理论对工业化与城镇化的协调性进行了研究。本节采用物理学中的耦合系数模型进行研究。耦合协调度理论就是通

过对各个系统之间的相互关系进行量化，来确定系统间相互促进、相互协调的关系及程度。耦合度模型为

$$c_n=\sqrt[n]{\left\{\frac{E_1,\ E_2,\ \cdots,\ E_n}{\left[\prod(E_i+E_j)\right]}\right\}} \tag{6-5}$$

式（6-5）中，$E_i(i=1,\ 2,\ \cdots,\ n)$ 是各个子系统的指标评价函数。本节研究城镇化与工业化两个系统之间的协调关系。对上述耦合度模型进行优化处理，令 $E_1=d(x)$；$E_2=t(x)$，其中 E_1 代表城镇化系统评价函数，E_2 代表工业化系统评价函数。根据耦合协调度理论，E_1 和 E_2 的期望离差系数越小越好。

$$c_n=\frac{s}{\left\{\frac{[d(x)+t(x)]}{2}\right\}} \tag{6-6}$$

其中，s 是标准差，c_n 是耦合度。将式（6-6）进一步化简可得

$$c_n=2\sqrt{1-\frac{d(x)t(x)}{\left(\frac{d(x)+t(x)}{2}\right)^2}} \tag{6-7}$$

为使期望离差系数变小，对 c_n 进行化简，耦合度公式为

$$c=\left[\frac{d(x)t(x)}{\left(\frac{d(x)+t(x)}{2}\right)^2}\right]^k \tag{6-8}$$

这里，k 取值为 2，式（6-8）中，c 为两部门的耦合度，k 为调节系数。$0\leqslant c\leqslant 1$，当 $d(x)$ 与 $t(x)$ 两个值都取 1 时，耦合度 $c=1$，表示两部门耦合程度最优，当耦合度 $c=0$ 时，表示两部门没有耦合关系，不存在相关性。

（二）两化协调度函数构建

耦合度仅仅代表了两化之间的相关度，并不能全面地反映两化之间的具体协调水平。当两化水平都比较低时，两者之间的协调程度可能很强。为了更好地得出两化之间的综合协调水平，构建协调度函数：

$$D=\sqrt{ch} \tag{6-9}$$

$$h=md(x)+kt(x) \tag{6-10}$$

式（6-9）中，D 为协调度；C 为耦合度；h 为两化综合发展水平评价

指标。式（6-10）中，m、k 分别代表两化的权重系数。工业化和城镇化在经济发展中同等重要，因此，本节将工业化与城镇化的权重设为相等，即 $m=0.5$，$k=0.5$，这样更能反映出结果的可靠性。根据廖重斌（1999）对协调度的划分，本节将协调度划分为两个大阶段，这两个大阶段又可划分为五个等级，具体如下：当 $0\leqslant D\leqslant 0.49$ 时，两化处于失调阶段，具体为 $0\leqslant D\leqslant 0.09$、$0.1\leqslant D\leqslant 0.19$、$0.2\leqslant D\leqslant 0.29$、$0.3\leqslant D\leqslant 0.39$、$0.4\leqslant D\leqslant 0.49$，分别代表极度失调、严重失调、中度失调、轻度失调和濒临失调；当 $0.5\leqslant D\leqslant 1$ 时，两化处于协调阶段，具体为 $0.5\leqslant D\leqslant 0.59$、$0.6\leqslant D\leqslant 0.69$、$0.7\leqslant D\leqslant 0.79$、$0.8\leqslant D\leqslant 0.89$、$0.9\leqslant D\leqslant 1$，分别代表勉强协调、初级协调、中级协调、良好协调和优质协调。

（三）青海省两化综合发展水平评价指标体系构建

青海省位于我国西北地区，地处青藏高原。目前，青海的第二产业已经形成了工业门类相对齐全的现代化工业体系，城镇化水平也不断提高。在相关研究的基础上，本节结合《青海统计年鉴》相关指标的可量化性，对两化水平评价具体指标进行选择，构建了两化综合发展水平评价指标体系。

城镇化综合发展情况主要体现在城镇化发展的程度、城镇人民生活水平和第三产业发展三个方面，具体包括城镇人口占总人口比重、城镇居民人均可支配收入、城镇居民消费水平、第三产业就业人口比例和第三产业增加值占 GDP 比重五个指标。

工业化综合发展情况主要体现在工业生产能力、第二产业发展情况和工业贡献三个方面，具体包括第二产业就业人口比例、工业生产者出厂价格指数、工业产值占 GDP 比重、工业产业贡献率和第二产业增加值占 GDP 比重五个指标。

（四）原始数据处理与指标权重确定

首先，设该评价指标体系共有 $m(m>1)$ 个参评样本、$n(n>1)$ 个指标，$i(i=1, 2, \cdots, m)$ 为参评样本序号，$j(j=1, 2, \cdots, n)$ 为指标序号，那么，x_{ij} 就是第 i 年第 j 个评价指标的具体值。

其次，对各个具体值进行标准化处理，使其各项指标达到同质化。X_{ij} 代表标准化后的数据。对标准化后的数据按指标类型进行所有年份求和，再进一步求出每个年份所占的比重，见式（6-11）。

$$p_{ij}=\frac{X_{ij}}{\sum_{i=1}^{m}X_{ij}} \tag{6-11}$$

$$e_j=-\ln(m)^{-1}\sum_{i=1}^{m}p_{ij}\ln p_{ij} \tag{6-12}$$

$$s_j=1-e_j \tag{6-13}$$

$$w_j=\frac{s_j}{n-\sum e_j} \tag{6-14}$$

式（6-11）中，p_{ij}代表该样本在所有年份中所占的比重；式（6-12）中，e_j代表第j个指标的熵值；式（6-13）中，s_j代表信息熵饱和度情况；式（6-14）中，w_j表示各项指标的权重。结合各指标的权重，可计算出城镇化体系和工业化体系的综合发展指数，计算公式为

$$E=\sum_{j=1}^{k}(w_{ij}X_{ij}) \tag{6-15}$$

其中，E代表两化综合发展指数，令$t_x=E_1$为工业化综合发展水平，$d_x=E_2$为城镇化综合发展水平，k为参评指标的总个数，w_{ij}为第i年第j个指标的权重。

可依据《青海统计年鉴》（2020）中的相关数据对青海省1999—2019年两化指标数据进行收集和汇总，再采用统计学和数学方法对原始数据进行计算分析，对城镇化与工业化综合发展的各项指标进行熵权法赋值。在对原始数据进行标准化之后，X_{ij}有为0的情况，此时p_{ij}也为0。在计算信息熵时，为了数据的可操作性，令$\lim_{p_{ij}\to 0}p_{ij}\ln p_{ij}=0$。对各项指标赋权后，可得出各子系统的综合发展水平表达式。

2019年的城镇化综合发展水平可以表示为

$$d_{21}=0.09X_{211}+0.12X_{212}+0.13X_{213}+0.08X_{214}+0.13X_{215} \tag{6-16}$$

2019年的工业化综合发展水平可以表示为

$$t_{21}=0.10X_{216}+0.11X_{217}+0.09X_{218}+0.08X_{219}+0.07X_{2110} \tag{6-17}$$

式（6-16）和式（6-17）中，X_{211}，X_{212}，…，X_{2110}为对2019年10项指标原始数据进行标准化后得到的数据，权重见表6-3。

表 6-3　2019 年青海省两化指标权重

	城镇化系统					工业化系统				
	城镇人口比例	城镇居民人均可支配收入	城镇居民消费水平	第三产业就业人口比例	第三产业增加值占GDP 比重	第二产业就业人口比例	工业生产者出厂价格指数	工业产值占 GDP 比重	工业产业贡献率	第二产业增加值占GDP 比重
熵	0.902	0.868	0.855	0.943	0.931	0.923	0.925	0.886	0.950	0.931
权重	0.09	0.12	0.13	0.08	0.13	0.10	0.11	0.09	0.08	0.07

参照式（6-16）和式（6-17），对青海城镇化综合发展水平、工业化综合发展水平进行计算，然后计算出两化综合发展水平，结果见表 6-4 和图 6-4。

表 6-4　1999—2019 年青海省两化综合发展水平

年份	城镇化水平（d_x）	工业化水平（t_x）	两化综合发展水平（h）
1999	0.10	5.71	2.91
2000	0.12	5.79	2.96
2001	0.12	5.67	2.90
2002	0.16	5.75	2.95
2003	0.17	5.86	3.01
2004	0.18	5.72	2.95
2005	0.19	5.53	2.86
2006	0.20	5.51	2.85
2007	0.23	5.36	2.79
2008	0.23	5.19	2.71
2009	0.28	5.28	2.78
2010	0.35	5.22	2.78
2011	0.38	4.97	2.67
2012	0.45	4.95	2.70
2013	0.52	5.25	2.88
2014	0.58	5.32	2.95
2015	0.66	5.77	3.22
2016	0.73	5.95	3.34

续表

年份	城镇化水平（d_x）	工业化水平（t_x）	两化综合发展水平（h）
2017	0.86	6.91	3.89
2018	0.93	6.77	3.85
2019	1.01	6.73	3.87

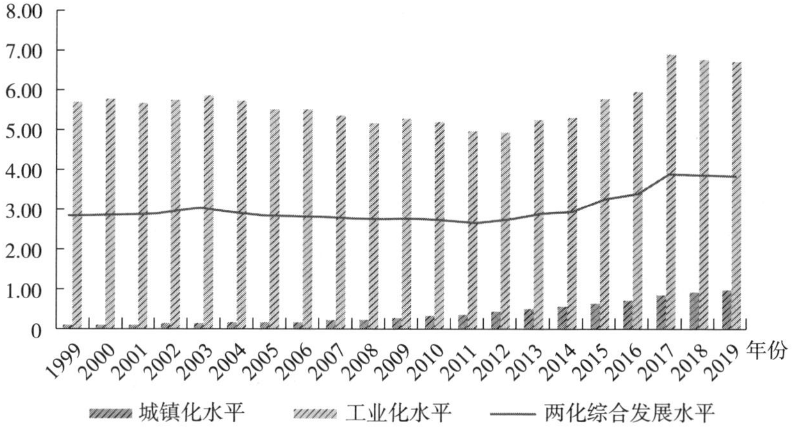

图 6-4　1999—2019 年青海省两化综合发展水平

1999—2019 年，青海省的城镇化水平一直在提高，尤其是 2008 年以后，城镇化水平快速提升。总体来看，城镇化水平从 1999 年的 0.10 提高到 2019 年的 1.01。工业化水平波动比较明显，1999 年为 5.71，到 2003 年总体上呈现波动上升，其中 2001 年有所下降。2003—2012 年，工业化水平从最高的 5.86 下降到 4.95，随后波动上升，在 2017 年达到最高值 6.91 后，出现缓慢下降趋势。为了有效反映二者的耦合和协调情况，对两化综合发展水平进行计算，其权重均为 0.5。从图 6-4 可以看出，1999—2003 年，两化综合发展水平缓慢上升，2003—2011 年则呈现缓慢下降趋势，2012—2017 年上升幅度较大，2017 年之后显现出平稳发展态势。

三、青海两化协调程度测评

青海省两化耦合度和协调度变动见图 6-5。1999 年，青海两化的耦合度为 0.99，基本接近完全耦合。但是，当时的工业化发展水平和城镇化发展水平都比较低，其耦合为低水平的高度耦合。同样的情况在 2000 年、2002 年和 2003 年都出现了。1999—2019 年青海省两化的平均耦合度为 0.84，处于较高水平，表明城镇化和工业化有较强的关联。2019 年的耦合度为 0.75，为历年两化耦合的最低点，2013 年的耦合度为 1，表明两化完全耦合。为了更好地展现两化的协调关系，对两者进行了协调度测评。两化历年平均协调度为 0.52。2004 年以来，两化的协调度都在 0.4 以上。2001—2017 年，两化协调度基本处于平稳的上升状态，2017 年以后呈现下降趋势，到 2019 年，两化协调度降至 0.51。

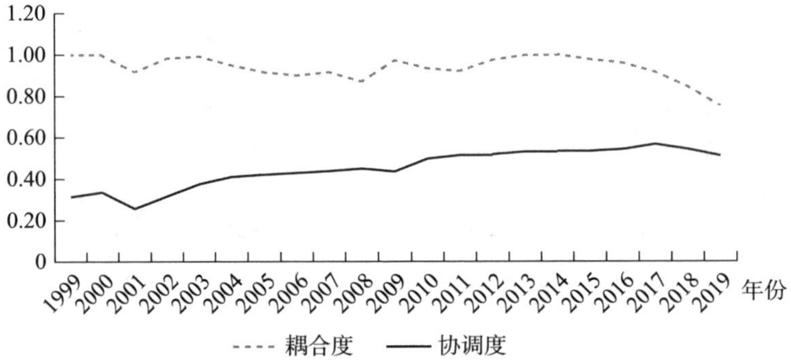

图 6-5　1999—2019 年青海省两化耦合度和协调度变动

历年两化协调度和耦合度评价见表 6-5。1999—2003 年，青海的两化处于轻度或中度失调阶段；2004—2009 年，处于濒临失调阶段；2010—2019 年，处于勉强协调阶段。

表 6-5　1999—2019 年青海省工业化、城镇化协调程度和耦合度评价结果

年份	耦合度 C	协调度 D	协调情况
1999	0.99	0.31	轻度失调
2000	0.96	0.34	轻度失调
2001	0.92	0.26	中度失调
2002	0.98	0.32	轻度失调
2003	0.99	0.37	轻度失调
2004	0.95	0.41	濒临失调
2005	0.91	0.42	濒临失调

续表

年份	耦合度 C	协调度 D	协调情况
2006	0.90	0.43	濒临失调
2007	0.92	0.44	濒临失调
2008	0.87	0.45	濒临失调
2009	0.97	0.44	濒临失调
2010	0.93	0.50	勉强协调
2011	0.92	0.51	勉强协调
2012	0.97	0.52	勉强协调
2013	1.00	0.53	勉强协调
2014	0.99	0.53	勉强协调
2015	0.98	0.53	勉强协调
2016	0.96	0.54	勉强协调
2017	0.92	0.57	勉强协调
2018	0.85	0.54	勉强协调
2019	0.75	0.51	勉强协调

四、结论与发展对策

（一）结论

青海两化协调水平在1999—2003年先下降后上升，从2003年开始，工业化综合发展水平快速提高，城镇化开始滞后于工业化。2010年以来，青海的工业化综合发展水平下降。青海的城镇化在2008—2013年快速发展，到2013年，城镇化水平赶上工业化水平，之后的几年，青海的工业化被城镇化反超。近几年，两化协调度从濒临失调逐渐过渡到勉强协调。

（二）发展对策

农业农村发展是一个长期且具有挑战性的大问题，即便到2050年我国城镇化水平有望达到80%，农村依然有将近3亿人口，这个过程还需要我们不断地去努力。2019年底，我国的城镇化率为60.6%，要达到80%左右还需要提高将近20个百分点，在未来的30多年，每年要保持0.7%左右的增长率（陈锡文，2018）。党的十九大报告提出，优先发展农业农村现代化、坚持就业优先战略、优先解决教育问题这三个优先发展，三个优先发展与城镇化发展有着密切的关系；同时，重申了推动四化同步的重要性，说明新型城镇化和乡村振兴战略并不是只发展农业农村，而是要城镇化、信息化、新型工业化与农业农村现代化同时推进。

现阶段，要提高青海省城镇化与工业化发展的协调度，对策如下：

第一，加快推进工业转型发展。只有两化良性协调发展，才能加快青海省的经济建设。新型工业化强调生态是和经济同等重要的要素，青海作为全国的生态大省，要时刻以保护生态为首，加快推进工业转型发展的步伐，使工业化水平与城镇化水平达到良性协调。

第二，统筹城乡发展，强化农村产业支撑。在全国推进农业农村现代化的热潮下，将农村产业与工业有效衔接，将工业的加工手段、生产理念、经营方式与农村的文化、生态、旅游等融合，大力推进具有规模效益的特色小镇建设，使城乡分割的二元经济逐渐一元化，走城乡融合发展之路，使两化从大城市逐渐向特色小镇延伸。通过统筹城乡发展，不断推动两化的高水平发展，使青海两化协调度突破中级协调，达到良性协调，最终实现优质协调。

第三，全面深化制度改革，推动两化协调发展。形成两化协调发展的良性机制，对工业生态达标设计详细的测评制度，大力发展生态工业。深化户籍制度改革，促进农民市民化，通过大力宣传消除城镇居民对农民的偏见，实现农牧民职业化，逐步提高城镇化率。将新发展理念融入社会各个阶层，聚力推进供给侧结构性改革，实现新型工业化和新型城镇化协调发展。

第三节　青海省区域创新效率与创新环境耦合协调分析

国家发展需要创新，自党的十八大以来，我国把创新作为国家发展的重要任务，放在国家发展全局的核心地位，积极推动创新驱动发展战略的实施。科技创新不断推动社会生产力的发展和劳动生产率的提高，只有大力发展社会生产力，经济社会才能实现高质量发展。实现经济结构调整需要创新，“五位一体”总体布局的实现也需要创新作为关键动力。区域创新环境的改变影响着区域创新效率，区域创新效率对区域创新环境也具有一定的反作用。随着青海省区域经济的快速发展，区域创新效率不断提高，区域创新环境不断改善。

一、青海省区域创新效率与创新环境定量评价

（一）建立指标体系

对青海省区域创新效率和创新环境进行评价，指标的选取与指标体系直接关系到研究结果的科学性、客观性与准确性。因此，指标的选取和指标体系的建立需要遵循科学性原则、可操作性原则、代表性原则、开放性原则和动态性原则。

1. 青海省区域创新效率评价指标体系

根据国内外相关文献，结合青海省区域创新自身的特点，本节选择投入产出导向的 DEA-CCR 模型对青海省区域创新效率进行测量。结合已有研究以及数据的可得性，选取 R&D 人员全时当量、R&D 经费内部支出和新产品开发经费支出三项指标作为区域创新效率的投入指标。其中，R&D 人员全时当量是指参加 R&D 项目的全时人员数和非全时科研人员折合成全时人员数的总和；R&D 经费内部支出是指参加 R&D 活动的所有实际支出；新产品开发经费支出有助于实现科学技术市场化，是科技投入中的重要组成部分。专利申请授权量、技术合同成交额和新产品销售收入是衡量产出向量的三个产出指标。以上两部分构成青海省区域创新效率评价指标体系（见表 6-6）。

本节所使用的数据均来源于 2004—2020 年《青海统计年鉴》《中国科技统计年鉴》，以及 2006—2019 年《工业企业科技活动统计年鉴》。

表 6-6　青海区域创新效率评价指标体系

一级指标	二级指标
投入指标	I_1 R&D 人员全时当量（人年）
	I_2 R&D 经费内部支出（亿元）
	I_3 新产品开发经费支出（万元）

续表

一级指标	二级指标
产出指标	O_1 专利申请授权量（项）
	O_2 技术合同成交额（亿元）
	O_3 新产品销售收入（万元）

2. 青海省区域创新环境评价指标体系

对青海省区域创新环境进行有效分析，找出创新环境存在的问题，对照问题改善青海省区域创新环境，有助于提高区域创新效率和创新能力。本节采用因子分析法对青海省区域创新环境进行分析。结合创新环境的内涵和青海省的实际情况，本节从硬环境和软环境两方面构建青海省区域创新环境体系（见表 6-7）。硬环境包括人均 GDP、大中型企业的个数、公路线路密度、邮电业务量、固定互联网用户和金融机构年末存款余额六项指标；软环境包括教育支出、科学技术支出、全社会固定资产投资、普通高校毕业生人数和科技项目数五项指标。

表 6-7 青海省区域创新环境评价指标体系

一级指标	二级指标
硬环境	X_1 人均 GDP（万元）
	X_2 大中型企业的个数（个）
	X_3 公路线路密度（公里/平方公里）
	X_4 邮电业务量（亿元）
	X_5 固定互联网用户（万户）
	X_6 金融机构年末存款余额（万元）
软环境	X_7 教育支出（万元）
	X_8 科学技术支出（万元）
	X_9 全社会固定资产投资（亿元）
	X_{10} 普通高校毕业生人数（人）
	X_{11} 科技项目数（项）

（二）基于数据包络分析法（DEA）的青海省区域创新效率评价

利用 DEA 的 C^2R 模型，借助 Deap2. 1 软件计算，可得 2003—2019 年青海省区域创新效率评价结果（见表 6-8）。

表 6-8 2003—2019 年青海省区域创新效率评价结果

年份	DEA 效率值（θ）	投入冗余量			产出不足量		
		S^{1-}	S^{2-}	S^{3-}	S^{1+}	S^{2+}	S^{3+}
2003	0.834	0	0	0	0	0	0
2004	0.500	0	0	330.336	31.950	0	74360.119
2005	0.544	0	0	0	0	0	0
2006	1.000	0	0	0	0	0	0
2007	1.000	0	0	0	0	0	0
2008	1.000	0	0	0	0	0	0
2009	0.895	3103.467	3.440	0	195.324	6.690	0
2010	0.541	2163.154	0	0	169.077	0	153477.501
2011	0.530	1797.716	3.422	0	0	0	156525.028
2012	0.344	318.695	0	0	223.966	0	313652.324
2013	0.412	24.488	0	0	435.402	0	442054.073
2014	0.542	0	0	4364.231	466.937	0	593753.675
2015	0.842	0	0	27476.130	376.826	0	633220.449
2016	1.000	0	0	0	0	0	0
2017	0.882	0	980.212	0	614.055	0	0
2018	1.000	0	0	0	0	0	0
2019	1.000	0	0	0	0	0	0

注：S 表示投入和产出指标的松弛变量。

1. DEA 效率值分析

由 DEA 效率值的判断要求可知，当 $\theta^*=1$ 时，决策单元 j_0 为 DEA 有效；当 $\theta^*<1$ 时，决策单元 j_0 非 DEA 有效。

由表 6-8 可知，在 2003—2019 年中，青海省区域创新效率仅有 6 年为 DEA 有效，其余 11 年均为非 DEA 有效。2003—2005 年，青海省区域创新效率为非 DEA 有效；2006—2008 年，青海省区域创新效率达到较稳定状态，为 DEA 有效；2009—2015 年，区域创新效率出现了较长时间的非 DEA 有效；2016 年、2018 年、2019 年，青海省区域创新效率回归 DEA 有效。整体来看，青海省区域创新效率不具有稳定性，处于非 DEA 有效的时间较长，但整体呈现趋向于 DEA 有效的状态。

2. 投入冗余分析

由 DEA 投入指标的判断要求可知，当 $S^{1-}=0$ 时，投入能得到合理充分有效的利用，是有效的；当 $S^{1-}>0$ 时，投入没有得到充分利用，投入要素存在冗余。

S^{1-}是投入指标中的 R&D 人员全时当量。2003—2008 年青海省 R&D 人员全时当量得到了充分利用，研究与开发人员积极性很高，时间利用充分；2009—2013 年 R&D 人员全时当量存在投入冗余的问题，其中 2009—2011 年冗余最为严重；2014—2019 年 R&D 人员全时当量投入合理。S^{2-}是投入指标中的 R&D 经费内部支出。2003—2008 年 R&D 经费内部支出得到了充分利用，使用效率较高；2009—2019 年中，2009 年和 2011 年的 R&D 经费内部支出略有冗余，2017 年 R&D 经费内部支出冗余量突出，其余年份青海省 R&D 经费内部支出创新效率的投入得到了充分有效的利用。S^{3-}是投入指标中的新产品开发经费支出。由表 6–8 可知，仅有 2004 年、2014 年、2015 年存在投入冗余，其他年份的投入均得到相应的产出。整体来看，青海省区域创新效率的投入指标冗余较少，趋于充分合理利用。

3. 产出不足分析

由 DEA 产出指标的判断要求可知，当 $S^{1+}=0$ 时，产出在原投入的基础上是合理的；当 $S^{1+}>0$ 时，在当前的投入水平上存在产出不足的现象。

S^{1+}是产出指标中的专利申请授权量。在 2003—2008 年中，只有 2004 年专利申请授权量存在产出不足的现象，其余年份的专利申请授权量均在既定的投入上产出达到合理有效；在 2009—2015 年中，有 6 年存在专利授权量产出不足的现象；在 2016—2019 年中，只有 2017 年专利授权量存在产出不足。S^{2+}是产出指标中的技术合同成交额。在 2003—2019 年中，仅有 2009 年技术合同成交额没有达到产出的标准。S^{3+}是产出指标中的新产品销售收入。在 2003—2009 年中，只有 2004 年新产品销售收入存在较为严重的产出不足，其他年份在既定投入指标的基础上新产品销售收入达到有效的产出；2010—2015 年，产出严重不足，出现了严重的资源浪费问题；2016—2019 年，新产品销售收入达到合理产出。整体来看，青海省的产出趋于合理，但新产品销售收入仍有很大的提升空间。

研究结果表明，虽然青海省达到 DEA 有效的年份相对较少，但其区域创新 DEA 效率值总体呈现上升和完善的态势，这主要是因为青海省的区域创新环境整体较为薄弱，中大型企业的创新产出偏低，高科技人才较为匮乏，区域创新效率会因为经济建设的发展和变化产生一定的波动，从而使 DEA 效率值产生一定的波动。受西部大开发战略的影响，青海省的创新水平不断提高，投入指标的有效利用率也不断增强，使投入产出趋于合理，在目前的投入情况下，创新资源得到了合理有效的利用。

（三）基于因子分析法的青海省区域创新环境评价

1. 数据标准化

因子分析法可以消除区域创新环境中各变量潜在的相关关系，用较少且具有代表性的综合指标来反映整个大环境的状况。运用因子分析法时，首先要对原始数据进行标准化处理（见表 6-9）。

表 6-9　原始数据标准化

年份	X_1	X_2	X_3	X_4	X_5	X_6	X_7	X_8	X_9	X_{10}	X_{11}
2003	-1.40	-1.50	-1.910	-0.62	-0.990	-1.20	-1.21	-1.00	-1.00	-1.30	-1.60
2004	-1.30	-1.40	-1.720	-0.55	-0.930	-1.20	-1.21	-1.00	-1.00	-1.20	-0.70
2005	-1.20	-1.40	-1.630	-0.57	-0.780	-1.10	-1.16	-1.00	-1.00	-0.90	-1.00
2006	-1.10	-1.20	-0.690	-0.52	-0.710	-1.00	-1.10	-0.80	-0.90	-0.80	-0.70
2007	-0.90	-0.80	-0.430	-0.43	-0.650	-0.90	-0.96	-0.70	-0.90	-0.70	-0.70
2008	-0.60	-0.60	-0.230	-0.33	-0.420	-0.80	-0.77	-0.60	-0.80	-0.20	-0.80
2009	-0.50	-0.40	-0.030	-0.20	-0.210	-0.60	-0.58	-0.40	-0.70	-0.10	-0.60
2010	-0.20	0.78	0.066	-0.01	0.036	-0.30	-0.29	-0.60	-0.50	-0.10	-0.50
2011	0.09	0.89	0.176	-0.47	0.281	-0.10	-0.01	-0.70	-0.30	0.53	-0.00
2012	0.33	0.93	0.266	-0.41	0.584	0.21	0.955	0.04	0.01	0.02	-0.00
2013	0.58	1.00	0.483	-0.39	0.765	0.48	0.250	0.34	0.33	0.13	0.09
2014	0.77	1.11	0.610	-0.27	1.007	0.69	0.171	0.77	0.66	0.17	0.58
2015	0.88	0.82	0.770	-0.12	1.761	1.02	0.85	0.98	0.90	0.25	0.90

续表

年份	X_1	X_2	X_3	X_4	X_5	X_6	X_7	X_8	X_9	X_{10}	X_{11}
2016	1.03	0.60	0.92	-0.320	2.392	1.19	0.948	1.14	1.07	0.43	1.08
2017	1.07	0.45	1.04	0.258	-0.800	1.32	1.175	2.15	1.31	0.42	1.38
2018	1.32	0.56	1.11	1.859	-0.680	1.28	1.337	1.15	1.50	0.74	1.43
2019	1.40	0.56	1.19	3.173	-0.600	1.33	1.644	0.79	1.64	2.99	1.63

2. KMO 检验

KMO 检验和巴特利特球形度检验用于检验评价指标数据能否进行因子分析，其主要作用是检测变量之间是否具有相关性。当 KMO≥0.9 时，表示非常适合进行因子分析；当 0.8≤KMO<0.9 时，表示很适合进行因子分析；当 0.7≤KMO<0.8 时，表示适合进行因子分析；当 0.6≤KMO<0.7 时，表示可进行因子分析；当 0.5≤KMO<0.6 时，表示不太适合进行因子分析；当 KMO<0.5 时，表示不应该进行因子分析。由表 6-10 可知，该指标体系变量的 KMO 值为 0.757，表示适合进行因子分析。

表 6-10 原始数据标准化

KMO 取样适切性量数		0.757
巴特利特球形度检验	近似卡方	358.655
	自由度	55
	显著性	0

3. 提取公因子

一般选取特征值大于 1 的因子或累积贡献率大于等于 85%时的因子作为公因子。表 6-11 的分析结果显示，虽然第一个特征值大于 1，但因其第一个成分的累积贡献率没有达到 85%，所以选择提取两个公因子。从第二个因子开始，因子数之间的特征值差异与前两个因子数相比较小，这也符合提取公因子的标准，因此该指标体系应选取两个公因子。综上所述，提取前两个因子可以解释区域创新环境评价指标体系中的数据变化，提取的两个因子为 F_1、F_2。

表 6-11　总方差解释

成分	初始特征值			提取载荷平方和			旋转载荷平方和		
	总计	方差百分比（%）	累积贡献率（%）	总计	方差百分比（%）	累积贡献率（%）	总计	方差百分比（%）	累积贡献率（%）
1	8.653	78.666	78.666	8.653	78.666	78.666	6.796	61.782	61.782
2	1.411	12.830	91.496	1.411	12.830	91.496	3.269	29.714	91.496
3	0.473	4.298	95.794						
4	0.228	2.070	97.864						
5	0.101	0.914	98.778						
6	0.050	0.458	99.236						
7	0.044	0.401	99.638						
8	0.030	0.277	99.915						
9	0.008	0.071	99.986						
10	0.001	0.011	99.997						
11	0.000	0.003	100.000						

4. 主因子解释

每个公共因子的载荷分配是通过旋转后的成分矩阵来体现的，通过旋转对矩阵进行简化，方便对因子的观察，从而为因子命名。

根据旋转后的成分载荷矩阵（见表 6-12），对 2 个公因子进行命名。

第一个公因子（F_1）包含的指标为邮电业务量（X_4）、普通高校毕业生人数（X_{10}）、全社会固定资产投资（X_9）、科技项目数（X_{11}）、教育支出（X_7）、人均 GDP（X_1）、金融机构年末存款余额（X_6）、公路线路密度（X_3）和科学技术支出（X_8）。这九个指标主要反映创新的基础环境建设和教育状况，因此将该因子命名为创新基础因子。

第二个公因子（F_2）包含的指标为大中型工业企业个数（X_2）和固定互联网用户（X_5）。这两个指标主要反映青海省区域创新科技情况，因此将该因子命名为创新科技因子。

表 6-12　旋转后的成分载荷矩阵

指标	成分	
	F_1	F_2
X_4 邮电业务量（亿元）	0.927	-0.281
X_{10} 普通高校毕业生人数（人）	0.907	0.158
X_9 全社会固定资产投资（亿元）	0.881	0.429
X_{11} 科技项目数（项）	0.878	0.420
X_7 教育支出（万元）	0.859	0.462
X_1 人均 GDP（万元）	0.831	0.552
X_6 金融机构年末存款余额（万元）	0.825	0.548
X_3 公路线路密度（公里/平方公里）	0.772	0.556
X_8 科学技术支出（万元）	0.752	0.515
X_5 固定互联网用户（万户）	0.013	0.939
X_2 大中型企业个数（个）	0.545	0.727

5. 因子得分计算

计算两个公因子的评价得分，并以 $W_i = \lambda_i / \sum_{i=1}^{2} \lambda_i$ 作为每个公因子 F_i 权重的计算公式，根据表 6-11 计算出公因子 F_1 的权重 W_1 和公因子 F_2 的权重 W_2，分别为 0.675 和 0.325。2003—2019 年青海省区域创新环境综合得分为 $F=F_1 \times w_1+F_2 \times w_2$，见表 6-13。

表 6-13　2003—2019 年青海省区域创新环境综合得分与排名

年份	创新基础因子（F_1）得分	创新科技因子（F_2）得分	综合得分	排名
2019	2.68370	-1.32592	1.38	1
2018	1.75990	0.51650	1.02	2
2017	1.21200	0.13424	0.86	3
2016	0.07314	1.92997	0.68	4
2015	0.14250	1.53623	0.60	5
2014	0.04374	1.19040	0.42	6
2012	-0.10669	0.99640	0.25	7
2013	-0.14069	0.82789	0.17	8

续表

年份	创新基础因子（F_1）得分	创新科技因子（F_2）得分	综合得分	排名
2011	-0.23758	0.43505	-0.02	9
2010	-0.34439	0.12327	-0.19	10
2009	-0.40586	-0.32576	-0.38	11
2008	-0.50918	-0.49126	-0.50	12
2007	-0.64047	-0.62095	-0.63	13
2006	-0.73481	-0.78859	-0.75	14
2005	-0.87587	-0.98674	-0.91	15
2004	-0.87502	-1.02991	-0.93	16
2003	-1.04442	-1.08783	-1.06	17

由表6-13可知，由于资金和人才相对短缺，青海省创新系统对资金和人才的使用率相对较高，青海省区域创新环境各因子得分和综合得分都在不断升高，其中创新基础因子得分的提高幅度最大，对青海省区域创新环境影响最大。虽然创新科技因子得分也在不断提高，但对青海省创新环境的影响较小。近年来，青海省一直在不断加强创新环境建设，提高了人民的生活水平，也促进了经济和科技的发展。在以后的政策制定中，青海省应加强创新系统内各创新主体之间信息资源的流动，加大人力资源投入力度，着重吸引创新型人才，把培养创新型人才和高素质的劳动者作为促进科学技术创新和经济增长的基础，加强与国内外市场的联系，促使区域经济适应国内外市场变化，增加财政投入，完善基础设施建设，从而推动经济的持续快速发展。

二、青海省区域创新效率与创新环境耦合协调度评价

（一）计算耦合协调度

对青海省区域创新效率与创新环境进行耦合协调度分析，应先采用极差法对区域创新效率DEA有效值（θ）和创新环境综合得分（F）进行无量纲标准化处理，再根据耦合协调度计算公式和数据得出青海省区域创新效率与创新环境耦合协调度综合评价值，继而对青海省区域创新效率与创

新环境耦合协调度进行评价（结果见表6-14）。

表6-14　2003—2019年青海省区域创新效率与创新环境耦合协调度评价

年份	耦合度（C）	协调度（D）	阶段	层次
2003	0.114	0.208	低水平耦合阶段	中度失调
2004	0.419	0.258	拮抗阶段	中度失调
2005	0.405	0.282	拮抗阶段	中度失调
2006	0.343	0.445	拮抗阶段	濒临失调
2007	0.381	0.481	拮抗阶段	濒临失调
2008	0.412	0.513	拮抗阶段	勉强协调
2009	0.451	0.515	拮抗阶段	勉强协调
2010	0.494	0.425	拮抗阶段	濒临失调
2011	0.482	0.438	拮抗阶段	濒临失调
2012	0.127	0.196	低水平耦合阶段	严重失调
2013	0.358	0.365	拮抗阶段	轻度失调
2014	0.459	0.485	拮抗阶段	濒临失调
2015	0.500	0.625	拮抗阶段	初级协调
2016	0.498	0.677	拮抗阶段	初级协调
2017	0.499	0.660	拮抗阶段	初级协调
2018	0.500	0.707	拮抗阶段	中级协调
2019	0.521	0.734	拮抗阶段	中级协调

（二）结论

结合耦合度的四个阶段和协调度的十个层次，我们对2003—2019年青海省区域创新效率与创新环境的耦合协调情况进行分析。

1. 耦合度计算结果

青海省的耦合度主要分为四个阶段：2003年，青海省区域创新效率与创新环境处于低水平耦合阶段，耦合度较低；2004—2011年，青海省的耦合度得到了一定程度的提高，处于拮抗阶段；2012年，青海省的耦合度处于低水平耦合阶段；2013—2019年，青海省的耦合度不断提升，呈现出由拮抗阶段向磨合阶段改变的趋势。随着国家政策扶持力度不断加大，以及经济的不断发展，青海省区域创新效率与创新环境耦合度总体上呈现出不断提升的趋势。

2. 协调度计算结果

青海省区域创新效率与创新环境的协调度可分为三个阶段：2003—2005 年，处于中度失调状态；2006—2014 年，耦合协调度波动明显，经历了濒临失调—勉强协调—濒临失调—严重失调—轻度失调—濒临失调的变化；2015—2019 年，协调度先是转为初级协调，后提升至中级协调。总体来看，青海省区域创新效率与创新环境的耦合度和协调度都保持着持续提升的状态，并且耦合度大多保持在拮抗阶段，协调度从 2018 年起进入中级协调阶段。

这个转变与国家发展战略密不可分。自党的十九大提出加强科技创新、深入实施创新驱动发展战略以来，青海省的创新环境大大改善，创新能力大幅提高，创新驱动发展成效显著，促进了区域创新效率与创新环境的协调发展。

三、青海省区域创新效率与创新环境协调发展的对策

结合前文的分析，要推动青海省创新系统不断发展，可从以下五个方面改善青海省的创新效率和创新环境：

第一，加强政策引导，完善创新体制机制。完善与创新相关的制度，形成企业和公众共同参与的科学有效监管机制，监督政策的落实情况；简化与创新技术有关的申报程序，合理有效利用金融市场，加大对创新主体创新效益的保护力度，加强对知识产权的保护，保障并激励创新主体的创新活动。

第二，推动经济增长，打造良好的创新条件。加快推进青海省经济结构调整，转变经济增长方式，支持和引导民营企业发展，开辟新的具有青海特色的创新模式。

第三，提高创新环境建设，加强创新人才吸引和培养。增加教育支出是青海省吸引人才和培养人才的重要措施。青海省应完善人才引进机制，吸引优秀的创新人才，强化对创新人才的奖励机制，为其创造良好的发展平台。

第四，确定重点创新区域，带动周边地区发展。加大对西宁等具有较大发展潜力的城市或地区的政策资金投入力度，提高西宁等地区的科技创新实力，带动周边城镇的科技创新。

第五，加大科技投入力度，鼓励企业成为创新主体。着重发展科技园区，加大对科技园区的创新投入力度，支持中小企业自主创新，为中小企业的发展提供资金支持。政府应重视大中型企业的创新活动，让这些企业成为真正推动青海省区域创新的主体。

第四节　青海省牧区生态经济耦合协调度分析

青海省作为长江、黄河、澜沧江的发源地，其生态发展定位最为突出。自古以来，青海省的生态环境就十分脆弱，随着人口的增多，以及各种资源的开发利用，青海省的生态环境进一步恶化。近年来，随着国家加强对草原开发的管理，以及对草原旅游的规范，青海的牧区生态有了明显的改善。青海省委十三届四次会议提出的“一优两高”发展战略更是为牧区发展指明了方向，使牧区经济发展呈现出多元化的趋势，由原来的单一放牧转变为深挖牛羊的附加值收入，草场转为轮牧，在牧业增收的同时，牧区的生态环境也得到了很好的保护。科学合理布局牧区生态发展，有利于促进牧区经济的可持续发展，有助于各民族的团结稳定。构建牧区生态和牧区经济指标体系要符合社会发展方向和可持续发展战略，坚持既要金山银山又要绿水青山的发展理念，不能为了追求经济的高速发展而只关注牧区经济，也不能只顾牧区生态保护而忽视牧区经济的发展。

一、研究思路与方法

从前文分析可以知道，耦合协调度模型用于分析事物的协调发展状况。耦合度指两个或两个以上系统之间的相互作用，可以反映系统之间的相互依赖、相互制约程度。协调度指耦合相互作用关系中良性耦合的程度，可以体现出协调状况的好坏。为了进一步研究牧区生态与经济的协调关系，本节选取了青海省牧区生态和经济两个系统、设置了四个准则层、选取了 28 个具体指标来评价两个系统的协调度。

（一）准则层的构建

设置生态环境压力、自然灾害压力准则层，以反映牧区生态发展水平。研究这两个子系统，有助于进一步科学地把握青海省牧区生态发展水平的影响因素。

设置社会效益、经济效益准则层，以反映牧区经济发展水平。研究这两个子系统，有助于进一步科学地把握青海牧区经济发展水平的影响因素。

（二）具体指标选取

我们从四个准则层出发，遵循可持续发展的原则，征询了多年从事相关研究专家的建议，并且结合青海牧区发展的特点，选取了能反映青海牧区生态和经济之间关系的 28 个指标（见表 6-15），具体如下：

生态环境压力：牧区生态影响主要包括人类影响和自然因素影响，所以主要选取森林覆盖率、旅游人次、草原可利用面积、年内人工草地增加面积、围栏草场面积、年平均降雨量、年平均气温、年平均风速、年日照时数 9 个具体指标，其中旅游人次为负向指标，其余 8 个均为正向指标。

自然灾害压力：主要选取草原鼠害防治面积比重和草场危害防治率 2 个指标。

社会效益：牧区经济状况与社会效益密切相关，所以选取了牧业人口数、牧民人均 GDP、牧区人均草场面积、GDP 年增长率、恩格尔系数、人口自然增长率、城镇化率、贫困发生率、牧民人均纯收入 9 个指标，其中恩格尔系数、人口自然增长率、贫困发生率为负向指标，其余 6 个均为正向指标。

经济效益：牧区经济发展与牧区经济效益息息相关，所以选取了牧业总产值、农林牧渔总产值、畜牧业占地区总产值比重、牲畜年末总头数、牲畜年末增长率、年末牲畜出栏率、畜牧业产品价格指数、年末牲畜商品率 8 个指标。

（三）数据来源及处理

本节数据来源于 2008—2018 年《青海统计年鉴》和《中国畜牧兽医年鉴》，其中部分数据缺失采用插值法补齐。为了让数据之间具有可比性，必须先消除数据间的量纲差异。在处理数据时，有正向指标和负向指标之分，采用前一节公式分别进行处理，因篇幅所限，所得数据不一一列示。指标权重计算结果见表6-15。

表6-15　青海省牧区生态环境与经济耦合协调关系指标体系

目标层	准则层	指标层	指标方向	指标单位	指标权重
牧区生态系统	生态环境压力	森林覆盖率	正	%	0.0626
		旅游人次	负	人	0.0203
		草原可利用面积	正	hm^2	0.0293
		年内人工草地增加面积	正	hm^2	0.0217
		围栏草场面积	正	hm^2	0.0292
		年平均降雨量	正	mm	0.0187
		年平均气温	正	℃	0.0227
		年平均风速	正	m/s	0.0687
		年日照时数	正	h	0.0394
	自然灾害压力	草原鼠害防治面积比重	正	%	0.0833
		草场危害防治率	正	%	0.0462
牧区经济系统	社会效益	牧业人口数	正	人	0.0182
		牧民人均GDP	正	元	0.0360
		牧区人均草场面积	正	hm^2	0.0196
		GDP年增长率	正	%	0.0418
		恩格尔系数	负	%	0.0253
		人口自然增长率	负	‰	0.0307
		城镇化率	正	%	0.0277
		贫困发生率	负	%	0.0310
		牧民人均纯收入	正	元	0.0422
	经济效益	牧业总产值	正	元	0.0393
		农林牧渔总产值	正	元	0.0348
		畜牧业占地区总产值比重	正	%	0.0362
		牲畜年末总头数	正	头	0.0232
		牲畜年末增长率	正	%	0.0289
		年末牲畜出栏率	正	%	0.0642
		畜牧业产品价格指数	正	上年=100	0.0261
		年末牲畜商品率	正	%	0.0329

二、青海省牧区生态与经济系统综合评价模型

为研究牧区生态保护水平与经济发展水平，建立牧区生态与经济系统综合评价模型。分别计算出牧区经济发展水平和生态保护水平，进一步分析二者发展差距。设 $T(g)$ 为牧区生态保护水平，$T(s)$ 为牧区经济发展水平，X_1，X_2，…，X_m 为牧区生态系统的 m 个指标，Y_1，Y_2，…，Y_n 为牧区经济系统的 n 个指标。

$$T(g) = \sum_{a=1}^{m} W_a X_a \tag{6-18}$$

$$T(s) = \sum_{a=1}^{n} W_a Y_a \tag{6-19}$$

式（6-18）和式（6-19）中，a 为指标序号，X_a、Y_a 为两个系统各单项指标影响因子；T 为牧区生态保护与牧区经济发展两个系统的综合指数，反映牧区生态保护与经济整体发展水平。计算公式如下：

$$T = \alpha T(g) + \beta T(s) \tag{6-20}$$

式（6-20）中，α、β 为待定系数，根据可持续发展的原则，牧区经济发展和生态保护同等重要，所以令 $\alpha=\beta=0.5$。

通过式（6-18）、式（6-19）、式（6-20）计算两个系统的发展指数和综合发展指数。牧区生态保护指数和牧区经济发展指数如图 6-7 所示。

从图 6-7 可以看出，青海省牧区生态保护指数与牧区经济发展指数在 2008—2017 年中呈现波动上升趋势。综合发展指数从 2008 年的 0.1858 发展到 2017 年的 0.3402，上升幅度明显。从两个系统来看，青海省牧区经济发展指数明显高于牧区生态保护指数，牧区生态保护指数从 2008 年的 0.1770 增加到 2017 年的 0.2867，年均增量为 0.0154；牧区经济发展指数从 2008 年的 0.1946 增加到 2017 年的 0.3938，年均增量为 0.0199。

本节将牧区生态保护与经济发展综合指数分为三个阶段：2008—2010 年，牧区生态保护指数总体高于牧区经济发展指数，这一阶段牧区经济发展活力不足，开发力度较小。2010—2012 年，牧区经济发展指数超过牧区生态保护指数，牧区生态保护指数下降明显，主因是青海牧区开发缺乏管理，经济发展以损害生态为代价。2012—2017 年，牧区生态保护指数呈现上升趋势，且与经济发展同步，这与国家重视生态保护有关。2012 年，党的十八大召开，将生态文明建设纳入中国特色社会主义事业总体布局，形

成“五位一体”总体布局。综合来看，青海牧区生态保护与经济发展关系有所好转，但仍需重视二者的协调，走可持续发展道路。

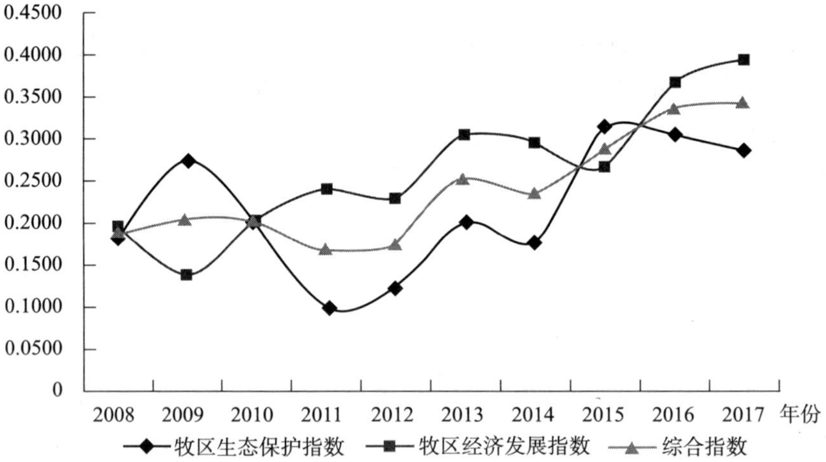

图 6-7　青海省牧区生态保护指数、经济发展指数和综合指数

为了进一步研究牧区生态保护指数和牧区经济发展指数的详细情况，对两个子系统中的生态环境压力、自然灾害压力、社会效益和经济效益四个准则层的发展指数进行分析，结果如图 6-8 所示。

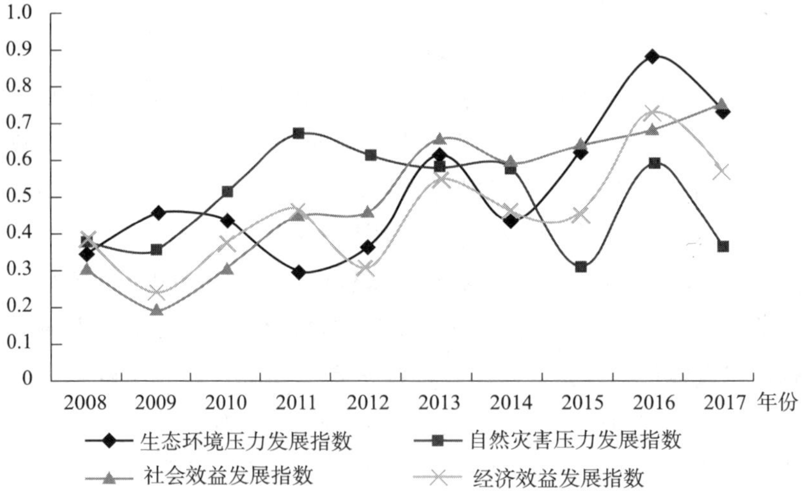

图 6-8　四个准则层发展指数分析

从图 6-8 可以看出，四个准则层发展指数呈现波动上升趋势。本节将四个准则层发展分为两个阶段：第一阶段（2008—2013 年），各主要指标都呈现一定幅度的增长，但是协调水平处于轻度失调阶段；第二阶段（2013—2017 年），部分指标在 2016 年达到峰值，其中生态环境压力发展指数、经济效益发展指数首次同时超过其他发展指数，耦合协调水平在 2016 年达到 0. 5773，为近年来最高水平。青海省在发展牧区生态经济时，应把着力点放在生态环境压力的治理和经济发展上，也要兼顾社会效益和自然灾害的治理。

三、青海省牧区生态与经济耦合协调度分析

本节主要运用式（6-18）和式（6-19）计算两个子系统的发展指数，之后计算出两个子系统的耦合度。耦合度只能说明两个子系统之间的关联度，想要得出二者的协调程度，还需要进一步分析和计算。计算结果见表 6-16。

表 6-16 2008—2017 年青海省牧区生态与经济耦合协调度

	2008	2009	2010	2011	2012	2013	2014	2015	2016	2017
耦合度	0. 9955	0. 7977	0. 9998	0. 6791	0. 8117	0. 9163	0. 8788	0. 9885	0. 9820	0. 9511
协调度	0. 4301	0. 4036	0. 4468	0. 3373	0. 3770	0. 4807	0. 4542	0. 5317	0. 5773	0. 5688
协调程度	濒临失调	濒临失调	濒临失调	轻度失调	轻度失调	濒临失调	濒临失调	勉强协调	勉强协调	勉强协调

从表 6-16 可以看出，青海省牧区生态与经济耦合协调度是稳步上升的，从 2008 年到 2017 年，协调度从 0. 4301 提高到 0. 5688，增长了 0. 01387，增幅还是比较明显的，但是同时也不能忽略 2008—2010 年青海省牧区生态与经济处于濒临失调的状态。2012 年党的十八大召开后，党中央和国务院对生态环境高度重视，加大了对牧区生态的治理力度，牧区生态和经济的协调度由 2012 年的 0. 3770 提高到 2013 年的 0. 4807。目前，青海省牧区生态和经济仍处于勉强协调阶段，还需要“撸起袖子加油干”，重视二者的协调，实现可持续发展。

四、结论与发展思路

（一）结论

从发展指数来看，青海省牧区生态与经济发展指数在 2008—2017 年呈

现波动上升趋势。综合发展指数从2008年的0.1858发展到2017年的0.3402，上升幅度明显。从两个系统来看，青海省牧区经济发展指数明显高于牧区生态保护指数，牧区生态保护指数从2008年的0.1770增加到2017年的0.2867，年均增量为0.0154；牧区经济发展指数从2008年的0.1946增加到2017年的0.3938，年均增量为0.0199。可见，青海省牧区经济发展较好。通过进一步分析四个准则层可以得出以下结论：生态环境压力发展指数、经济效益发展指数在2016年首次同时超过其他发展指数，耦合协调水平达到0.5773，为近年来最高水平。综上所述，青海省在发展牧区生态经济时，应把着力点放在生态环境压力的治理和经济发展上，同时也要兼顾社会效益和自然灾害的防治。

从耦合协调度来看，青海省牧区生态经济耦合协调度大致可分为两个阶段：2014年以前，牧区生态和牧区经济基本处于濒临失调阶段；2014年以后，两者的关系逐渐转变为勉强协调。协调度从2008年的0.4301上升到2017年的0.5688，总体呈现良好态势。青海省牧区生态经济失调的原因主要是，生态环境压力指数和经济效益指数均较低，处于低水平发展状态。从指标分析来看，今后应将重点放在生态环境的治理和牧区经济发展上，兼顾自然灾害的治理和社会效益，使青海省牧区生态经济耦合协调程度迈向高水平协调。

（二）发展思路

促使青海省牧区经济与生态协调发展，可坚持以下思路：

第一，合理分配公共资源，实现可持续发展。青海牧区生态经济发展应走可持续发展道路，着重生态环境的治理和牧区经济发展。具体来看，牧区应积极保护草场，推广轮牧和限牧政策，杜绝滥养滥放。此外，可通过拓宽牧区人民增收渠道、延长牧区产品产业链、打造牧区特色品牌等措施，促使牧区经济进一步增长。

第二，加大草原管护力度，改善草原政治生态。兼顾自然灾害防治和社会效益，加强牧区的管理和治理，如积极推动牧民医疗、教育等社会保障体系的建立和完善。对于破坏草原的行为，要严格处罚；针对草原鼠害泛滥等情况，应采取配发治理药品等措施。

第五节　西部地区城镇化质量与经济发展协调度评价

目前，我国已成为世界上实现城镇化稳步快速增长中人口最多的发展中国家。第七次全国人口普查数据显示，2020 年我国城镇化率达到 63.89%。但在城镇化水平不断提升的同时，我国西部地区各城市发展不协调、不平衡的现象仍然存在。城镇化质量和经济发展水平的提高是推动西部大开发、形成新格局的重要动力，是促进西部地区经济与人口、资源和环境协调发展的重要保障，是西部地区进入新阶段的新要求。西部地区城镇化与经济耦合协调发展的时空特征分析，有助于我们更加深入地认识西部地区发展，促进地级市经济和城镇化协调发展。

一、研究基础

对于城镇化质量与经济发展的关系，国内外学者从不同的视角进行了研究。一些研究者认为，城镇化质量提高对经济增长的促进作用不只体现在空间的扩张上，更体现在要素集聚、需求集中、分工专业化和技术创新上（孙祁祥、王向楠、韩文龙，2013）。在城镇化进程中，城市扩张并非只在数量上，同时注重“适度”与“质量”，因此“过度”和“弱质”城镇化并不利于提高城市发展质量。“过度”发展城镇化，一方面会恶化城市环境，另一方面会使城市经济出现畸形增长，因此城镇化质量与经济发展之间错位过大，城市发展过程中造成的过度集聚或过少集聚会抑制经济发展（蔺雪芹 等，2013）。也有学者认为，城镇化发展与经济增长之间仅存在单向关系，表现为经济发展水平的提高会推动城镇化进程，从空间视角来看，空间关联模式影响着城镇化进程与经济发展的关系，空间权重以经济发展为基础进行分配，城镇化质量的提高与区域经济发展之间具有正向但不显著的关系，主要原因在于我国城镇化进程受到政府干预，出现了“鬼城”越来越多的问题（周亮、车磊、孙东琪，2019）。有学者在分析能源消费与经济增长、城镇化水平之间的关系后，认为城镇化发展水平是评价经济增长的一个外生变量，即城镇化发展可以促进经济增长。在我国的城镇化进程中，环境污染引发的健康问题尤为严重，尤其在我国西部地区，卫生城镇化等发展水平与经济发展之间存在不显著的正效用，而随着“丝绸之路经济带”的形成，西部城镇化发展迎来机遇，有助于夯实产业发展基础、促进空间结构协调，推动城镇化与经济的协调发展（王颂吉、白永秀，2015）。

综上所述，城镇化质量与经济发展的联系十分紧密。多数研究发现，城镇化质量与经济发展之间存在双向正效应。城镇化质量的提升，有助于改善人民生活以及文化生活环境，有助于在产业、人口等方面产生集聚效应，对产业结构升级与转型具有明显的促进作用。近年来，国家大力支持建设“一带一路”，兰西城市群在“丝绸之路经济带”的交通枢纽作用逐渐显现，城镇化发展与经济增长迎来新机遇。与此同时，西部地区城镇化进程中存在的问题逐步显露，如人口、产业向城市集聚，省域内基本公共服务差距逐步扩大，中小城市基本公共服务水平不高，产业升级、转型与地区资源要素禀赋错位等。因此，研究兰西城市群城镇化质量与经济发展之间的关系，有助于推动兰西城市群长期可持续发展。本节以兰西城市群内 37 个地级市为研究对象，运用投影寻踪模型法、耦合协调度模型法和空间自相关模型法，从时间维度和空间维度对研究区域内各行政单元 2005—2019 年城镇化质量与经济发展水平之间的耦合协调发展进行综合分析。

二、研究方法与数据来源

（一）研究方法

1. 基于遗传算法的投影寻踪模型

20 世纪 70 年代，Kruscal 提出了一种数理统计方法，即投影寻踪模型法，用于处理高维度、非线性以及非正态等特性的数据。本节建立基于遗传算法的投影寻踪模型，目的是在降维时不影响数据的稳健性，保证数据与实际相吻合，减少数据对评价结果的影响。

首先，对数据进行标准化处理，消除指标间的量纲差异，缩小结果偏差。设各指标值的样本集为 $x(i, j)$，即第 i 个样本中的第 j 个评价指标的原始数据为 $x(i, j)$。其中：$i=1, 2, \cdots, n$；$j=1, 2, \cdots, m$；n 为具体指标样本容量、m 为具体指标数目。处理如下：

正向指标为

$$x^*(i,\ j)=\frac{x(i,\ j)-x_{\min}(j)}{x_{\max}(j)-x_{\min}(j)} \tag{6-21}$$

负向指标为

$$x^*(i,\ j)=\frac{x_{\max}(j)-x(i,\ j)}{x_{\max}(j)-x_{\min}(j)} \tag{6-22}$$

式（6-21）和式（6-22）中，$x_{\max}$（j）与 $x_{\min}$（j）分别表示第 j 个具体指标的最大值与最小值；$x^*(i,\ j)$ 表示标准化后的值，其取值范围为 $0\leqslant x^*(i,\ j)\leqslant 1$。

其次，构造投影指标函数 Q（a）。将 m 维数据 $x^*(i,\ j)$ 综合乘以 a，$a=\{a(1),\ a(2),\ \cdots,\ a(m)\}$，即得到投影值 Z（i）：

$$Z(i) = \sum_{j=1}^{p} a(i)x^*(i,\ j) \tag{6-23}$$

式（6-23）中，a 为单位长度向量。

在对 $Z(i)$ 进行投影时，需要用散布图进行分析，要求尽可能显示局部凝聚力，同时保证各凝聚点之间分散开，于是得出投影指标函数表达式：

$$Q(a)=S_Z D_Z \tag{6-24}$$

$$S_Z = \sqrt{\frac{\sum_{i=1}^{n}[Z(i) - E(z)]^2}{n-1}} \tag{6-25}$$

$$D_Z = \sum_{i=1}^{n}\sum_{j=1}^{n}[R - r(i,\ j)] \times u[R - r(i,\ j)] \tag{6-26}$$

式（6-24）至式（6-26）中，S_Z 为 $Z(i)$ 的标准差；D_Z 为 $Z(i)$ 的局部密度；$E(z)$ 为序列$\{Z(i)\ |(i=1,\ 2,\ \cdots,\ n)|\}$的平均值；$R$ 为局部凝聚点密度的窗口半径；$r(i,\ j)$ 为样本间的距离，$r(i,\ j)=|Z(i)-Z(j)|$；$u(t)$ 为一单位阶跃函数，当 $t<0$ 时，其值为 1，当 $t>0$ 时，其值为 0。

最后，执行约束非线性函数优化并估计最佳投影方向。

最大化目标函数：

$$\text{Max}：Q(a)=S_Z D_Z \tag{6-27}$$

约束条件：

$$\text{s. t.} \sum_{j=1}^{p} a^2(j) = 1 \tag{6-28}$$

对各个样本的投影值进行排序，即对城镇化与经济增长综合评价值进行排序，可以得出各样本的优劣性，综合评价分数越高，对应的城镇化水平或经济增长水平越高。

2. 评价指标体系与耦合协调模型

立足城镇化水平与经济增长协调发展，按照具有代表性、科学性、数据易获取的原则，构建城镇化水平与经济增长综合评价指标体系（见表6-17）。

表 6-17　兰西城市群城镇化与经济增长综合评价指标体系

目标层	功能层	具体指标	权重
城镇化质量（U_1）	人口城镇化	城镇化率	0.2069
		第二产业就业比重	0.0017
		第三产业就业比重	0.0282
	经济城镇化	人均 GDP	0.1237
		城镇人均可支配收入	0.2697
	土地城镇化	人均建成区面积	0.0024
		人均城市绿地面积	0.0128
	社会城镇化	互联网覆盖率	0.0515
		万人拥有医疗床位数	0.1694
		恩格尔系数	0.1336
经济发展（U_2）	经济规模	GDP	0.0181
	经济结构	第二产业增加值占 GDP 比重	0.1952
		第三产业增加值占 GDP 比重	0.4466
	经济效益	人均财政收入	0.0129
		职工平均工资	0.3271

各系统综合度指数计算式如下：

$$U_1 = \alpha_i C_i \tag{6-29}$$

$$U_2 = \beta_i J_i \tag{6-30}$$

式（6-29）和式（6-30）中，α_i 和 β_i 分别为城镇化质量和经济发展指标权重，其值等于最佳投影向量的平方；C_i 与 J_i 分别为城镇化质量与经济发展的功能层中具体指标标准化后的值。

城镇化质量与经济发展之间的协调综合指数 T 由功能层中各指标加权求和得到，公式为

$$T_{it}=\frac{1}{2}\left(U_1+U_2\right) \tag{6-31}$$

式（6-31）中，U_1 和 U_2 分别表示城镇化综合指数和经济发展综合指数。

为保证耦合度具有层次性，对原有的耦合模型进行修正，使 C 尽可能分散分布于［0，1］，增加区分度，使其具有更高效度（王淑佳 等，2021）。修正后的耦合度模型，可以更合理地反映城镇化质量与经济发展之间的关系。

当 $\max U_i$ 为 U_1 时，

$$C_{it}=\sqrt{[1-(U_1-U_2)]\times\frac{U_2}{U_1}} \tag{6-32}$$

当 $\max U_i$ 为 U_2 时，

$$C_{it}=\sqrt{[1-(U_2-U_1)]\times\frac{U_1}{U_2}} \tag{6-33}$$

城镇化质量与经济发展之间的作用强度只能用耦合度来表示，两系统的协调程度需用协调度模型来测量。协调度 D 的公式为

$$D_{it}=\sqrt{C_{it}\times T_{it}} \tag{6-34}$$

本节运用相关文献中的协调度划分标准（廖重斌，1999；刘波、黄勤、杨理珍，2021），见表 6-18。

表 6-18 协调度划分标准

协调度区间	[0，0.1)	[0.1，0.2)	[0.2，0.3)	[0.3，0.4)	[0.4，0.5)
协调等级	极度失调	严重失调	中度失调	轻度失调	濒临失调
协调度区间	[0.5，0.6)	[0.6，0.7)	[0.7，0.8)	[0.8，0.9)	[0.9，1)
协调等级	勉强协调	初级协调	中级协调	良好协调	优质协调

3. 空间自相关模型

空间自相关模型用于衡量空间数据各要素之间的联系，解释空间各要

素属性之间的相关性，可以清晰地表示其空间聚集的情况。本节选取全局 Moran's I 指数来衡量兰西城市群城镇化发展与经济增长耦合协调度的空间关联特征，分析区域内各要素的空间集聚状态，其取值范围为［-1，1］。在预先设定的显著性水平下，如果全局 Moran's I 的值大于 0 或小于 0，表示兰西城市群内地级市存在空间正相关或负相关；如果全局 Moran's I 的值为 0，则表示不存在空间自相关。计算公式为

$$I = \frac{n\sum_{i=1}^{n}\sum_{j=1}^{n} w_{ij}(D_i - \overline{D})(D_j - \overline{D})}{\sum_{i=1}^{n}\sum_{j=1}^{n} w_{ij}\sum_{i=1}^{n}(D_i - \overline{D})^2} \tag{6-35}$$

在微观层面，局部空间自相关模型对研究区域内各城市之间的关联模式进行识别，目的是分析局部空间之间的异质性。本节采用 Local Moran's I 衡量局部空间自相关性，当 I 大于 0 时，地级市 i 周围表现出相似的空间集聚性（高—高或低—低）；当 I 小于 0 时，则表现为相异的空间集聚性（高—低或低—高）。计算公式为

$$I_i = \frac{(D_i - \overline{D})\sum_{j=1}^{n} w_{ij}(D - \overline{D})}{\frac{1}{n}\sum_{i=1}^{n}(D_i - \overline{D})^2} \tag{6-36}$$

式（6-36）中，n 为研究区域地级市数量；D_i 为地级市 i 的协调度；w_{ij} 为空间权重。本节依据邻接原则定义兰西城市群内各地级市的空间关系。

（二）研究区域概况与数据来源

2018 年发布的《中共中央 国务院关于建立更加有效的区域协调发展新机制的意见》明确提出，推进城市群等建设。2016 年以后，西部地区相继获批的城市群分别为成渝城市群、北部湾城市群、关中平原城市群、呼包鄂榆城市群和兰西城市群，包含西部地区 38 个地级及以上城市。

我们选取国务院 2020 年及以前批准的兰西城市群中地级及以上城市进行研究。为了保证研究区域的空间连续性和分析连贯性，对 2005 年、2010 年、2015 年和 2019 年兰西城市群内地级市（青海省海东市在 2013 年撤地立市，故将其剔除）的情况进行对比。本节研究区域为兰西城市群内 37

个地级及以上城市，数据主要来源于2005年、2006年、2010年、2011年、2015年、2016年及2020年各省份统计年鉴、《中国城市统计年鉴》以及相应年份地级市国民经济和社会发展统计公报，对于个别缺失数据，运用插值法将其补齐。本节涉及的地图数据来源于1∶400万的国家基础地理信息数据。

三、评价结果与分析

（一）城镇化质量与经济发展水平

运用式（6-23）至式（6-28）对西部城市群内各城市2005年、2010年、2015年与2019年城镇化发展水平和经济增长情况进行综合评价，综合评价值用投影值来表示（见图6-9和图6-10）。

1. 城镇化质量

通过投影寻踪模型得到的最佳投影向量分别为0.4549、0.0409、0.1680、0.3518、0.5193、0.0488、0.1132、0.2270、0.4116和0.3655。在城镇化发展进程中，城镇人均可支配收入对推动城镇化建设有着至关重要的作用。第二产业就业人员比重与第三产业就业人员比重贡献率均较低，这二者为制约西部城市城镇化的关键因素。可见，产业结构转型过程中出现的就业问题是兰西城市群内各城市城镇化发展的短板。

2005—2019年，西部城市群内各城市城镇化质量显著提升。2005年、2010年、2015年和2019年城镇化质量均值分别为0.485、0.705、1.047和1.216，年均增长率为16.71%，增长速度较快。2005年、2010年、2015年与2019年城镇化质量的标准差分别为0.178、0.249、0.277和0.288，变异系数分别为0.368、0.353、0.265和0.237，绝对差距增长了0.6倍，相对差距缩小了35.6%。可见，西部城市群中城市城镇化质量呈现绝对差距逐渐扩大、相对差距逐渐缩小的变化特征，缓解了内部存在的空间极化现象，各城市的城镇化质量趋于平衡。

从图6-9可以看出，2005年，西宁、兰州、包头、呼和浩特、成都、鄂尔多斯、西安等10个城市城镇化质量较高，且大多为省会城市。较多城市的城镇化质量处于较低水平，主要分布在西部各城市群的边缘地区，说明在21世纪初还未形成集聚效应，省会城市也未带动周围城市的发展。

2010 年、2015 年和 2019 年呼包鄂榆城市群中呼和浩特、包头和鄂尔多斯的城镇化发展均处于较高水平，紧随其后的是兰州、西安、成都和西宁。北部湾城市群和成渝城市群内多数城市的城镇化水平较低，但整体来看，城镇化水平平滑上升，说明两城市群的核心城市在空间上呈现“集聚—扩散”的特征。西部城市群内地级市的城镇化发展“北—南”阶梯化格局明显。

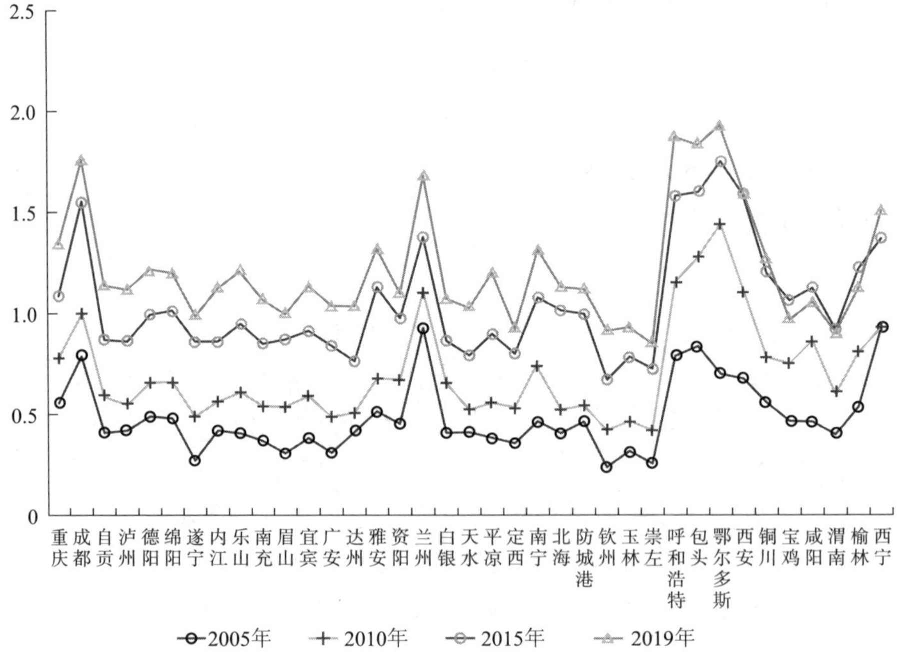

图 6-9　西部城市群城镇化质量投影值

2. 经济发展水平

通过投影寻踪模型得到的最佳投影向量依次为 0.1347、0.4419、0.6683、0.1135 和 0.5719。由此可见，第三产业对于西部城市群内各城市的经济发展具有重要作用。人均财政收入贡献率是制约西部城市群内各城市经济发展的关键因素，增加区域内人均财政收入可有效提高区域内各城市的经济增长水平。

2005 年、2010 年、2015 年与 2019 年经济发展水平的均值分别为 0.506、0.496、0.702 和 1.114，标准差分别为 0.155、0.212、0.266 和

0.253，变异系数分别为0.306、0.427、0.379和0.227。经济增长水平明显提升，西部城市群内城市间绝对差距与相对差距的数值变化都呈倒“U”形，说明区域发展趋于均衡。

从图6-10中可以看出，2005年、2010年和2015年经济增长水平最高的城市为呼和浩特，紧随其后的是南宁、西安、成都、重庆等。2019年，成都成为西部城市群中经济发展水平最高的城市，南宁、西安等城市紧随其后。这是因为，成渝城市群作为首批国务院批复的西部城市群，其核心城市成都的经济增长水平显著提升。整体来看，经济增长较快的城市主要为各城市群内的核心城市，低值区主要为各城市群的边缘城市。随着国务院相继批复西部地区各大城市群建设，2019年西部城市群内各城市经济增长水平显著提升，说明区域内核心城市的发展辐射效应明显，能够带动周围城市的经济发展。经济发展水平最高的城市为成都，投影值为1.6458，经济发展水平最低的城市为榆林，投影值为0.6530，两城市之间相差0.9928，说明西部城市群内各城市之间的两极分化情况依然存在。

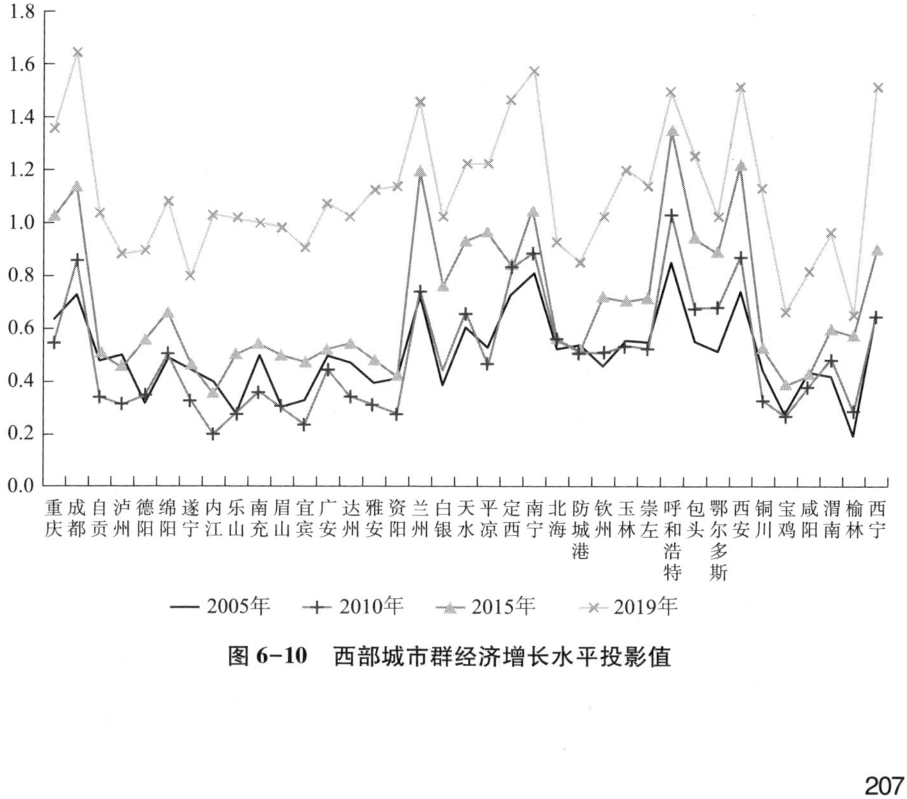

图6-10　西部城市群经济增长水平投影值

（二）城镇化质量与经济发展耦合协调发展空间分异特征

由前述计算办法可得2005年、2010年、2015年和2019年西部城市群内各城市两系统的协调度。根据表6-18对所得结果进行划分，再运用Arcgis 10.7将所得数据在空间上进行展示。

2005年，西部城市群内各城市两系统之间的耦合协调水平整体较低，多数城市处于轻度失调阶段，仅有成都、兰州、呼和浩特、包头和鄂尔多斯处于勉强协调阶段，处于濒临失调阶段的城市主要分布在成渝城市群和关中平原城市群，广安、崇左和钦州表现为中度失调。通过对两系统耦合协调度进行亚级分类，进一步分析西部城市群中各城市间的失调原因，仅德阳、宝鸡和榆林表现为经济发展滞后型，其余城市均表现为城镇化质量滞后型。这是因为，21世纪初期西部城市群内各城市的城镇化与经济发展均处于起步阶段，两系统之间出现错位现象，使得各城市两系统的耦合协调程度较低。

2010年，研究区域内城镇化质量与经济发展之间的耦合协调度相对提升，但幅度较小。处于濒临失调阶段的城市所占比重较大，处于轻度失调阶段城市所占比重次之。兰州、西安、呼和浩特和成都均处于初级协调阶段。西部城市群内各省会城市两系统之间的耦合协调度均有显著提升，对其进一步分析可以发现，仅兰州表现为经济发展滞后型，其余城市均表现为城镇化质量滞后型。整体来看，有19座城市表现为经济发展滞后型，且主要分布在成渝城市群与关中平原城市群；18座城市表现为城镇化质量滞后型，主要分布在兰西城市群与北部湾城市群。由此可以看出，城镇化质量快速提升，与经济发展之间的差距逐步扩大，对西部城市群内各城市两系统之间的耦合协调发展具有抑制作用；与此同时，城镇化质量提高后，规模与结构效应的集聚也并未促进西部城市群内各城市的经济发展。

2015年，西部城市群中各大城市城镇化质量与经济发展之间的耦合协调度显著提升，且较多城市处于协调阶段，仅有成渝城市群与关中平原城市群内极少数城市处于濒临失调阶段。其中，西宁、兰州、西安、成都与呼和浩特表现为中级协调类型，省会城市对周围城市的带动作用显著提升。进一步对西部城市群内各城市两系统之间的耦合协调度进行分析，即对其进行亚级分类可以看出，在处于中级协调阶段的城市中，兰州和呼和浩特为城镇化质量滞后型，西宁、西安与成都为经济发展滞后型。整体来看，表现为经济发展滞后型的城市有25座，主要分布在成渝城市群和关中平原城市群；表现为城镇化质量滞后型的城市有12座，主要分布在兰西城市群和北部湾城市群。可见，经济发展是影响西部城市群内各城市城镇化质量与经济发展之间耦合协调度的重要因素。

2019年，整体城镇化质量与经济发展的耦合协调水平进一步提高，大部分城市处在初级协调阶段，没有城市出现失调的现象。呼和浩特、包头和成都处于良好协调阶段，西部各城市群内核心城市仅有南宁处于初级协调阶段，其余城市均处于中级协调阶段或良好协调阶段。通过对西部城市群内各城市两系统间的耦合协调发展情况进行亚级分类，可以发现仅有包头、鄂尔多斯、宝鸡和榆林为经济发展滞后型城市，其余均为城镇化质量滞后型城市。这是因为，2016年以来，随着西部地区各大城市群逐步获批，国家在经济和政策方面给予大量支持，促进了西部城市群内各城市经济的增长，但城市经济增长与城镇化水平之间的绝对差距扩大了，这在一定程度上为之后西部城市群内各城市城镇化质量与经济发展之间的耦合协调发展埋下了隐患。

进一步借助趋势分析工具，将2005年、2010年、2015年和2019年西部城市群内各城市城镇化质量与经济发展之间的耦合协调度作为高度属性值转换为三维透视图，解释两系统间耦合协调度的空间分布格局。其中，*X*轴、*Y*轴分别代表两系统之间的耦合协调度在东西方向（灰色曲线）和南北方向（黑色曲线）的趋势（见图6-11）。从曲线变化来看，南北方向呈现“北方向南方平缓下降”的空间分布特征，这主要是因为从南北方向看，处于耦合协调度高值区的呼包鄂榆城市群分布在北方，而低值区较多分布在北部湾城市群和成渝城市群。东西方向呈现明显的“中间高、两边低”的空间分布格局，主要是因为耦合协调度水平高的西宁、呼和浩特、成都等分布在靠东或靠西的位置，但整体来看“U”形凹口变小，说明西部城市群各城市的城镇化质量与经济发展耦合协调度差距在东西方向上呈现逐步缩小的趋势，区域间的协调性得到了一定程度的改善。

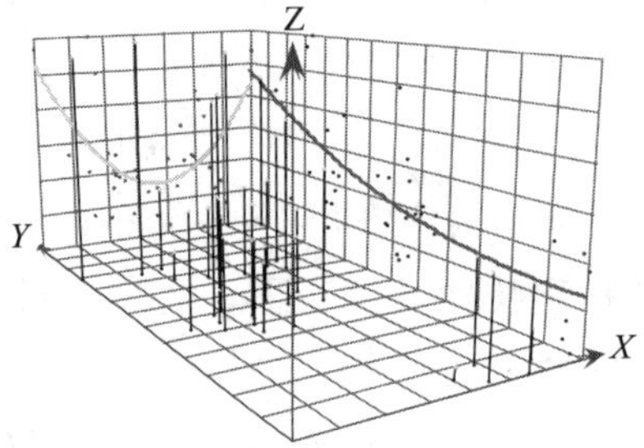

（a）2005年

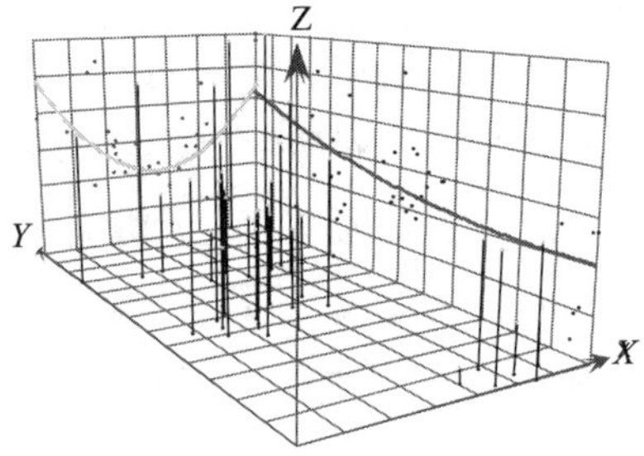

（b）2019年

图 6-11　2005 年和 2019 年城镇化质量与经济发展耦合协调度的全局趋势

（三）城镇化质量与经济发展耦合协调发展空间自相关性研究

为深入探讨西部城市群内各城市城镇化质量与经济增长之间的耦合协调程度在不同时段的相关性，通过式（6-36），得到全局 Moran's I 指数（见表 6-19），结果表明，两系统之间的耦合协调程度在不同时段均存在明显的空间正自相关，且集聚态势以 2015 年为转折点，呈“V”形变化，2019 年 Moran's I 指数较 2015 年上升了 29.7%。可见，近几年通过西部城市群建设，区域内各地级市及以上城市之间的联系更加紧密，在空间上的相关性也在逐步增强。

表 6-19　西部城市群城镇化质量与经济发展耦合协调度的全局 Moran's I 指数

指数	2005 年	2010 年	2015 年	2019 年
Moran's I	0. 331	0. 279	0. 246	0. 319
Z-Value	2. 974	2. 533	2. 270	2. 877
P-Value	0. 0029	0. 0113	0. 0232	0. 0040

由式（6-36）分别计算 2005 年、2010 年、2015 年和 2019 年西部城市群中地级市城镇化质量与经济发展之间耦合协调度的局部空间关联指数值，并借助 Arcgis 10. 7 将结果空间化，可得到西部城市群地级市城镇化质量与经济发展之间的耦合协调度 LISA 集聚图。研究区域内空间之间联系不显著，且在研究期内城市之间的效应不稳定，表明西部城市群内各城市城镇化质量与经济发展之间的耦合协调度不存在集聚现象。仅有几个城市表现为显著情况：兰西城市群中西宁在 2005 年和 2010 年表示为高—高集

聚，但在2015年和2019年表现为不显著；成渝城市群内成都在2010年和2015年表现为高—低集聚，说明周边城市发展较弱，受到中心城市发展程度的制约，中心城市并不是带动周围地区协调度上升的主要因素；北部湾城市群内城市在2005年表现为低—低集聚，在2019年表现为高—低集聚，说明通过15年的发展，北部湾城市群内城市城镇化质量与经济增长的耦合协调度明显上升，但并未形成增长极带动周边地区协调发展。

四、结论与思考

（一）结论

本章通过构建城镇化质量与经济发展评价指标体系对兰西城市群中37个地级市两系统之间的耦合协调程度进行综合测度，对其在时间和空间上的演变特征进行分析，结果如下：

第一，在时间变化上，2005年、2010年、2015年和2019年城镇化质量的平均值分别为0.485、0.705、1.047和1.216，经济发展水平的平均值分别为0.506、0.496、0.702和1.114，两系统耦合协调度的平均值分别为0.395、0.460、0.568和0.669。可见，15年中城镇化质量、经济发展水平及两系统的耦合协调度分别增长了1.5倍、1.2倍和0.69倍。变异系数分别由0.3678、0.3059和0.2165减少为0.2373、0.2268和0.1142，区域间差异程度降低了35.48%、25.86%和47.25%。在空间上，各城市群内核心城市的城镇化质量、经济发展水平及两系统的耦合协调水平均处于前列，整体来看，北部湾城市群内城市城镇化水平和耦合协调度较低，成渝城市群内城市经济发展水平较低。

第二，在95%的置信水平下，2005年、2010年、2015年和2019年西部城市群内各城市城镇化质量与经济发展之间耦合协调度的Moran's I值分别为0.331、0.279、0.246和0.319，且均通过显著性检验，表明在不同时段，两系统的耦合协调度在空间上具有正相关性。通过分析区域内耦合协调度的局部自相关性可知，仅有少数城市表现出显著的某种集聚特征，表明西部城市群内各城市间并未表现出集聚效应，需进一步发展。

第三，通过对西部城市群之间城镇化质量和经济发展耦合协调度进行趋势面分析可以看出，在东西方向上呈现“U”形，且2005—2019年凹口越来越小，在南北方向上表现为“北方高，南方低”的空间布局，且随着时间的推移，南北之间的差距逐渐缩小。

（二）思考

城镇化质量与经济发展之间的关系目前不只是一个理论问题，政府和学术界都在讨论相关的问题。从研究结果来看，西部规划内地区在2016年之前，即国务院批准有关城市群建设之前，城镇化质量与经济发展之间的耦合协调水平较低，仅仅表现为各省份的省会城市具有相对较高的耦合协调发展水平。2016年以后，西部地区各大城市群相继获批，城市群内各城市经济发展与城镇化质量之间的耦合协调发展水平逐渐上升。从前文分析可以看出，2015年，西部城市群内多数城市处于较低协调阶段，且在亚级分类中表现为经济发展滞后型，而通过5年的发展，即2019年，多数城市处于较高等级的协调阶段，对其进行亚级分类可以发现，仅有包头、鄂尔多斯、宝鸡和榆林属于经济发展滞后型。西部地区城市群逐渐成为城镇化与经济耦合协调发展最重要的承载者，推动和提高城镇化质量和经济发展水平是西部地区发展战略的主要趋势。

参 考 文 献

［1］安虎森．区域经济学［M］．北京：高等教育出版社，2018.

［2］踪家峰．中国区域经济学教学的现状、问题与改革方向［J］．经济研究导刊，2008（5）：128-129.

［3］安树伟．中国区域经济学发展三十年［J］．学术界，2008（5）：263-277.

［4］时景．农村劳动力转移对本地农村经济影响研究：以安徽省为例［D］．南京：南京财经大学，2012.

［5］刁治．劳动力转移对农村经济影响研究［D］．南京：南京大学，2012.

［6］张宇，卢荻．当代中国经济学［M］．北京：中国人民大学出版社，2012.

［7］葛中全，唐小我，李仕明．对信息化的内涵与特征的再认识［J］．电子科技大学学报（社会科学版），2001（3）：5-7.

［8］《中国信息化水平评价研究》课题组．中国信息化水平评价研究报告［J］．统计研究，2006（2）：3-8.

［9］国家统计局农村社会经济调查司．中国农业统计资料（1949—2019）［M］．北京：中国统计出版社，2020.

［10］王艳秋，白林．安徽省新型城镇化发展影响因素的灰色关联度分析［J］．价值工程，2017（8）：51-53.

［11］颜珍．信息化对区域经济增长的影响：基于空间计量模型的实证分析［D］．长沙：湖南大学，2014.

［12］谭拓．信息化对中国区域经济的影响研究［D］．长沙：湖南师范大学，2010.

［13］武振楠．我国农村经济增长方式影响因素研究［J］．金融经济，

2017（22）：127-128.

[14] 丁生喜，等. 区域经济学通论 [M]. 北京：中国经济出版社，2018.

[15] 罗斯托. 经济成长的阶段 [M]. 北京：商务印书馆，1963.

[16] 赵昌文. 把握新时代新型工业化的新内涵 [N]. 人民日报，2017-11-26（5）.

[17] 戴伯勋，沈宏达. 现代产业经济学 [M]. 北京：经济管理出版社，2001.

[18] 中共中央，国务院. 国家新型城镇化规划（2014—2020 年）[EB/OL].（2014-03-16）. http://www.gov.cn/zhengce/2014-03/16/content-2640075.htm.

[19] 姜作培. 城乡统筹发展的科学内涵与实践要求 [J]. 经济问题，2004（6）：44-46.

[20] 青海省人民政府. 青海省人民政府关于深入推进青海省新型城镇化建设的实施意见 [EB/OL].（2016-10-19）. https://www.xncd.gov.cn/contents/454/20829.html.

[21] 中共中央文献研究室. 习近平关于科技创新论述摘编 [M]. 北京：中央文献出版社，2016.

[22] 李盛平. 十六大以来中国共产党科技思想及其实践研究 [D]. 南昌：江西农业大学，2017.

[23] 杨军. 青海融入"一带一路"国家战略研究 [R]. 青海省哲学社会科学规划项目，2019.

[24] 李强. 基于因子分析和 DEA 的区域创新环境对企业创新绩效影响的实证研究 [D]. 北京：中国科学技术大学，2011.

[25] 高卉杰，李正风，任莎莎，等. 科技人才聚集与区域科技创新的耦合协调度研究 [J]. 数学的实践与认识，2018，48（12）：109-118.

[26] 陈锡文. 实施乡村振兴战略，推进农业农村现代化 [J]. 中国农业大学学报（社会科学版），2018，35（1）：5-12.

[27] 李宾，孔祥智. 工业化、城镇化对农业现代化的拉动作用研究 [J]. 经济学家，2016（8）：55-64.

[28] 杨曙辉，宋天庆，陈怀军，等. 工业化与城镇化对农业现代化建

设的影响［J］．中国人口·资源与环境，2012，22（S1）：398-403.

［29］李向民．论中国发展经济学的世界地位：兼论发展经济学的三个阶段［J］．复旦学报（社会科学版），1994（2）：9-14.

［30］陈耀，周洪霞．中国工业化与城镇化协调性测度分析［J］．经济纵横，2014（6）：43-49.

［31］郭俊华，卫玲，孟楠．中国“四化”进程协调状态测度研究［J］．区域经济评论，2014（5）：33-38.

［32］廖重斌．环境与经济协调发展的定量评判及其分类体系：以珠江三角洲城市群为例［J］．热带地理，1999（2）：76-82.

［33］郝静祎，丁生喜．青海省城镇化与工业化协调度测定［J］．特区经济，2019（10）：97-99.

［34］周凯仁，李红梅，赵玲．青海牧区生态与经济协调度实证分析［J］．中国农业资源与区划，2022，43（3）：206-212.

［35］丁生喜，王晓鹏，秦真凤，等．基于人口—经济—生态协调发展的青海省新型城镇化研究［J］．生态经济，2015，31（3）：74-77.

［36］张欢，罗畅，成金华，等．湖北省绿色发展水平测度及其空间关系［J］．经济地理，2016，36（9）：158-165.

［37］洪雅芳，叶夏，郑昆荩，等．福建省县域农业可持续发展水平研究［J］．中国农业资源与区划，2017，38（2）：152-158.

［38］许楠，罗蕾，李蕾红．基于熵权灰色关联TOPSIS法的涉农P2P网贷项目优选研究［J］．数学的实践与认识，2017，47（3）：37-45.

［39］申开丽，王晓艺，张盈盈，等．生态屏障地区的生态补偿绩效评估研究［J］．生态经济，2018，34（6）：199-204.

［40］诸宁扬，丁生喜，葛丽亚．基于人口资源环境承载力评价的青海省重点开发区域新型城镇化问题［J］．江苏农业科学，2017（1）：279-285.

［41］张春霞．绿色经济发展研究［M］．北京：中国林业出版社，2006.

［42］胡鞍钢，周绍杰．绿色发展：功能界定、机制分析与发展战略［J］．中国人口·资源与环境，2014（1）：20-25.

［43］葛丽亚，丁生喜．供给侧改革视角下海东市经济发展研究［J］．

价值工程，2018（8）：78-80.

[44] 任海静，丁生喜，王霞．青海省绿色经济发展研究［J］．价值工程，2018（30）：64-66.

[45] 王丽红，骆华松．云南省经济增长与产业结构的区域差异与协调性分析［J］．工业技术经济，2011（3）：15-24.

[46] 刘志彪，安同良，王国生．现代产业经济分析［M］．南京：南京大学出版社，2009.

[47] 国家统计局．第七次全国人口普查公报（第七号）［EB/OL］．(2021-05-11)．http：//www.gov.cn/xinwen/2021-05/11/content_5605791.htm.

[48] 孙祁祥，王向楠，韩文龙．城镇化对经济增长作用的再审视：基于经济学文献的分析［J］．经济学动态，2013（11）：20-28.

[49] 蔺雪芹，王岱，任旺兵，等．中国城镇化对经济发展的作用机制［J］．地理研究，2013，32（4）：691-700.

[50] 周亮，车磊，孙东琪．中国城镇化与经济增长的耦合协调发展及影响因素［J］．经济地理，2019，39（6）：97-107.

[51] 王颂吉，白永秀．丝绸之路经济带建设与西部城镇化发展升级［J］．宁夏社会科学，2015（1）：51-59.

[52] 王淑佳，孔伟，任亮，等．国内耦合协调度模型的误区及修正［J］．自然资源学报，2021，36（3）：793-810.

[53] 刘波，黄勤，杨理珍．高质量发展背景下长江经济带"人—水—地"系统耦合协调效应评价［J］．软科学，2021，35（5）：27-34，42.

[54] 张仲伍，畅田颖，高鑫．黄河流域生态经济协调发展研究［J］．地域研究与开发，2021，40（3）：25-30，36.

[55] 刘西明．绿色经济测度指标及发展对策［J］．宏观经济管理，2013（2）：39-40.

[56] 杨志江，文超祥．中国绿色发展效率的评价与区域差异［J］．经济地理，2017，37（3）：10-18.

[57] 蔡绍洪，魏媛，刘明显．西部地区绿色发展水平测度及空间分异研究［J］．管理世界，2017（6）：174-175.

[58] 张旭，魏福丽，袁旭梅．中国省域高质量绿色发展水平评价与演

化［J］. 经济地理，2020，40（2）：108-116.

［59］孙发平. 全面把握新的发展方式的科学内涵 加快推进青海经济发展方式的转变［J］. 青海社会科学，2013（1）：6-10.

［60］张雨露，丁生喜. 柴达木盆地经济增长与区域碳排放的关系分析［J］. 生态经济，2020，36（8）：35-40，48.

［61］苏海红. 重要生态功能区绿色发展的科技创新体系建构：以青海生态功能区为例［J］. 青海社会科学，2018（5）：64-71.

［62］孙发平，县永平. 西宁绿色发展样板城市建设报告（2019）［M］. 北京：社会科学文献出版社，2019.

［63］HUBER P J. Projection pursuit［J］. The Annals of Statistics，1985，13（2）：435-475.